■ 本教材适用于西班牙语学习者、培训班学员及二外学生

EL SUBJUNTIVO EN ESPAÑOL

西班牙语虚拟式

·修订版·

何仕凡　罗　莲◎编著

世界图书出版公司

广州·上海·西安·北京

图书在版编目（CIP）数据

西班牙语虚拟式 / 何仕凡，罗莲编著. —修订本. —广州：世界图书出版广东有限公司，2021.6
ISBN 978-7-5192-8513-5

Ⅰ. ①西… Ⅱ. ①何… ②罗… Ⅲ. ①西班牙语—语法—研究 Ⅳ. ①H344

中国版本图书馆CIP数据核字（2021）第082866号

书　　名	西班牙语虚拟式（修订版） XIBANYAYU XUNISHI（XIUDINGBAN）
编 著 者	何仕凡　罗　莲
策划编辑	卢家彬
责任编辑	李　婷　魏志华
装帧设计	吴伟边
责任技编	刘上锦
出版发行	世界图书出版公司　世界图书出版广东有限公司
地　　址	广州市海珠区新港西路大江冲25号
邮　　编	510300
电　　话	020-84451969　84453623　84184026　84459579
网　　址	http://www.gdst.com.cn
邮　　箱	wpc_gdst@163.com
经　　销	各地新华书店
印　　刷	广州市迪桦彩印有限公司
开　　本	787 mm × 1092 mm　1/16
印　　张	16
字　　数	444千
版　　次	2021年6月第1版　　2021年6月第1次印刷
国际书号	ISBN 978-7-5192-8513-5
定　　价	48.00元

前 言
Prólogo

　　虚拟式是西方语言特有的表达方式，西班牙语虚拟式更是因其用法复杂、牵涉面广而被认为是最令人伤脑筋的语法难题之一。西班牙语教学在我国已有半个多世纪的历史，一直以来只能依据语法书提供的粗略的使用规则进行虚拟式用法的教学。既然是难点问题，当然介绍越详细越好。为此，笔者结合多年教学经验，以及个人的理解与体会，撰写了这本《西班牙语虚拟式》。该书的内容包括虚拟式简介、陈述式与虚拟式的区别、虚拟式的基本定义、虚拟式的时态及其变位、虚拟式各时态的时值、虚拟式用法分类、虚拟式用法规则、虚拟式用法中的难点问题、虚拟式的使用与实例、虚拟式综合练习及参考答案。为便于中国学生理解和掌握，笔者根据虚拟式的使用特点，把虚拟式的用法划分为指"虚"与指"实"两大类，并在现有的粗略的使用规则基础上，补充了若干明细规则。此外，本书对虚拟式用法中的难点问题做了较为深入的分析与解说，《虚拟式用法实例》一章中也展现了大量生动、易懂的例子，使读者一书在手，便可对西班牙语虚拟式的用法有一个较为全面、客观的了解。本书不仅适合我国西班牙语专业本科生和进修生使用，而且对关注西班牙语虚拟式用法的研究生、翻译工作者以及教师都有一定的参考价值。

　　由于编者水平有限，错漏在所难免。不足之处，请各位同行及读者指正。

编 者

目 录
Índice

第三章　虚拟式用法中的难点问题

第四章　虚拟式用法实例

第五章　综合练习

第一章　虚拟式概述

一、西班牙语虚拟式简介

　　介绍西班牙语虚拟式，恐怕还是要从动词的"式"谈起，因为在这方面西班牙语与汉语有很大区别。

　　众所周知，汉语是无形态变化的语言，无论是说"我学习"还是"你学习"，"我昨天学习"还是"我明天学习"，又或者说"你学习吧"和"我希望你学习"等，"学习"一词均无词形上的变化。但西班牙语不同，它属于有形态变化的语言。说"我学习"要用 estudio 表示，"你学习"改用 estudias，"我昨天学习"变成 estudié，"我明天学习"换用 estudiaré，"你学习吧"就变为 estudia，而"我希望你学习"则用 espero que estudies 表示。西班牙语动词词尾的这些变化，语法学家把它统称为动词变位。从动词的变位中，我们不仅可以看到该动词的人称、动作进行的时间（现在、过去或将来），而且还可以看出说话者对所讲之事持有的态度，以及说话的角度与方式，例如：Dice que *vendrá*.（他说他会来。）；*Ven*.（你来吧。）；¡Ojalá *venga* él!（但愿他会来！）第一句是在陈述，第二句是发出一个请求或命令，而第三句则表达一个愿望。动词变位中所隐含的说话者对所讲之事持有的态度或说话的角度与方式，在西班牙语里称为 modo del verbo（动词的式）。

　　西班牙语动词有4个式：indicativo（陈述式）、imperativo（命令式）、subjuntivo（虚拟式）和 potencial（可能式）。其中，可能式又称为 condicional（条件式）。至于可能式（或条件式）能否算作一个"式"，并非是三言两语可以说清楚的，这里不作探讨，我们主要把焦点放在虚拟式上。

　　先看陈述式和命令式。这两个式好理解，前者陈述一件客观存在的事，所以称为陈述式（陈述客观情况），例如：Tú *vienes* a la oficina a trabajar.（你来办公室上班。）；后者发出一个请求或命令，所以称为命令式（直接发出一个请求或命令），例如：*Ven* a la oficina a trabajar.（你来办公室上班吧。）由于名称与内涵一致，西班牙语动词的这两个式比较直观，教学上容易处理，不会有太大问题。

　　然而，虚拟式的情况则有所不同。我们不能仅从字面上去理解，以为虚拟式就是指"虚拟的行为或事情"。例如：Estoy contento de que *hayas venido*.（你来了，我很高兴。）此句说的"你来了"，显然不是什么虚拟行为，恰恰相反，"来"是的的确确来了，但是西班牙语语法明文规定，当主句表示"高兴"等个人情感时，从句谓语必须用虚拟式。

由此可见，西班牙语虚拟式的名称与内涵有时候并不完全对得上号，所以有必要先弄清楚其名称的原义。

"虚拟式"一词西班牙语原文为subjuntivo，或modo subjuntivo。我们先看一下该词的辞源及其含义。

根据西班牙皇家语言学院编著的DICCIONARIO DE LA LENGUA ESPAÑOLA（《西班牙语词典》）介绍，subjuntivo一词源于拉丁文subiunctivus（后来演变为subjunctivus）。该词现为语法术语，指modo subjuntivo（虚拟式）。在注释modo subjuntivo（虚拟式）这一词条时，该词典用了以下一段文字：

"subjuntivo. *Gram.* El que expresa la acción del verbo con significación de duda, posibilidad o deseo, y se llama subjuntivo porque dicho modo se usa en oraciones subordinadas."

这段文字的意思：

"subjuntivo.【语法术语】表示动词所指的行为有疑问、有可能，或期待它能实现。称之为subjuntivo，是因为它用在从句里。"

这段注解也许很难让中国读者了解西班牙语虚拟式的全貌。但是它提供了一个十分重要的信息："称之为subjuntivo，是因为它用在从句里。"如果这句话当中的subjuntivo一词就是我们所说的"虚拟式"，那在汉语里它就没有逻辑了。试想一下，"称之为虚拟式，是因为它用在从句里"，这没法说得通。显然，subjuntivo一词的原义并非指"虚拟的"，而是指"从属的、隶属的"。从字面上看，subjuntivo一词与subordinación（从属关系）有关，多少有点"受某些因素支配"之义。

虚拟式的常见用法也许能给我们一些启示：

① Deseo que usted *goce* de buena salud.

　　我祝您身体健康。

② Espero que me *comprendas*.

　　我希望你能理解我。

③ Que *haga* buen tiempo mañana.

　　希望明天天气好。

④ ¿Necesitas que te lo *explique*?

　　需要我跟你解释一下吗？

⑤ Ella me pide que la *ayude*.

　　她求我帮助她。

⑥ El jefe me manda que *venga* temprano.

　　班长要我早点来。

⑦ Temo que ellos *se pierdan* en el camino.

　　我担心他们会迷路。

⑧ Ella no ha dicho que su hermano *haya ido* a España.

她没说过她兄弟去了西班牙。

⑨ No creo que él *esté* en casa ahora.

我不相信他现在会在家里。

⑩ No es que no *quiera*, es que no puedo.

不是我不愿意，而是我不可以这样。

⑪ No estoy seguro de que *acepten* tu invitación.

我不能肯定他们会接受你的邀请。

⑫ Es posible que *haya regresado* ella cuando *vengas*.

等你来的时候，也许她已经回来了。

⑬ Es imposible que te *espere* tanto tiempo.

他不可能等你这么长时间。

⑭ Es inútil que la *llames* por teléfono.

你打电话找她是没用的。

⑮ Es bueno que *salgas* a pasear después de comer.

你饭后出去散散步是有益处的。

⑯ Es malo que *hables* así con los mayores.

你这样跟大人说话不好。

⑰ Está bien que me lo *digas* a tiempo.

你及时把这事告诉我是对的。

⑱ Estamos muy contentos de que ellos *vengan* a vernos.

他们来看望我们，我们非常高兴。

⑲ Siento mucho que usted no *pueda* ir con nosotros.

您不能和我们一起去，我感到非常遗憾。

⑳ Te avisaré a fin de que *te prepares*.

我会通知你，以便你做好准备。

㉑ Haré lo que usted me *diga*.

您有什么吩咐，我都会照办。

㉒ Te lo voy a decir aunque no te *guste*.

即使你不愿意听，我也要跟你讲。

从上述例句的情况来看，使用虚拟式的动词均出现在从句里，而主句谓语要么表示"愿望、请求、担心、否认、可能"等，要么就是表达个人意见、情感或未来行为。这些情况表明，subjuntivo的实质意思主要指从句所讲之事受主句谓语（尤其是主句谓语所反映的说话者的主观意识），以及某些表示未来行为的连词的支配。

因此，要正确理解西班牙语subjuntivo（虚拟式），眼光不能只停留在"虚拟"二字上。语法家们在翻译这一语法术语（subjuntivo）时，把它译为"虚拟式"，恐怕也是费尽心思。译为"支配式"或"主观式"都很难与陈述式对应，所以"虚拟式"一词也许是最佳选择，因为虚拟二字已经涵盖虚拟式用法的主体（大部分指虚拟行为），只是个别用法没对上号罢了。我们没必要强求它具有直观性，好比人的名字，我们说张三，大概也没必要去联想他应该排行第三。当然，由于"虚拟式"一词容易使人产生联想，如果误解为其为"虚拟的行为或事情"，是很难全面、客观、准确地掌握这一西方语言特有的表达方式的。为便于正确理解，不妨这样记：

虚拟式是动词的一种表达方式，其特点在于动词所指的行为或事情受主句谓语（尤其是主句谓语所反映的说话者的主观意识），以及某些表示未来行为的连词支配；其本质在于动词所指的行为或事情主要依据个人想象或与个人情感挂起钩来。因此，从说话者的角度看，用虚拟式表达的行为或事情未具备真实性、确定性或现实性；或虽具备真实性，但说话者需把该事与个人情感联系起来。

这就是西班牙语"虚拟式"，为更直观地掌握它，可以把它理解为"支配式"或"主观式"。

二、陈述式与虚拟式的区别

前面说过，陈述式指说话者陈述客观情况，例如：Ayer él *llegó* muy temprano.（他昨天来得很早。）；Hoy *ha llegado* muy tarde.（他今天来得很晚。）；Dice que mañana *llegará* a tiempo.（他说他明天准时来。）。如实反映客观情况，这就是陈述式。使用陈述式，反映了说话者认为所讲之事具有真实性、确定性或现实性。使用虚拟式情况则不同，虚拟式强调的是"受主观意识支配"，所涉及的事主要依据个人想象或与个人情感挂钩，例如：Quizá él *hubiera llegado* muy temprano ayer.（也许他昨天来得很早。）；Está mal que *haya llegado* muy tarde hoy.（他今天来得很晚，这是不对的。）；No creo que él *llegue* a tiempo mañana.（我不相信他明天会准时来。）。这3句话都带有明显的主观意识。第一句加用了"也许"，这是一种主观判断，至于现实是怎么样，说话者不能肯定。第二句"他今天来得很晚"，在西班牙语里用了从句表达，因此从句所讲之事受制于主句"是不对的"这一主观意识。第三句就容易理解了，"我不相信"这几个字本身就是一种主观意识。主观意识已经非常明显，受制于这种主观意识所表达出来的行为或情况在西班牙语里通常就要用虚拟式。可以这么说，陈述式与虚拟式这两种表达方式，从说话者看待事物的角度上讲，是两个不同的角度。陈述式侧重如实反映客观情况，而虚拟式则强调主观意识，表达内心所想。从特点上讲，既然陈述式是如实反映，那么用它来表达的行为或情况就具有真实性、确定性或现实性（包括已经发生的、目前发生的或将要发生的）；而虚拟式主要是反映主观意识，所以用它来表达的行为或情况，在说话者看来就未具备真实性、确定性或现实性。例如所讲之事还仅是愿望、担心、猜想等，或尚未成为事实；或者虽然已成为事实，但该事实在被陈述时受制于带有主观意识（例如对此感到惊讶、遗憾、高兴、伤心等）的主句。

一个是如实反映客观情况，另一个是带主观意识，表达说话者内心所想。前者具有真实性、确定性和现实性，而后者未具备真实性、确定性或现实性。这就是陈述式与虚拟式的基本区别。

我们不妨多看几个虚拟式的例子，体会一下虚拟式"带主观意识，表达说话者内心所想"的特点：

① Espero que me *despiertes* mañana.

　　我希望你明天**叫醒**我。

② Necesitamos que *vengas* ahora.

　　我们需要你现在**来**一趟。

③ Permítame que le *ayude* a bajar las maletas.

　　请允许我**帮**您把行李搬下来。

④ Le sugiero que *se acueste* temprano.

　　我建议您早点**睡**。

⑤ Lo obligaron a que *caminara* a la cabeza de la columna y les *enseñara* el camino.

　　他们要他走在队伍的前面给他们**指路**。

⑥ Dudo que *sea honrada*.

　　我怀疑她**不诚实**。

⑦ No creí que mi sobrina *pudiera* ser feliz durante mucho tiempo.

　　我当时不相信我侄女的美满生活**能**持续很长时间。

⑧ Es posible que ya *se hayan enterado* de eso.

　　可能他们已经**知道**此事。

⑨ Es necesario que lo *termines* hoy.

　　你必须今天**做完**这件事。

⑩ Es importante que me lo *avises* a tiempo.

　　你一定要及时**通知**我。

从说话者的角度看，上述10例从句谓语所指的行为或情况均未具备真实性、确定性或现实性。换言之，它们均属虚拟行为。

① Me molestaba que todos *estuvieran* hablando de mí.

　　我讨厌大家**在**议论我。

② Le encantó que yo *fuese* a verla y me invitó en seguida a tomar el té.

我**去**看她，她很高兴，立刻就请我用茶。

③ Me sorprendió que ella *aceptara* de tan buena voluntad mi invitación.

我没想到她会这么痛快地**接受**我的邀请。

④ No es fácil que ella te *ame*, pues nunca hace caso a ningún joven.

难得她能**爱**上你，因为她从不理睬任何一个小伙子。

⑤ ¡Lástima que no *tenga* tiempo!

您**没**时间，真遗憾！

上述5例从句中，谓语所指的行为或情况虽然已成为事实，但该事实在被陈述时受制于带有主观意识（例如讨厌、高兴、惊讶、遗憾等）的主句，所以也要用虚拟式表示。

三、虚拟式的基本定义

"带主观意识，表达内心所想"以及"未具备真实性、确定性或现实性"，这只能说是虚拟式与陈述式对比之下的特点而已，还不足以指导我们正确使用这一西方语言特有的表达方式。要让中国读者正确理解和掌握它，恐怕还是应该先给它下一个基本定义，以便我们对它的本质特征有进一步的了解，然后再对它的使用情况逐一加以说明才行。

那么，应该如何给它下一个大家既容易明白，同时又能较准确地反映它的本质特征的定义呢？笔者查阅了一些相关的资料，也许以西班牙语为母语的人对subjuntivo（虚拟式）这种表达方式习以为常，各种可参考的书对它的解说都很简单：陈述式表达realidad（真实行为），虚拟式表达irrealidad（非真实行为）；陈述式表达certidumbre（可以肯定的行为），虚拟式表达incertidumbre（未能肯定的行为）。当然，这是非常精辟的。问题是我们的教学往往不是需要精辟，而是精细。比方说西班牙语定冠词与不定冠词的用法，"定冠词用于指确定的人与物，而不定冠词用于指不确定的人与物"，这样的定义应该说够精辟了，但是初学者还是难以把握它。究竟应该说"Comemos en un restaurante.（我们在一家餐馆吃饭。）"还是"Comemos en el restaurante.（我们在餐馆吃饭。）"呢？难道用后者别人就一定明白是在哪家餐馆了吗？什么时候需要用"确定"？什么时候需要用"不确定"？看来，这都是"精辟"惹的祸。语句过于精辟了，反而不够清晰。因此，想更好地解决问题，恐怕还是要详细解释。

由于虚拟式是西方语言特有的表达方式，三言两语的描述显然难以让中国读者理解透彻。为便于掌握，不妨给它下一个详细的定义：

西班牙语虚拟式是动词的一种表达方式。说话者用此方式表明自己对从句所讲的行为或情况之真实性存有疑问，或对所讲之事表示"担心、害怕、可能、必要、期望、请求、命令、允许、禁止、吃惊、讨厌、遗憾、伤心、高兴、感谢、否认"以及个人意见等主观态度。西班牙语虚拟式通常用在从句里，表示从说话者的角度看，从句所讲的行为或情况暂时是虚构的、未能确定的或尚未成为事实的，或者虽然已成事实，但自己对此意想不到、不能理解或对此表示"遗憾""高兴"等心情。

请看例子：

① ¿Es posible que ella te *dé* la llave de su casa?

她有可能把她家的钥匙给你吗?（对从句所讲之事有疑问）

② Dudo que *pueda* terminarlo hoy mismo.

我不太相信他今天能做完这件事。（主句表示怀疑）

③ Temo que ellos no *conozcan* el camino.

我担心他们不认识路。（主句表示担心）

④ Tengo miedo de que *encuentre* a alguien mejor que yo.

我怕他找到一个比我更好的人。（主句表示害怕）

⑤ Puede que *me haya equivocado*.

可能是我弄错了。（主句表示可能）

⑥ Es necesario que *compres* un ordenador.

你必须买一台电脑。（对从句所讲之事表示有必要）

⑦ Deseamos que *obtengas* el primer premio.

我们希望你能获一等奖。（主句表示期望）

⑧ Me pide que *vaya* a consolarla.

他求我去安慰她。（主句表示请求）

⑨ El jefe me manda que *limpie* el salón.

班长要我打扫教室。（主句表示命令）

⑩ No permitimos que esto *suceda* otra vez.

我们不允许这种事情再次发生。（主句表示不允许）

⑪ Sus padres le prohíben que *salga* sola a la calle por la noche.

她父母禁止她晚上独自一人上街。（主句表示禁止）

⑫ Me sorprendió que *hubiera adelgazado* tanto en una semana.

我真没想到她一个星期就苗条了这么多。（对从句所讲之事表示惊讶）

⑬ Me molesta que *fumes*.

我讨厌你吸烟。（对从句所讲之事表示讨厌）

⑭ Siento mucho que ustedes no *puedan* venir con nosotros.

诸位不能和我们一起去，真遗憾。（主句表示遗憾）

⑮ Me entristece que no me *hagan* caso.

他们不理睬我，真令我伤心。（对从句所讲之事表示伤心）

⑯ Me alegro de que *te hayas recuperado*.

你已经康复了，我真高兴。（主句表示高兴）

⑰ Te agradezco que me lo *hayas avisado* a tiempo.

谢谢你及时通知了我。（主句表示感谢）

⑱ No he dicho que ella *haya regresado* a casa.

我没说过她回家了。（主句表示否认）

⑲ No pienso que lo *hayas hecho* mal.

我不认为这件事情你做错了。（主句表示否定）

⑳ Lo que importa es que *comas*, *duermas* y *estudies* bien.

关键是你要吃好、睡好、学习好。（主句表示个人意见）

四、虚拟式的时态及其变位

在介绍虚拟式的用法之前，有必要先了解虚拟式的时态与变位。

西班牙语虚拟式分为6个时态：现在时、现在完成时、过去未完成时、过去完成时、将来未完成时和将来完成时。但是，将来未完成时和将来完成时很早就已经不用，分别由现在时和现在完成时所取代。因此，虚拟式目前实际使用的只有4个时态。考虑到应该让读者对它有一个较全面的了解，这里还是完整地介绍这6个时态的变位规则。

1. 虚拟式现在时变位规则

（1）以ar结尾的动词，去掉词尾ar，改用以下词尾：

yo	-e	nosotros	-emos
tú	-es	vosotros	-éis
él	-e	ellos	-en

例如 comprar（买）:

yo	compre	nosotros	compremos
tú	compres	vosotros	compréis
él	compre	ellos	compren

（2）以er和ir结尾的动词，去掉词尾er或ir，改用以下词尾：

yo	-a	nosotros	-amos
tú	-as	vosotros	-áis
él	-a	ellos	-an

例如 beber（喝）:

yo	beba	nosotros	bebamos
tú	bebas	vosotros	bebáis

él	beba		ellos	beban

subir（上去）：

yo	suba		nosotros	subamos
tú	subas		vosotros	subáis
él	suba		ellos	suban

（3）不规则动词变位

① 有一部分动词，当它的陈述式现在时第一人称单数变位不规则时，其虚拟式现在时的变位统一采用它作词根。**例如**：

decir → digo →：	diga digas diga digamos digáis digan
venir → vengo →：	venga vengas venga vengamos vengáis vengan
salir → salgo →：	salga salgas salga salgamos salgáis salgan
hacer → hago →：	haga hagas haga hagamos hagáis hagan
poner → pongo →：	ponga pongas ponga pongamos pongáis pongan
tener → tengo →：	tenga tengas tenga tengamos tengáis tengan
oír → oigo →：	oiga oigas oiga oigamos oigáis oigan
ver → veo →：	vea veas vea veamos veáis vean
conocer → conozco →：	conozca conozcas conozca conozcamos conozcáis conozcan
servir → sirvo →：	sirva sirvas sirva sirvamos sirváis sirvan
vestir → visto →：	vista vistas vista vistamos vistáis vistan

类似的动词还有pedir、competir、concebir、despedir、elegir、impedir、medir、repetir、seguir、detener、sostener、retener、amanecer、traducir、conducir、traer、caer、valer等。

② 有个别动词，其陈述式现在时变位不规则（重读音节落在o时，要把o改为ue；或重读音节落在e时，要把e改为ie）。这类动词的虚拟式现在时变位也需要做同样的处理。**例如**：

volver → vuelvo →：	vuelva vuelvas vuelva volvamos volváis vuelvan
poder → puedo →：	pueda puedas pueda podamos podáis puedan
acostar → acuesto →：	acueste acuestes acueste acostemos acostéis acuesten
despertar →despierto →：	despierte despiertes despierte despertamos despertáis despierten

类似的动词还有almorzar、colgar、probar、recordar、soñar、soltar、torcer、cocer、morder、moler、empezar、descender、confesar、defender、encender、acertar、calentar、perder、verter等。

③ 还有个别动词，情况与刚刚讲的这种大致相同，不同的是nosotros（我们）和vosotros（你们）这两个人称变位时，需要把o改为u，或e改为i。**例如**：

dormir → duermo →：　　　duerma　duermas　duerma　durmamos　durmáis　duerman

sentir → siento →：　　　sienta　sientas　sienta　sintamos　sintáis　sientan

类似的动词还有advertir、arrepentirse、convertir、conferir、divertir、herir、hervir、invertir、mentir、preferir、sugerir、morir等。

④ 个别动词的虚拟式现在时变位完全不规则。例**如**：

ser：　　　sea　seas　sea　seamos　seáis　sean

ir：　　　vaya　vayas　vaya　vayamos　vayáis　vayan

estar：　　　esté　estés　esté　estemos　estéis　estén

saber：　　　sepa　sepas　sepa　sepamos　sepáis　sepan

2．虚拟式现在完成时变位规则

虚拟式现在完成时由助动词haber的虚拟式现在时加动词的过去分词构成。例**如**：

comprar（买）：

yo	haya	comprado		nosotros	hayamos	comprado
tú	hayas	comprado		vosotros	hayáis	comprado
él	haya	comprado		ellos	hayan	comprado

comer（吃）：

yo	haya	comido		nosotros	hayamos	comido
tú	hayas	comido		vosotros	hayáis	comido
él	haya	comido		ellos	hayan	comido

salir（出去）：

yo	haya	salido		nosotros	hayamos	salido
tú	hayas	salido		vosotros	hayáis	salido
él	haya	salido		ellos	hayan	salido

3．虚拟式过去未完成时变位规则

（1）以ar结尾的动词，去掉词尾ar，换用下列词尾：

-ara　-aras　-ara　-áramos　-arais　-aran

（或　-ase　-ases　-ase　-ásemos　-aseis　-asen）

例**如**　**trabajar（工作）：**

yo	trabajara		nosotros	trabajáramos
tú	trabajaras		vosotros	trabajarais
él	trabajara		ellos	trabajaran

（2）以er和ir结尾的动词，去掉词尾er或ir，改用以下词尾：

-iera　-ieras　-iera　-iéramos　-ierais　-ieran

（或　-iese　-ieses　-iese　-iésemos　-ieseis　-iesen）

例如　**comer**（吃）：

yo	comiera		nosotros	comiéramos
tú	comieras		vosotros	comierais
él	comiera		ellos	comieran

salir（出去）：

yo	saliera		nosotros	saliéramos
tú	salieras		vosotros	salierais
él	saliera		ellos	salieran

（3）不规则动词变位

这个时态不规则动词变位较有规律。

① 如果动词的陈述式简单过去时变位不规则，那么其虚拟式过去未完成时的变位也不规则。这类不规则动词的变位情况如下：

以其陈述式简单过去时第三人称单数作词头，去掉其末尾音节中的元音，分别改用以下词尾：

-iera -ieras -iera -iéramos -ierais -ieran

（或 -iese -ieses -ieses -iésemos -ieseis -iesen）

例如：

servir → sirvió → sirv：

yo	sirviera		nosotros	sirviéramos
tú	sirvieras		vosotros	sirvierais
él	sirviera		ellos	sirvieran

dormir：	durmiera	durmieras	durmiera	durmiéramos	durmierais	durmieran
pedir：	pidiera	pidieras	pidiera	pidiéramos	pidierais	pidieran
tener：	tuviera	tuvieras	tuviera	tuviéramos	tuvierais	tuvieran
hacer：	hiciera	hicieras	hiciera	hiciéramos	hicierais	hicieran
poder：	pudiera	pudieras	pudiera	pudiéramos	pudierais	pudieran
venir：	viniera	vinieras	viniera	viniéramos	vinierais	vinieran
saber：	supiera	supieras	supiera	supiéramos	supierais	supieran
haber：	hubiera	hubieras	hubiera	hubiéramos	hubierais	hubieran
poner：	pusiera	pusieras	pusiera	pusiéramos	pusierais	pusieran

其他不规则动词变位以此类推。当然也有个别动词例外。例如：

ir 和 ser：	fuera	fueras	fuera	fuéramos	fuerais	fueran
decir：	dijera	dijeras	dijera	dijéramos	dijerais	dijeran
traer：	trajera	trajeras	trajera	trajéramos	trajerais	trajeran
caer：	cayera	cayeras	cayera	cayéramos	cayerais	cayeran

dar：　　diera　dieras　diera　diéramos　dierais　dieran

类似的动词还有traducir、oír、huir、construir、creer等。

4. 虚拟式过去未完成时变位规则

虚拟式过去完成时由助动词haber的虚拟式过去未完成时加动词的过去分词构成。

例如：

comprar（买）：

yo	hubiera	comprado		nosotros	hubiéramos	comprado
tú	hubieras	comprado		vosotros	hubierais	comprado
él	hubiera	comprado		ellos	hubieran	comprado

或：

yo	hubiese	comprado		nosotros	hubiésemos	comprado
tú	hubieses	comprado		vosotros	hubieseis	comprado
él	hubiese	comprado		ellos	hubiesen	comprado

comer（吃）：

yo	hubiera	comido		nosotros	hubiéramos	comido
tú	hubieras	comido		vosotros	hubierais	comido
él	hubiera	comido		ellos	hubieran	comido

salir（出去）：

yo	hubiera	salido		nosotros	hubiéramos	salido
tú	hubieras	salido		vosotros	hubierais	salido
él	hubiera	salido		ellos	hubieran	salido

5. 虚拟式将来未完成时变位规则

（1）以ar结尾的动词，去掉词尾ar，改用以下词尾：

yo	-are		nosotros	-áremos
tú	-ares		vosotros	-areis
él	-are		ellos	-aren

例如 **cantar**（唱歌）：

yo	cantare		nosotros	cantáremos
tú	cantares		vosotros	cantareis
él	cantare		ellos	cantaren

（2）以er和ir结尾的动词，去掉词尾er或ir，改用以下词尾：

yo	-iere		nosotros	-iéremos
tú	-ieres		vosotros	-iereis
él	-iere		ellos	-ieren

例**如** **beber**（喝）:

yo	bebiere		nosotros	bebiéremos
tú	bebieres		vosotros	bebiereis
él	bebiere		ellos	bebieren

subir（上去）:

yo	subiere		nosotros	subiéremos
tú	subieres		vosotros	subiereis
él	subiere		ellos	subieren

5．虚拟式将来完成时变位规则

虚拟式将来完成时由助动词haber的虚拟式将来未完成时加动词的过去分词构成。例**如**:

comprar（买）:

yo	hubiere	comprado	nosotros	hubiéremos	comprado
tú	hubieres	comprado	vosotros	hubiereis	comprado
él	hubiere	comprado	ellos	hubieren	comprado

comer（吃）:

yo	hubiere	comido	nosotros	hubiéremos	comido
tú	hubieres	comido	vosotros	hubiereis	comido
él	hubiere	comido	ellos	hubieren	comido

salir（出去）:

yo	hubiere	salido	nosotros	hubiéremos	salido
tú	hubieres	salido	vosotros	hubiereis	salido
él	hubiere	salido	ellos	hubieren	salido

五、虚拟式各时态的时值

由于目前只使用虚拟式的4个时态，与陈述式的8个时态（如果把可能式的两个时态也算在当中的话，陈述式就有10个时态）相比，虚拟式这4个时态所表示的时间意义显然不如陈述式的明确。可以说，虚拟式的一个时态至少要当作两个用。下面，我们来看一下虚拟式各时态的时值。

1．虚拟式现在时

虚拟式现在时除了适用于指现在的行为或事情之外，还担负着原来曾经使用的虚拟式将来未完成时指将来行为或事情的作用。如果与陈述式的时态相比，虚拟式现在时的时值就相当于陈述式现在时和将来未完成时。例**如**:

① Dice que *está* ocupado.

（陈述式现在时）他说他现在没空。

② No creo que *esté* ocupado.

（虚拟式现在时指现在）我不相信他现在没空。

③ Dice que *vendrá* mañana.

（陈述式将来未完成时）他说他明天来。

④ Es imposible que *venga* mañana.

（虚拟式现在时指将来）他明天不可能来。

在时间状语从句里，虚拟式现在时总是指将来的时间。例如：

① Saldremos cuando *amanezca*.

等天亮时我们就出发。

② Ya será tarde cuando *lleguen* los bomberos.

等消防队员赶到时就已经来不及了。

2．虚拟式现在完成时

（1）虚拟式现在完成时同样也要一个当两个用。因此，虚拟式现在时的时值相当于陈述式现在完成时和将来完成时。例如：

① Ya *han terminado* el trabajo.

（陈述式现在完成时）他们已经把活干完了。

② Quizá ya *hayan terminado* el trabajo.

（虚拟式现在完成时指在现在的时间里发生了的事）也许他们已经把活干完了。

③ Creo que *habrá salido* el tren cuando lleguemos.

（陈述式将来完成时）我看等我们赶到时，火车已经开走。

④ Es posible que *haya salido* el tren cuando lleguemos.

（虚拟式现在完成时指在某个将来时间之前发生了的事）可能等我们赶到时，火车已经开走。

（2）与虚拟式现在时一样，虚拟式现在完成时用在时间从句里的时候也总是指将来的行为或事情。例如：

① Te devolveré el dinero cuando me *hayan pagado* el sueldo.

等我发了工资，我就把钱还给你。

② Te lo explicaré después de que *hayas leído* esta carta.

等你看完了这封信之后我再给你解释。

３．虚拟式过去未完成时

虚拟式过去未完成时的时值稍微复杂一点。

我们先看看它原本的时值。与虚拟式上述两个时态相同，虚拟式过去未完成时也要一个顶两个用。其时值相当于陈述式过去未完成时和陈述式过去将来时（也称为可能式简单时或条件式简单时）。**例如**：

① Dijo que *tenía* prisa.

（陈述式过去未完成时）他当时说他有急事。

② No dijo que *tuviera* prisa.

（虚拟式过去未完成时指当时的情况）他当时没说他有急事。

③ Dijo que *vendría*.

（陈述式过去将来时）他当时说他会来。

④ No dijo que *viniera*.

（虚拟式过去未完成时指从当时的角度看，将会发生的事）他当时没说他会来。

如果虚拟式过去未完成时的时值仅相当于上述两个时态，那是容易掌握的。但它除了相当于上述两个时态之外，还有一些细节需要我们了解，而且虚拟式的过去时态（过去未完成时与过去完成时）还有一些特别的用法，所以显得复杂。为便于理解和掌握，下文详细讲解两者的细节与特别用法。

（１）使用虚拟式过去未完成时来指从当时的角度看将会发生的事时，这个"将会发生的事"除了可以指在过去的时间之外，还可以延伸至现在甚至未来。这一点应该不难理解。陈述式过去将来时其实也是如此，只是在解说词中同时出现"过去、现在、将来"等字眼时容易让初学者眼花缭乱，所以值得特别提醒。**例如**：

① El no dijo que *viniera* esa noche.

他当时没说他那天晚上来。

② El no dijo que *viniera* hoy.

他当时没说他今天来。

③ El no dijo que *viniera* el próximo mes.

他当时没说他下个月来。

（２）由于陈述式除了有一个过去未完成时之外，还有一个简单过去时，所以在个别时候，虚拟式过去未完成时的时值还相当于陈述式简单过去时。**例如**：

① Anoche tú no *viniste* a la fiesta.

（陈述式简单过去时）你昨晚没来参加聚会。

② ¡Qué pena que no *vinieras* anoche a la fiesta.

（虚拟式过去未完成时指在过去的时间里发生的事）你昨晚没来参加聚会，真遗憾！

（3）特别用法

虚拟式过去未完成时用于下列情况时均表示不现实、不太现实或不真实。其时值可以是过去、现在或将来。

a. 用在由"si"引导的条件状语从句中，表示仅是个假设而已，假设之事发生的可能性不大或根本不现实。**例如**：

① Si en aquel entonces yo *tuviera* tanto dinero, habría comprado un piso.

要是我当时有这么多钱，就买下一个套间了。

② Si ahora yo *tuviera* tanto dinero, compraría un piso.

要是我现在有这么多钱，就会买一个套间。

③ Si el año que viene yo *tuviera* tanto dinero, compraría un piso.

要是我明年有这么多钱，就会买一个套间。

④ Si me *llamara* por teléfono, dile que he salido.

万一他真的打电话找我，你就告诉他我出去了。

注：在此类条件句中，主句谓语甚至可以用虚拟式过去时态（以"-ra"结尾的形式）替代可能式（也称为条件式）。**例如**：

① Si ellos se hubieran marchado antes *hubiera sido* distinto. (= habría sido)

要是他们早一点走，情况就不一样了。

② ¿Qué *hubiera hecho* yo en estos diez años que he pasado en París si no me hubiera quedado allí? (= habría hecho)

假如我这10年不是在巴黎度过的话，我能做些什么？

b. 用在由 como si 引导的方式状语从句中，表示"仿佛……"，指看样子是，但其实不是的意思。**例如**：

① Salió sin decirme nada, como si *estuviera* enojado conmigo.

他什么也没跟我说就出去了，仿佛是在生我的气。

② Habla sin cesar, como si lo *supiera* todo.

他滔滔不绝地说，好像什么都知道似的。

c. 虚拟式过去未完成时以"-ra（不是 -se）"结尾的形式用于"querer（想）、deber（应该）、poder（可以）"等动词时，可使语气显得婉转。**例如**：

① Yo *quisiera* saber por qué de eso no se habla.

我倒是很想知道为什么闭口不谈这一点。

② Yo *quisiera* acompañarte, pero tengo un montón de trabajo.

我倒是很想陪陪你，可是我有一大堆的事要做。

③ Bien *pudieras* haberlo evitado.

这一点你本来是完全可以避免的。

④ No *debieras* tratar así a tu novio.

你真不应该这样对待你的男朋友。

d. 在从句里用"-ra"的形式时，有时候可起陈述式过去时态（过去完成时、过去未完成时和简单过去时）的作用。例**如**：

① Se quedó allí mirando el árbol que él mismo *plantara* hacía diez años. (= había plantado)

他在那里看着他10年前亲手种植的那棵树。

② Ese día ellos dos volvieron al sitio donde *se despidieran*. (= se habían despedido)

那天他俩又回到了分手的地方。

③ Al poco tiempo que *saliera* (= salió) de la cárcel, quedó embarazada.

她从监狱出来不久就怀孕了。

④ Le regaló una pulsera después de que ella le *entregara* (= había entregado)el millón.

她把那一百万交给他之后，他送给她一个手镯。

⑤ Se fueron tan pronto como lo *terminaran* (= terminaron).

他们把活干完就走了。

⑥ Han pasado 23 años desde que *naciera* (= nació) su primera hija.

距离她第一个女儿出生至今，已经23年了。

⑦ Apenas *llegara* (= llegó) se enfrentó con ese problema.

他一到就遇到那个问题。

4.　虚拟式过去完成时

（1）虚拟式过去完成时的时值相当于陈述式过去完成时和过去将来完成时（也称为可能式复合时或条件式复合时）。例**如**：

① *Habían desaparecido* los asaltantes cuando llegaron los policías.

警察赶到时，那些劫匪已经不见了。

② Era posible que *hubieran desaparecido* los asaltantes cuando llegaron los policías.

可能是警察赶到时，那些劫匪已经不见了。

③ Creía que *habría anochecido* cuando llegáramos.

我当时认为，等我们到达时已经天黑了。

④ No creía que *hubiera anochecido* cuando llegáramos.

我当时并不认为等我们到达时，已经天黑了。

（2）特别用法

虚拟式过去完成时用于下列情况时均表示所讲的情况与事实相去甚远。其时值可以是过去、现在或将来。

a. 用在由 si 引导的条件状语从句中，表示假设而已，事实并非如此。**例如**：

① Si en aquel entonces me *hubiera pedido* la mano, me habría casado con él.

要是他当时向我求了婚，我就已经嫁给他了。

② Si me *hubiera pedido* la mano, me casaría con él ahora.

要是他向我求过婚，我现在就嫁给他。

③ No creo que él se atreva a pedirme la mano delante de todos. Si *se hubiera atrevido* a hacerlo antes de terminar este viaje, me casaría con él.

我不相信他敢在众人面前向我求婚。要是在这趟旅行结束之前他真敢这么做，我就嫁给他。

④ Si *hubiéramos llegado* más temprano, no habríamos perdido el avión.

要是我们早一点到，就不会误了飞机。

b. 用在由 como si 引导的方式状语从句中，表示"仿佛……"（指看起来是，但其实不是的情况）。**例如**：

① Me miraba sonriendo, como si no *hubiera ocurrido* nada.

他还一副笑脸地看着我，仿佛什么事都没发生过。

② No me ha saludado, como si no me *hubiera visto*.

他没跟我打招呼，好像没看见我似的。

c. 虚拟式过去完成时以 -ra（不是 -se）结尾的形式用于 querer（想）、deber（应该）、poder（可以）等动词，可使语气显得婉转，尤其适用于指原本可能会发生的事。**例如**：

① Yo *hubiera querido* estudiar en esa escuela.

我原本想在那间学校读书。

② *Hubiera querido* que nuestro final no fuera así, sin palabras.

我本来希望我们不要有这样一个无言的结局。

③ Lo que *hubiera podido* pasar no existe.

原本可能发生的事并不存在。

④ *Hubieras debido* actuar de manera distinta a como actuaste, *hubieras debido* decir otra cosa de lo que dijiste.

你本该换一种方式行事。你不该说那番话，而应该说别的。

⑤ Tendría que decirte que nunca *hubieras debido* permitir que sucediera tal cosa.

我必须告诉你，你本不该允许这种事情发生。

⑥ No te hiciste rico y *hubieras podido*.

你本来可以成为富人，可是你没富起来。

⑦ Yo *hubiera podido* buscar una mujer más bella.

我本来可以找一位更漂亮的女子。

5．陈述式与虚拟式各时态的对应关系

（1）主句为陈述式现在完成时及简单过去时，从句谓语使用陈述式各时态的情况

① Ha dicho que *ha regresado* esta mañana.

他说他今天上午回来了。

② Ha dicho que *regresa* ahora.

他说他现在回来。

③ Ha dicho que *regresará* mañana.

他说他明天回来。

④ Ha dicho que *habrá regresado* cuando anochezca.

他说等天黑时他已经回来了。

⑤ Ha dicho que *regresó ayer*.

他说他昨天回来了。

⑥ Ha dicho que *regresaba* a casa cuando ocurrió el accidente.

他说他回家时发生了那场事故。

⑦ Ha dicho que *regresó* a casa cuando ocurrió el accidente.

他说发生那场事故他就回家了。

⑧ Ha dicho que *había regresado* a casa cuando ocurrió el accidente.

他说发生那场事故时他已经回家了。

⑨ Dijo que *regresaría* al día siguiente.

他当时说他第二天回来。

⑩ Dijo que *regresaría* hoy.

他当时说他今天回来。

⑪ Dijo que *regresaría* el próximo mes.

他当时说他下个月回来。

⑫ Dijo que *habría regresado* cuando anocheciera.

他当时说天黑时他已经回来了。

⑬ Dijo que *habría regresado* cuando te casaras el próximo año.

他当时说等你明年结婚时他已经回来了。

（2）主句为陈述式现在完成时及简单过去时，从句谓语使用虚拟式各时态的情况

① No ha dicho que *haya regresado* esta mañana.

　他没说过他今天上午回来了。

② No ha dicho que *regrese* ahora.

　他没说过现在回来。

③ No ha dicho que *regrese* mañana.

　他没说过明天回来。

④ No ha dicho que *haya regresado* cuando anochezca.

　他没说过天黑时他已经回来了。

⑤ No ha dicho que *regresara* ayer.

　他没说过他昨天回来。

⑥ No ha dicho que *regresara* a casa cuando ocurrió el accidente.

　他没说过发生那场事故他就回家了。（他没说过发生那场事故时他正回家。）

⑦ No ha dicho que *hubiera regresado* a casa cuando ocurrió el accidente.

　他没说过发生那场事故时他已经回家了。

⑧ No dijo que *regresara* al día siguiente.

　他没说过第二天回来。

⑨ No dijo que *regresara* hoy.

　他没说过今天回来。

⑩ No dijo que *regresara* el próximo mes.

　他没说过下个月回来。

⑪ No dijo que *hubiera regresado* cuando anocheciera.

　他没说过天黑时他已经回来了。

⑫ No dijo que *hubiera regresado* cuando te casaras el próximo año.

　他没说过等你明年结婚时他已经回来了。

（3）从句谓语使用陈述式或虚拟式各时态的情况对比

① Creo que Ana *sale* hoy.

　我看安娜今天会走。

　No creo que Ana *salga* hoy.

　我不相信安娜今天会走。

② Creo que Ana *saldrá* mañana.

　我看安娜明天会走。

　No creo que Ana *salga* mañana.

　我不相信安娜明天会走。

③ Creo que Ana *ha salido* ya.

我看安娜已经走了。

No creo que Ana *haya salido* ya.

我不相信安娜已经走了。

④ Creo que Ana *habrá salido* cuando yo llegue.

我看等我赶到时安娜已经走了。

No creo que Ana *haya salido* cuando yo llegue.

我不相信等我赶到时安娜已经走了。

⑤ Creo que Ana *salió* ayer de viaje.

我认为安娜昨天去旅游了。

No creo que Ana *saliera* ayer de viaje.

我不相信安娜昨天去旅游了。

⑥ Creo que ayer Ana *salía* de viaje cuando la encontré.

我认为我昨天碰见安娜时，她是去旅游。

No creo que ayer Ana *saliera* de viaje cuando la encontré.

我不相信我昨天碰见安娜时，她是去旅游。

⑦ Creía que Ana *había salido* de viaje.

我当时认为安娜外出旅游了。

No creía que Ana *hubiera salido* de viaje.

我当时不相信安娜外出旅游了。

⑧ Creía que Ana *saldría* ayer de viaje.

我当时认为安娜昨天会外出旅游。

No creía que Ana *saliera* ayer de viaje.

我当时不相信安娜昨天会外出旅游。

⑨ Creía que Ana *saldría* de viaje mañana.

我当时认为安娜明天会外出旅游。

No creía que Ana *saliera* de viaje mañana.

我当时不相信安娜明天会外出旅游

⑩ Creía que Ana *habría salido* de viaje cuando yo llegara.

我当时认为等我赶到时安娜已经外出旅游了。

No creía que Ana *hubiera salido* de viaje cuando yo llegara.

我当时不相信等我赶到时安娜已经外出旅游了。

6．主句与从句时态的搭配

（1）一般情况下，当主句用现在时态时，从句谓语也相应使用现在时态。例如：

① Espero que *te recuperes* cuanto antes.

　　我希望你早日康复。

② Espero que *te hayas recuperado* cuando empiece el nuevo semestre.

　　我希望新学期开始时你已经康复了。

（2）当主句谓语是表示看法类的动词时，从句可根据具体情况使用现在时态或过去时态。例如：

① No creo que *venga*.

　　我不相信他会来。

② No creo que *haya venido*.

　　我不相信他来了。

③ No creo que *viniera* ayer.

　　我不相信他昨天来了。

④ No creo que ayer *hubiera venido* cuando llegué.

　　我不相信昨天我赶到时他已经来了。

（3）当主句用过去时态时，从句谓语也相应使用过去时态。例如：

① No creía que *hubiera* venido.

　　我当时不相信他来了。

② No creía que *viniera* en seguida.

　　我当时不相信他马上来。

③ No creía que *viniera* hoy.

　　我当时不相信他今天来。

④ No creía que *viniera* mañana.

　　我当时不相信他明天来。

（4）当主句用过去时态时，从句谓语使用现在时态的情况

　　一般说来，主句用过去时态时，从句谓语相应地使用过去时态与之搭配，而不宜改用现在时态。但因为在拉美地区陈述式简单过去时常常可以取代现在完成时，所以如果从句出现指现在或将来的时间副词时，也有人干脆就用现在时态与之搭配。其着眼点显然是偏向了从句中指现在或将来的时间副词，而不理会主句里使用的过去时态。这种现象在西班牙本土也有出现。虽然它不太符合语法规范，但语言是活的，所以有的语言学家认为，这种用法也未尝不可。例如：

① Le llamé para que me *ayude*.

我给他打了电话，叫他帮我。

② Le pidieron que *venga* ahora mismo.

他们要他现在马上来。

③ Le dijeron que no *salga* mañana.

他们叫他明天不要外出。

（5）从句为现在时态时，主句可使用的时态

① Le *aconseja* que descanse unos días.

她劝他休息几天。

② Le *ha aconsejado* que descanse unos días.

她劝了他休息几天。

③ Le *aconsejará* que descanse unos días.

她会劝他休息几天。

④ Le *habrá aconsejado* que descanse unos días.

她大概劝了他休息几天。

⑤ *Aconséjale* que descanse unos días.

你劝他休息几天吧。

⑥ Quizá le *aconseje* que descanse unos días.

她也许劝他休息几天。

⑦ Posiblemente le *haya aconsejado* que descanse unos días.

她可能劝了他休息几天。

（6）从句为过去时态时，主句可使用的时态

① Le *aconsejé* que descansara unos días.

她当时劝他休息几天。

② Le *aconsejaba* que descansara unos días.

她当时在劝他休息几天。

③ Le *había aconsejado* que descansara unos días.

她当时劝了他休息几天。

④ Le *aconsejaría* que descansara unos días.

她当时会劝他休息几天。

⑤ Le habría *aconsejado* que descansara unos días.

她当时大概劝了他休息几天。

⑥ Quizá le *aconsejara* que descansara unos días.

也许她当时会劝他休息几天。

⑦ Posiblemente le *hubiera aconsejado* que descansara unos días.

可能她当时劝了他休息几天。

⑧ Me *gustaría* que descansara unos días.

我希望他休息几天。

六、虚拟式用法特点与分类

西班牙语虚拟式的用法较为复杂，按现有的语法条文逐一罗列难免会让读者感觉眼花缭乱。为了让大家对它的用法有一个较为清晰的思路，同时也便于理解和掌握，有必要先了解一下虚拟式用法的特点以及分类。了解其特点与分类有助于我们抓住本质与主线，从宏观上看问题可以避免陷入分不清理还乱的被动局面。

1. 虚拟式用法特点

我们在"虚拟式简介"一节里讲过，subjuntivo（虚拟式）一词原义指"从属的、隶属的"。因此，subordinación（受某些因素制约）就是虚拟式的基本特征。它主要表现在以下几个方面：

（1）从句所讲之事受制于表示主观意识的主句谓语

例如，表示担心、害怕、可能、必要、期望、请求、命令、允许、禁止等意思的动词，其主观意识明显，所以无论主句以肯定、否定或疑问方式出现，也不管主句谓语是第一、第二、还是第三人称，从句谓语都必须用虚拟式。**例如**：

① Deseo que *progreses*.

我祝愿你进步。

② Ella desea que la *ames* toda la vida.

她希望你一生一世都爱她。

③ Nadie desea que le *toque* la mala suerte.

谁也不希望自己倒霉。

④ ¿Deseas que *se case* contigo?

你希望他跟你结婚吗？

⑤ ¿Acaso deseas que él te *abandone*?

难道你希望他抛弃你吗？

⑥ Ella quiere que la *ayudes*.

她希望你帮助她。

⑦ Es necesario que *vengas*.

你必须来一趟。

（2）从句所讲之事受制于某些表示未来行为或假设的连词

例如，从句是由连词cuando（当……时候）引导，而从句所讲之事属将来行为，那么从句谓语也必须用虚拟式。**例如**：

① Lo discutiremos cuando *lleguen* todos.

等大家都来齐了，我们就讨论这件事。

② Decidió ir a buscarlos cuando *terminara* el trabajo.

他决定等下班之后就去找他们。

③ Nos marcharemos cuando todos *estén* listos.

等大家都准备好了，我们就出发。

④ Si *tuviera* tanto dinero, compraría un piso.

要是我有这么多钱，我就会买一套房子。

（3）从句所讲之事受制于说话者的主观意识

当主句谓语是no creer（不相信），而主句谓语用第一人称时，从句谓语就必须用虚拟式。道理很简单，既然说话者不相信，那么从句所讲之事在说话者看来就不具备真实性，因此从句谓语用虚拟式。但是如果换一个角度说，"他不相信你是律师"或"你不相信他去了西班牙吗？"，此时从句谓语未必不具备真实性。所以，这两句话的从句谓语是否选用虚拟式，可视说话者的主观意识而定。**例如**：

① No creo que lo *sepa*.

我不相信他知道此事。

② No creemos que *puedan* llegar a tiempo.

我们不相信他们能准时到达。

③ No creíamos que *hubieran venido*.

我们当时不相信他们已经来了。

④ El no cree que tú *seas (eres)* abogado.

他不相信你是律师。

⑤ ¿No crees que él *haya ido (ha ido)* a España?

你不相信他去了西班牙吗？

（4）从句所讲之事受制于主句的某些成分

受制于主句中某些反映主观意识的名词或形容词，以及未能确定其真实性或根本不存在的人或事物。**例如**：

① Estoy contento de que *hayas progresado*.

你进步了，我很高兴。

② Necesitamos un intérprete que *sepa* árabe.

我们需要一名懂阿拉伯语的翻译。

③ No hay nada que *pueda* impedir nuestro avance.

没有任何东西可以阻挡我们前进。

（5）所讲之事受制于句中某些表示愿望或猜测的副词。例如：

① ¡Ojalá *haga* buen tiempo mañana!

但愿明天天气晴朗！

② Quizá ya *se ha marchado*.

也许他已经走了。

上述5种"受制于……"构成了虚拟式最基本的特征。从这些特征不难看出，虚拟式的本质在于：在说话者看来，所讲之事未具备真实性、确定性或现实性，或虽然是真实的，但所讲之事与说话者的个人情感挂钩。

可以这么说，凡是使用虚拟式的句子，都具有此特征与本质。

2. 虚拟式用法分类

弄清楚虚拟式最基本的特征及其本质之后，也就不难对它的用法分类了。既然虚拟式的本质是说话者认为，所讲之事未具备真实性、确定性或现实性，或虽然是真实的，但所讲之事与说话者的个人情感挂钩，那么我们不妨依据这两大情形，把虚拟式的用法划分为指"虚"以及指"实"两大类。这样划分有助于我们在学习西班牙语虚拟式时始终保持较为清晰的思路：指"虚"时，所讲之事未具备真实性、确定性或现实性；指"实"时，融入了说话者的个人情感。

所谓"虚"，指的是"虚拟行为"，也就是定义中所讲的"从说话者的角度看，从句所讲的行为或情况暂时是虚构的、未能确定的或尚未成为事实的"。例如：Espero que me *comprendas*.（我希望你理解我。）此句从句中的"理解"就是虚拟行为，至少在说话者看来，它还只是一个愿望，尚未成为事实，所以用虚拟式。

所谓"实"，指的是"真实行为"，也就是定义中所讲的"从句所讲的行为虽然已成事实，但说话者对此意想不到、不能理解或对此表示遗憾、高兴等心情"。例如：Estoy contento de que *hayas progresado* en el estudio.（你学习进步了，我感到很高兴。）Está mal que *dejes* el coche a la puerta.（你把车停在门口是不对的。）上述2句的从句均为真实行为，之所以用虚拟式，那是因为第一，主句都带有明显的主观意识；第二，陈述式由于其直来直去、如实反映、毫不夸张等特点，无法细腻地表达个人的喜怒哀乐等感受，这个任务就只好由含有"受主观意识支配"之义的虚拟式去完成。此类句子的从句谓语用虚拟式，多少有点

"真不敢相信、真没有想到、真不应该或真是太好了"等含义。

（1）虚拟式指"虚"的情况

应该说，虚拟式"虚"的一面是比较容易理解和掌握的，它不是一个教学难点。说话者表明自己对从句所讲的行为或情况之真实性存有疑问或对它的发生表示担心、害怕、可能、必要、期望等态度时，都属此范畴。其特点是：从说话者个人的角度看，从句所讲的行为或情况暂时是虚构的、非真实的或尚未成为事实的。**例如**：

① Deseo que *seas* muy feliz con ella toda la vida.

我希望你跟她在一起一生一世都幸福。

② Yo prefiero que tú se lo *digas*. ¿Querrás?

我还是希望你把这件事告诉他。行吗？

③ ¿Cómo quieres que te lo *explique*?

你要我怎么跟你解释呢？

④ No pretendo que no *falles* nunca.

我没企求你永远不犯错误。

⑤ Me ordena que se lo *entregue* inmediatamente.

他要我马上把东西交给他。

⑥ ¿No temes que alguien te *escuche*?

你不怕有人会听见你说的话吗？

⑦ Dile que me *telefonee*, cuando *pueda*.

你叫他有空给我打电话。

⑧ Le exijo que *demuestre* sinceridad y buena voluntad.

我要求他拿出点诚意来。

⑨ No es cierto que ella te *odie*.

她不是真的恨你。

⑩ No bailo, a menos que tú me *acompañes*.

我不跳舞，除非你陪我一起跳。

（2）虚拟式指"实"的情况

从句谓语用虚拟式指真实行为需要有一个前提：主句谓语必须是表示个人感受、心情或意见的动词或动词短语。也就是说，主句谓语必须带有"主观意识"。把握好这个前提，我们才能正确理解为什么在"Es lástima que no *haya venido*.（他没来，真遗憾。）"这句话里从句谓语用虚拟式，而在"Es verdad que no *ha venido*.（他确实没来。）"这一句里从句谓语不用虚拟式。其实，这很容易理解。前者表示个人感受，句中虚拟式的使用主要想表明说话者对此感到遗憾，言中之义是"要是他来了就好了"。这一点跟subjuntivo（虚拟式）一词

"受主观意识支配"之义是对得上号的。而后一句则强调"他没来"这一情况的真实性，主句的着眼点在于肯定一个事实，没有什么主观意识，因此从句谓语只能用陈述式。

以下是虚拟式指"实"的例子，其主句均为表示个人感受、心情或意见的动词或动词短语：

① Perdona que te *haya hecho* subir.

要你跑上来一趟，真不好意思。

② ¡Qué contenta estoy de que *hayas vuelto*!

你回来了，我真高兴！

③ Me impresionó mucho que vosotros *vivieseis* en la cocina.

我真没有想到你们居然是住在厨房里。

④ No esperaba que *tuvieses* muebles tan modernos.

我没想到你会有这么新潮的家具。

⑤ No hacía falta que me *hicieses* esta pregunta.

你当时无需向我提这个问题。

⑥ No puedo creer que *hayas cambiado* de idea.

我无法相信你改变了主意。

⑦ Se sorprendió de que le *preguntasen* por sus hijos.

她没想到他们会问起她孩子的事。

⑧ Es extraño que no *haya venido*.

他没来，真奇怪。

上述例子的特点是，从句所讲之事均为真实行为，而主句谓语也全都带有明显的主观意识。虚拟式在从句中的使用就是要配合主句谓语的意思，突出表明个人对某一真实行为的感受、心情或态度。

总的说来，虚拟式的用法虽然可以根据不同的情形细分为许多种，但纵观其用法，不外乎上述两大类。考虑到部分动词一词多义，使用虚拟式与否，含义会有所不同，而且还有个别情况也同时存在使用虚拟式或陈述式两种选择，因此，在上述两大类的基础上，可以再划分出一大类：用不用虚拟式，视具体情况而定。这样，我们就容易抓住主线，从而更快捷、更准确地掌握西班牙语虚拟式的用法。

第二章 虚拟式用法规则

一、虚拟式指"虚"的用法规则

1. 用在从句里

前面讲过,虚拟式的用法特点之一是:所讲之事受制于表示主观意识的主句谓语或说话者的主观意识;而其本质在于:在说话者看来,所讲之事未具备真实性、确定性或现实性。因此,凡属下列情形,从句谓语必须使用虚拟式。

(1)主句表示意愿时

当主句表示意愿(包括愿望、需要、请求、命令、劝告、建议、允许、禁止、赞成、反对等)时,从句谓语用虚拟式。常见的动词有:desear(希望)、querer(想)、esperar(期待)、necesitar(需要)、pretender(企求)、pedir(请求)、rogar(恳求)、suplicar(乞求)、implorar(哀求)、exigir(要求)、mandar(命令)、ordenar(下令)、aconsejar(劝告)、proponer(提议)、dejar(让)、permitir(允许)、prohibir(禁止)、estar de acuerdo en...(同意)、oponerse a(反对)等。例如:

① Deseo que *te recuperes* pronto.

我希望你早日康复。

② El quiere que le *digas* la verdad.

他要你跟他说实话。

③ Esperamos que se lo *expliques*.

我们希望你给他们解释一下。

④ Necesito que me despiertes.

我需要你叫醒我。

⑤ Dicha ley pretende que 300.000 fumadores *dejen* el hábito en 2 años.

该法规期望30万烟民在两年内把烟戒掉。

⑥ Me pide que detenga el auto.

他叫我停车。

⑦ Te ruego que me *perdones*.

我恳求你原谅我。

⑧ Ella le suplica que le *devuelva* el dinero.

她求他把钱还给她。

⑨ Le imploró que la *llevara* al médico.

她哀求他带她去看医生。

⑩ Nos exige que le *pidamos* perdón.

他要求我们向他道歉。

⑪ Me manda que le *traiga* de paso el diccionario.

他叫我顺便把字典带给他。

⑫ El entrenador me ordena que *empiece* de nuevo.

教练要我重来。

⑬ Me ha encargado que lo *salude* de su parte.

他叫我代他向您问好。

⑭ El médico me aconseja que *deje* de fumar.

医生劝我戒烟。

⑮ ¿Me propone en serio que *me* case con usted?

您真的提出要我跟您结婚吗?

⑯ El no me deja que le explique nada.

他不让我向他作任何解释。

⑰ ¿Me permites que te *diga* una cosa?

我可以跟你说一件事情吗?

⑱ Me prohíbe que *toque* sus discos.

他禁止我动他的唱片。

⑲ Estamos de acuerdo en que ellos *vengan* un poco más tarde.

我们同意他们晚一点来。

⑳ Nos oponemos a que *se gaste* más en armas.

我们反对加大军费开支。

注:①a aconsejar一词表示劝告时,从句谓语必须用虚拟式,但目前也有人用它来表示"提醒"。作此义用时,从句谓语用陈述式。**例如**:

El médico me aconseja que el tabaco *perjudica* a la salud.

医生提醒我,吸烟有害健康。

②sugerir一词表示建议时,从句谓语必须用虚拟式,但目前也有人用它来表示"提示、提醒"。作此义用时,从句谓语用陈述式。**例如**:

Me sugiere que *es* mejor hacer el ejercicio todos los días.

他告诉我最好是每天都做这种运动。

③ 如果 estar de acuerdo en que 不是表示同意某种做法，而是同意某种观点或看法时，从句谓语用陈述式。**例如**：

Estoy de acuerdo en que *es* poca la información que tenemos.

我赞同我们手头上的资料不多这一看法。

（2）表示意愿的主句动词省略时

当表示意愿的主句动词省略，只保留由连词que引导的从句时，从句谓语用虚拟式。**例如**：

① Sólo un deseo: que no la *asesinen*.

我只有一个愿望：希望你们不要杀害她。

② Que *entren* todos.

让大家都进来好了。

③ Que no se *vayan* tan pronto.

叫他们别这么快就走。

④ Que *te vaya* bien.

祝你一切顺利

注：直接用副词ojalá（但愿）表示愿望时，谓语也用虚拟式。**例如**：

① ¡Ojalá no *sea* nada grave su enfermedad!

但愿他的病没什么大碍！

② ¡Ojalá te *sirva* esta información!

但愿这个资料对你有用！

③ ¡Ojalá te *hayan* gustado las fotos!

但愿你喜欢这些照片！

上述句子若改用陈述式将来时态，虽然不太符合语法规范，但是可以接受这种用法。

（3）主句表示"担心""害怕"时

当主句表示担心、害怕时，从句谓语用虚拟式。**例如**：

① El teme que le *quiten* la vida algún día.

他害怕有朝一日有人把他干掉。

② Tengo miedo de que todo lo que hago *sea* en vano.

我担心我所做的一切都是白费劲。

③ Me preocupa que te pueda perder.

我担心会失去你。

注：temer一词用作自复动词时，除了指害怕之外，还常用来表示猜想。因此，后者的从句谓语用陈述式。例如：

Me temo que el problema no *es* tan sencillo.

我猜想这个问题并不是那么简单。

（4）当主句表示"可能""必须"时

当主句谓语用的是表示可能、必须、重要、合适等个人意见的动词或动词词组时，从句谓语必须用虚拟式。常见的词组有：ser posible（可能）、ser necesario（必须）、ser importante（重要）、ser conveniente（合适）等。例如：

① Es posible que te *haya olvidado*.

他可能已经把你忘记了。

② Es probable que *haya perdido* su pasaporte.

她可能丢失了护照。

③ Es necesario que *nos organicemos*.

我们必须组织起来。

④ Es preciso que *investiguéis* a fondo la causa del accidente.

你们必须深入调查事故原因。

⑤ Es conveniente que *se duerma* una hora después de comer.

饭后睡一个小时有好处。

⑥ Es inconveniente que se lo *preguntes* ahora.

你现在问他不合适。

⑦ Dice que es mejor que *vayamos* en taxi.

他说我们最好坐的士去。

⑧ Mira, Ana, más vale que *te* vayas.

喂，安娜，你还是离开这里比较好。

⑨ Es útil que *aprendas* a conducir.

你学开车是有用的。

⑩ Es inútil que me *huyas*.

你避开我是没有用的。

⑪ Es importante que *leas* las normas.

你一定要看这些条文。

⑫ Puede que ellos no *vuelvan* esta noche.

他们今晚可能不回来。

（5）从句行为被否定时

当说话者对从句所讲的行为或情况持怀疑或否定态度，或对其真实性无把握时，从句谓语用虚拟式。常见的词组有：negar（否认）、dudar（怀疑）、no creer（不相信）、no decir（没说）、no ser cierto（不是真的）、no es que（并非）等。**例如**：

① El niega que lo *haya hecho*.

他否认做过此事。

② Dudo que *sea* cierto.

我怀疑这不是真的。

③ No creo que mi nivel *haya descendido*.

我不相信我的水平下降了。

④ Yo no digo que el asunto *sea* grave.

我说的不是问题很严重。

⑤ No es cierto que te *quiera*.

她不是真的喜欢你。

⑥ No es que él lo *sepa*.

他并非知道这件事。

⑦ No es que *me burle* de ella, es que me hace gracia.

不是我取笑她，而是她很搞笑。

注：如果说话者对从句所讲的行为或情况并不完全持否定态度，或想表明已确定其真实性，从句谓语可改用陈述式。**例如**：

① Muchos chicos todavía no creen que el tabaco *es* adictivo.

很多青少年仍不相信吸烟有害健康。

② El niega que me *robó* el pasaporte.

他不承认偷了我的护照。

③ ¿No crees que él *es* mi primo?

你不相信他是我表弟吗？

（6）定语从句指虚拟事物时

当定语从句的先行词所指的事物属虚构（说话者不能确定先行词所指的人或事物是否具备从句所讲的条件，或对从句所讲的行为及情况之真实性没有把握，以及从句所讲的行为与情况未能确定）时，从句谓语用虚拟式。**例如**：

① Nosotros somos libres de visitar a quien nos *plazca*.

我们高兴拜访谁就拜访谁，别人无权干涉。

② Ustedes van a tener todas las ayudas que *necesiten*. Basta un telefonazo y le mando lo que *quiera*.

你们需要任何帮助都没问题。只要一个电话，想要什么我都可以寄过来。

③ Parece que acaban de entregar muchas telas a la tienda, yo quisiera dos o tres cortes. ¿Crees que hay algo que me *guste*?

看来刚才店里到了不少布匹，我真想买两三块。你看会有我喜欢的吗？

④ Que piensen lo que *quieran*. Qué más da.

他们愿意怎么想就怎么想好了。无所谓。

⑤ Levanten la mano los que *quieran* ir.

有谁愿意去，请举手。

⑥ Cualquiera que lo *vea* se asustará.

谁看见这玩意儿都会吓一跳。

⑦ Yo os digo que unidos no hay quien *pueda* con vosotros.

我告诉你们，你们团结起来就无人能敌。

注：如果定语从句指真实事物（说话者知道先行词所指的人或事物具备从句所讲的条件，或对从句所讲的行为及情况之真实性有把握，以及从句所讲的行为与情况已经明确或已成为事实），从句谓语用陈述式。**例如**：

① Levantaron la mano los que *querían* ir.

愿意去的人都举了手。

② No existe ninguna de las direcciones que *ha puesto* en el formulario.

他在表格上填写的地址没有一个是真的。

（7）由a que等目的状语引导时

当从句是由a que、para que、a fin de que（con el fin de que）、con objeto de que（con el objeto de que）、de manera que（de modo que）等目的状语引导时，从句谓语用虚拟式。**例如**：

① Vengo a que me *devuelvas* el libro.

我是来要你还书的。

② Te ayudan para que acabes pronto.

他们帮你是想让你快点做完。

③ Te llamo a fin de que me *aconsejes*.

我打电话给你是想叫你给我出出主意。

④ Le aviso con objeto de que se *prepare*.

我是来通知您做好准备的。

⑤ Escríbelo de manera que se *entienda*.

你要写得通俗易懂。

⑥ Se escondió de modo que no le *pudieran* ver.

他躲了起来，不让别人看见他。

注：de manera que（de modo que）表示"结果"时，从句谓语用陈述式。**例如**：

Se escondió de manera que no le *pudieron* ver.

他躲了起来，所以没人能看见他。

（8）由sin que等表示否定意义的短语引导时

当从句是由sin que、no porque（或no... porque）等表示否定意义的短语引导时，从句谓语用虚拟式。**例如**：

① A veces me ofrece dinero sin que yo se lo *pida*.

有时候我没向他要，他都会给我钱。

② Se lo dieron todo hecho sin que *tuviera* que mover un dedo.

她连手指头都不用动一下，所要的一切都是现成的。

③ Pero nunca pude terminar mi primer año de secundaria, no porque no *quisiera*, sino porque no tenía dinero.

可是我一直没能念完高一。不是我不想，而是因为我当时没有钱。

④ Me trata mejor no porque me *aprecie* sino porque me tiene miedo.

他现在对我好，但并不是因为看得起我，而是因为他怕我。

（9）由antes de que时间状语引导时

当从句是由antes de que（在……之前）时间状语引导时，从句谓语用虚拟式。**例如**：

① Tienes que levantarte antes de que *lleguen* ellos.

你要在他们到来之前起床。

② Ellos se escondieron antes de que *vinieran* los enemigos.

他们在敌人来之前躲起来了。

③ Se adelantó a decir que no antes de que se lo *pidiese*.

我还没向他开口，他就先说不行。

（10）时间状语从句指未来行为时

在cuando（当……时候）、después de que（在……之后）、hasta que（到……为止）等引导的时间状语从句里，当从句行为从现在或当时的角度看属未来行为时，从句谓语用虚拟式。**例如**：

① ¡Lo único que espero de ustedes es que no se olviden de mí cuando *sean* mayores!

我唯一期待的是你们长大之后不要忘记我。

② Prometió avisarme cuando *llegara* la mercancía.

他答应到货的时候通知我。

③ Lo terminaré después de que todos se *hayan marchado*.

等大家走了我就会把这件事做完。

④ Tengo que esperarla hasta que *regrese*.

我要等到她回来。

⑤ No pararé hasta que me lo *den*.

他们不给我，我就不罢休。

⑥ Mientras *esté* aquí tengo que trabajar.

只要我在这里，我就要干活。

⑦ No sé cómo estará una vez que *haya* leído la carta.

我不知道她看完那封信之后会有什么感受。

（11）让步状语从句表示"即使"时

在表示"即使""哪怕"或"不顾"的让步状语从句里，从句谓语用虚拟式。常见的词组有：aunque（即使）、a pesar de que（哪怕）、por + *adj.* o *adv.* que（再……也……）、a riesgo de que（不顾）等。例如：

① Tengo que hablar contigo, aunque sólo *sea* un minuto.

我一定要跟你谈谈，哪怕只谈一分钟也好。

② Por buenas que *sean*, no las compres.

那些东西再好，你也别买。

③ Por mucho que *luche*, fracasará.

无论他怎么努力，都会失败。

④ Por más que *estudie* no conseguirá aprobar con esa mala actitud en clase.

他在课堂上的态度那么差，就算他再用功，也没法考及格。

⑤ Aun a riesgo de que lo *tomara* a mal, le dije toda la verdad.

即使他听了会恼火，我还是跟他说了实话。

注：aunque、a pesar de que 和 por（+ *adj.* o *adv.*）que 表示"虽然……"时，从句谓语用陈述式。例如：

① Hace un frío de pelotas, aunque hace sol luminoso.

虽然今天阳光灿烂，但天气还是冷得要死。

② Dice que no encuentra trabajo a pesar de que tiene un título universitario.

他说他虽然有大学文凭，但是也找不到工作。

③ No puedo abrir la puerta por mucho que lo intento.

我试了半天，也没法把门打开。

④ Le demostraremos al mundo que por muy pequeño que es nuestro país, éste es un pueblo muy valiente.

我们要向世人表明，虽然我们国家很小，但这是一个勇敢的民族。

注： aunque 表示"虽然……"时，如果是评论对方所说之事，从句谓语用虚拟式。之所以用虚拟式，是因为说话者是根据对方说的现实情况表达个人看法。**例如**：

① —Todas las mujeres se pintan.

　　—所有女人都爱化妆。

　　—Pues aunque yo sea mujer, no me pinto.

　　—不一定，虽然我是女人，我就不化妆。

② —Mamá, no tengo sueño.

　　—妈妈，我不困。

　　—Aunque no tengas sueño, tienes que ir a la cama porque　mañana hay colegio.

　　—不困也要上床睡觉，因为明天要上学。

（12）条件状语从句表示"只要"时

当条件状语从句表示"只要"或"除非"时，从句谓语用虚拟式。表示"只要"时，常见的连词有：como、con tal de que、siempre que、siempre y cuando 等；表示"除非"时，常见的连词有：salvo que、a menos que、a no ser que 等。**例如**：

① Como lo *pierdas*, no encontrarás otro.

这东西你要是丢了，就再也找不到第二个了。

② Te lo presto con tal de que me lo *devuelvas* mañana.

你要是明天能还给我，我就借给你。

③ Podemos cancelar este negocio siempre que usted *esté* de acuerdo.

只要您同意，我们就可以取消这笔生意。

④ Podemos salir de viaje siempre y cuando yo *tenga* dinero.

只要我有钱，我们就可以出去旅游。

⑤ Los domingos no trabaja, salvo que le *avisen* con urgencia.

他星期天不上班，除非接到紧急通知。

⑥ No voy a cantar, a menos que tú me *acompañes*.

我不唱歌，除非你陪我一起唱。

⑦ No pongo la radio a no ser que *quiera* escuchar las noticias.

我一般不开收音机，除非我想听新闻。

⑧ Llegaré a tiempo, a no ser que *pierda* el tren.

我会准时到达的，除非误了火车。

注：como表示"由于……"时，从句谓语不用虚拟式；siempre que表示"每当……"时，从句谓语也不用虚拟式。**例如**：

① Como no *tienes* experiencia laboral, tu sueldo no puede superar los escasos 700 u 800 pesos.

因为你没有工作经验，所以你的工资顶多是700或800比索。

② Siempre que me *piden* más digo que no.

他们每次再向我要，我都说没有。

（13）方式状语从句的行为属虚构时

在方式状语从句里，当从句所指的行为尚未成为事实时，从句谓语用虚拟式。**例如**：

① Lo haré como *pueda*.

我会尽力而为。

② Muy bien, por supuesto que lo haré como usted *diga*.

那当然，您有什么吩咐，我一定照办。

③ Lo haré como usted lo *estime* conveniente.

您觉得怎么合适，我就怎么做。

注：如果方式状语从句所讲的行为已成为事实，从句谓语用陈述式。**例如**：

Ya lo he terminado tal como usted me *ha dicho*.

我已经完全按照您的吩咐把事做完了。

（14）条件状语从句属不太现实的假设时

在si引导的条件状语从句里，若说话者认为该条件不现实或不太现实，或纯属假设（现实情况根本不是那样），从句谓语用虚拟式过去时态。**例如**：

① Si tú no me *hubieras ayudado*, no habría podido obtener este premio.

要是没有你的帮助，我就得不了这个奖。

② ¿Que harías si *encontraras* una billetera con dinero?

如果你捡到一个装有钱的钱包，你会怎么做？

③ ¿Qué ocurriría si *se apagase* el Sol ahora?

要是现在太阳熄灭，天下会是怎么样的？

④ Si no *estuvieras* no habría en mi vida una ilusión.

没有你，我的生活就没有奔头。

⑤ Si *me hubiera llevado* bien con él, no me habría marchado.

要是跟他相处得好，我就不会离开了。

⑥ Si *hubieras salido* a tiempo de casa, no habrías perdido el autobús.

你要是及时出门，就不会误车了。

⑦ ¡Si ellos *estuvieran* aquí!

他们要是在这里就好了！

注：如果说话者认为该条件是现实的，从句谓语则改用陈述式（但不能用陈述式将来时态）。**例如**：

① Si él *viene*, se lo entregaré.

如果他来，我就把这个东西交给他。

② Si mañana *hace* buen tiempo, saldremos de excursión.

如果明天天气好，我们就去郊游。

（15）让步状语从句直接由动词表示时

当让步状语从句是由动词直接表示无论发生或不发生某事（包括无论出现或不出现某种情况）时，从句谓语用虚拟式。**例如**：

① Este camino, *llueva* o no *llueva*, siempre está mojado.

无论下不下雨，这条路总是湿漉漉。

② *Digan* lo que digan, me casaré contigo.

不管别人怎么说，我都会跟你结婚。

③ *Sea* como sea, tenemos que ganar este partido.

这场比赛我们无论如何都要赢。

④ *Sea* como sea no puedo volverme a atrás.

无论如何我都不可以打退堂鼓。

⑤ *Salga* o no salga, usualmente me despierto temprano.

无论我要不要出门，我总是很早就起床。

⑥ Habéis de cenar primero, *venga* o no *venga*.

不管他来不来，你们都得先吃晚饭。

⑦ Hay gente que *coma* lo que coma no engorda.

有些人无论吃什么，都长不胖。

⑧ Creo que *cueste* lo que cueste no podemos renunciar a nuestros principios.

我认为我们无论如何都不能放弃自己的原则。

2．用在独立句中

此时形式上虽然是独立句，但从内容上讲，其实它从属于某个被省略了的表示意愿、可能或没关系等含义的主句。因此，在下列独立句中，谓语必须用虚拟式。

（1）表示否定命令时

表示否定命令时，动词用虚拟式。例如：

① No *entres*.

你别进去。

② No *trabajes* 18 horas diarias.

你别每天干足18小时。

③ No te *metas* en mi vida.

你别干涉我的生活。

④ No *te finjas* enferma.

你别装病。

⑤ No se lo *cuentes* a nadie.

你不要告诉任何人。

⑥ No me *digas* que no.

你别跟我说不行。

⑦ No me *preguntes* por qué.

你别问我为什么。

⑧ No *intentes* hacerme cambiar.

你别想改变我。

（2）用quizá等副词表示猜测时

当说话者直接使用quizá、（quizás）、tal vez、posiblemente、probablemente、acaso等副词对所说之事或情况表示猜测，为配合其猜测之意，谓语应该使用虚拟式，尤其是说话者对该事或情况之真实性无把握或存有疑问的时候。例如：

① El SIDA quizá no *tenga* curación.

艾滋病也许是不治之症。

② Quizá a alguien le *pueda* interesar esto.

也许有人对此感兴趣。

③ Quizá *hayan descuidado* este aspecto.

也许他们忽略了这一方面。

④ Posiblemente *haya bebido* demasiado.

他可能喝多了。

⑤ Probablemente *tengas* razón en lo que dices.

也许你说的有道理。

⑥ Acaso no *tenga* nada que ver con su vida profesional.

也许这与他的职业生涯没有关系。

注：用quizá等副词表示猜测时，也可以用陈述式表示，用陈述式属语法允许范围。当然，这种用法显得比较随意。**例如**：

① Quizá no *vendrán*.

他们很有可能不来。

② Tal vez no se *ha marchado*.

说不定他没有走。

③ Posiblemente no lo *sabe*.

他很有可能不知道此事。

④ Probablemente no se lo *ha avisado*.

她大概没有通知他。

此外，副词acaso用在疑问句里指"难道"，此时不用虚拟式。**例如**：

① ¿Acaso no me crees?

难道你不相信我吗？

② ¿Acaso *tengo* que irme a otro país para poder vivir?

难道我要去别的国家才可以生存吗？

③ ¿Acaso he *cometido* un crimen?

难道我犯罪了吗？

（3）表示"万岁""该死"等愿望时

表示"欢呼、万岁、该死"等愿望时，动词用虚拟式。**例如**：

① ¡*Viva* el pueblo!

人民万岁！

② ¡*Viva* el amor!

爱情万岁！

③ ¡*Mueran* los separatistas!

分离主义分子罪该万死！

（4）感叹句指不太现实的事情时

在以连词si和感叹词quién为首的句子里，谓语用虚拟式过去时态，表示不太切合实际的愿望。**例如**：

① ¡Si él lo *supiera*!

要是他知道就好了！

② ¡Si ella *estuviera* viva!

要是她还活着就好了！

③ ¡Si no *tuvieramos* que trabajar!

要是我们不用干活就好了！

④ ¡Quién *puediera* trabajar sólo tres días a la semana!

要是能够一周只工作3天就好了！

⑤ ¡Quién *tuviera* dieciocho años!

要是现在还是18岁就好了！

⑥ ¡Quién *tuviera* tanto dinero!

要是有这么多钱就好了！

⑦ ¡Quién *estuviera* ahora tumbado al sol en la playa!

要是现在能够躺在沙滩上晒太阳就好了！

⑧ ¡Quién *tuviera* la oportunidad de viajar por el mundo!

要是有机会周游世界就好了！

⑨ ¡Brindo por la mujer! ¡Quién *pudiera* caer en sus brazos sin caer en sus manos!

为女士干杯！要是能落入她怀里而不是落入她手中就好了！

二、虚拟式指"实"的用法规则

虚拟式指"实"的情况均出现在从句里。也就是说，必须是主从复合句。虽然从句所讲的行为或情况已成实事，或已经确信会成为事实，但说话者对该实事表示某种个人感受时，从句谓语必须用虚拟式。

这里说的"实"，也是相对而言的。除了指已成事实的行为之外，还包括已经明确的、有把握的未来行为（说话者对其真实性或现实性没有疑问）。例如：

① Es una lástima que no *hayas venido* a la fiesta.

你没来参加聚会，真遗憾。

② Es una lástima que no *puedas* venir mañana.

你明天不能来，真遗憾。

（1）主句表示个人感受时

当主句表示高兴、伤心、自豪、悲哀、遗憾、感激、憎恨、吃惊等个人感受时，从句谓语用虚拟式。例如：

① Me sorprende que lo *hayas olvidado* tan pronto.

真没想到你这么快就忘记了他。

② Odio que los bolígrafos *escriban* mal, de manera entrecortada.

我讨厌用圆珠笔，有时候写得出来，有时候写不出来。

③ Estoy contento de que me *escribas*.

你给我写信，我很高兴。

④ Sentimos orgullo de que nuestro compatriota *haya ganado* el Nóbel.

我们的同胞获得了诺贝尔奖，我们为此感到自豪。

⑤ Te agradezco que me *hayas ayudado*.

谢谢你帮了我。

⑥ Es extraño que no lo *sepa*.

他竟然不知道此事，真奇怪。

⑦ Es curioso que me *haya rechazado* la invitación.

不知为什么，他拒绝了我的邀请。

⑧ ¡Qué pena que todo *se* acabe así!

一切就这样完了，真令人难过！

⑨ Sentimos mucho que no *haya venido*.

您没有来，我们感到很遗憾。

⑩ No puedo creer que lo *haya hecho*.

我真不敢相信他会做出这样的事。

⑪ Me admira que no *temas*.

真没想到你竟然不害怕。

⑫ Me aburre que lo *repitas* una y otra vez.

这事你说了一次又一次，真烦人。

⑬ Le agrada que le *llamen* así.

他喜欢别人这样称呼他。

⑭ Me alegra que lo *entiendas*.

你能够理解这一点，我很高兴。

⑮ Le apena que yo *me independice* de ella.

我不再依赖她，她很伤心。

⑯ Me asustó que me *preguntara* eso justo en ese momento.

他正好那个时候问我此事，我吓了一跳。

⑰ Es una vergüenza que *haya* gente así.

居然有这样的人，真丢脸。

⑱ Le da pena que los jóvenes no *valoren* el tango.

年轻人不懂欣赏探戈，他感到悲哀。

⑲ Les divierte que sus hijos *imiten* a ciertos personajes.

看见孩子们模仿某些人物的动作，他们很开心。

⑳ Me emociona que alguien se *acuerde* de mí con motivo de la navidad.

圣诞节还有人记得我，我很感动。

㉑ Le encanta que le *regalen* flores.

有人给她送花，她很高兴。

㉒ Me enfada que el ascensor se *descomponga* tan seguido.

电梯频频出故障，真气人。

㉓ Me enfurece que *pasen* estas cosas.

发生这些事情，我很气愤。

（2）主句表示个人看法时

当说话者对从句所讲的行为或情况表示"好、对、不好或不对"等个人看法时，从句谓语用虚拟式。常见的词组有：ser bueno（好）、ser malo（不好）、estar bien（对）、estar mal（不对）等。例如：

① No es bueno que el hombre *esté* solo.

人是不宜孤独的。

② Es malo que *cojas* las cosas ajenas sin permiso.

你未经同意就拿别人的东西是不好的。

③ Está bien que *ayuden* a los discapacitados.

他们帮助伤残人士是对的。

④ Está mal que *te rías* de ellos.

你取笑他们是不对的。

⑤ Es tonto que *tengas* miedo.

你真傻，这有什么好害怕的？

⑥ Es muy feo que los niños *murmuren*.

小孩子们低声议论是很不雅的。

⑦ Es natural que ella te *haya rechazado* la invitación.

她拒绝了你的邀请，那是自然的。

注：在下列表达个人观点的主语从句（例如：ser verdad que、ser cierto que、ser evidente que、estar claro que）里，由于说话者把着眼点放在了从句所讲的事实上，所以从句谓语不

用虚拟式，而是用陈述式。**例如**：

① Es verdad que le debo a tu padre muchos favores.

我的确欠你父亲许多人情。

② Es cierto que está aprendiendo español.

他的确是在学西班牙语。

③ Es evidente que no ha venido nadie.

显然是谁也没有来。

④ Está claro que intenta engañarte.

他明摆着是想欺骗你。

（3）主句表示"促使""导致"等意义时

当主句用的是contribuir a、ayudar a、hacer、lograr、conseguir、conducir a、librarse de 等表示"促使、有助于、导致或免于……"等动词时，从句谓语用虚拟式。**例如**：

① La leche materna contribuye a que los bebés *mantengan* un ciclo estable de sueño.

母乳有助于婴儿保持稳定的睡眠。

② La presencia del perro ayudó a que no se *sintiera* solo.

有那条狗相伴他才不会感到孤单。

③ Esto condujo a que *subiera* el precio de la gasolina.

这导致了汽油价格上涨。

④ Su afición y facilidad por el dibujo hicieron que *tomara* clases en distintas escuelas de Arte.

他喜欢绘画，而且很有天赋，所以各艺术学校的课他都去上。

⑤ Ya conseguí que el USB *funcionara*.

我已经把U盘修复好了。

⑥ Por fin lograron que *comiera*.

他们终于使他吃东西了。

⑦ Así se ha librado de que le critiquen.

这样他就免于受批评了。

（4）从句由el hecho de que引导时

由el hecho de que（包括它的变体el que、esto de que、eso de que等）引导的名词从句用于表示说话者个人看法或情感时，从句谓语用虚拟式。**例如**：

① El hecho de que nuestros jugadores *sean* valientes es algo muy positivo.

我们的球员作风顽强，这是起很大作用的。

② Eso se debe al hecho de que su equipo *disponga* de los mejores jugadores del país.

那是因为他们的球队拥有全国最优秀的球员。

③ Me molesta el hecho de que no *pueda* salir a la calle.

我不能上街，这令我很讨厌。

④ El que *sea* actriz no es nada nuevo.

她是演员，这早已不是什么新闻。

⑤ Está muy bien eso de que *vengan* a echarles una mano.

有人来帮大家一把，这很好。

⑥ Esto de que *acierte* en los ejercicios de multiselección a veces me sorprende a mí mismo.

多项选择练习总显示我选择的答案是对的，有时候连我自己都感到惊讶。

注：当说话者并非利用该名词从句表示个人看法或情感时，从句谓语可改用陈述式。

例如：

① Me llamó la atención el hecho de que ella *permanecía* callada en la reunión.

她在会议上一言不发，这引起了我的注意。

② Esto de que nos *invita* a comer lo ha dicho delante de todos.

他说要请我们吃饭，这话是他当着大家的面说的。

（5）从句由 de ahí que 引导时

由 de ahí que 引导的结果状语从句，通常用于表示说话者个人的看法（de ahí que 的含义相当于"所以才会……"，或"之所以……，是因为……"）。因此，从句谓语用虚拟式。

例如：

① El clima es seco; de ahí que no *haya* prados naturales.

这里气候干燥，所以才没有天然牧场。

② Apenas come; de ahí que *esté* tan delgada.

她几乎不吃东西，所以才这么消瘦。

③ Gana poco dinero; de ahí que a veces *tenga* que pedir prestado.

他之所以有时候要借钱用，是因为他挣的钱很少。

④ El cine estaba vacío, de ahí que *me saliera*.

电影院里空无一人，所以我出来了。

⑤ Tiene que viajar continuamente, de ahí que *cambie* de coche con frecuencia.

他要经常外出，所以才频频换车。

⑥ Su padre está enfermo, de ahí que no *haya tenido* tiempo para estudiar.

他父亲生病，所以他没时间学习。

⑦ Ha llegado tarde, de ahí que no *haya completado* el examen.

他迟到了，所以试题没做完。

　　de ahí que这个短语的字面意思可理解为"由此导致……"，相当于eso hace que...或eso conduce a que...，所以从句谓语用虚拟式。其特点是：从句所讲之事是听者已知信息，例如前面几例所讲的"没有天然牧场""这么消瘦""他挣的钱很少"等，在说话者看来均为听者已知或应知的信息。说话者用此短语的目的并非是传递未知信息，而是以事论事，指出其原因所在。因此，此短语适用于表达个人看法。也就是说，它属虚拟式用法中表达个人看法的范畴。如果从句所讲之事是听者未知的信息，则不应使用此短语，而应改用por eso、por tanto、por lo tanto、como consecuencia（因此）等表示。当然，若改用这些短语，从句谓语不用虚拟式，而是用陈述式。

　　目前已经有不少人把de ahí que当作por eso（因此）用，所以由de ahí que引导的结果状语从句用陈述式的情况随处可见。**例如**：

① Tenía que ir al baño cada dos minutos, de ahí que no *podía* rodar una escena larga.
　　他每隔2分钟就得上一趟厕所，所以长一点的戏他没法拍。

② Este mismo problema lo presentan aquellos ejemplares que se cultivan en maceta en exteriores, de ahí que no *debemos* mover la maceta.
　　摆放在室外的那几盆花都有同样的问题，所以我们不应该移动花盆。

③ En ese aeropuerto no hay casa de cambio, de ahí que debes controlar bien los pesos que te quedan antes de dejar el pueblo.
　　那个机场没有货币兑换处，所以你离开当地之前应该盘算好手中的比索。

④ Mi ordenador está en español actualizado desde Windows en portugués, de ahí que *tengo* algunos problemitas con el corrector.
　　我的电脑用的操作系统是从葡萄牙语版Windows转为西班牙语版的，所以纠错功能有一些小问题。

　　虽然严格地说，这种用法不太符合语法规范，但既然已经有相当一部分人这样用，我们不妨这样看待：由de ahí que引导的结果状语从句用虚拟式，显得规范、文雅；用陈述式则显得较为随意。

三、一词多义与从句谓语"式"的选择

　　个别动词一词多义。其补语从句用虚拟式还是用陈述式，应视主句动词的含义而定。此类情况常见的动词如下：

主句动词	从句用陈述式时的含义	从句用虚拟式时的含义
decir	说	命令
gritar	叫喊（说出某事）	叫喊（要求做某事）
sentir	感觉	遗憾

续表

主句动词	从句用陈述式时的含义	从句用虚拟式时的含义
indicar	指出（使人注意某情况）	指出（要求做某事）
establecer	指出（使人注意某情况）	规定（要求做某事）
persuadir	说服（使人相信）	说服（使人做某事）
convencer	说服（使人相信）	说服（使人做某事）
suponer	猜想	假设
insistir	坚持认为	再三要求
empeñarse	坚持认为	再三要求
decidir	最后认为	决定（要求做某事）
advertir	提醒（使人注意某情况）	提醒（要求做某事）
sugerir	暗示（使人注意某情况）	建议
entender	明白（理解为）	明白（能够理解）
comprender	明白（理解为）	明白（能够理解）
temer	temerse 猜测、估计	temer 担心、害怕
parecer	看来	仿佛
hacer	装作	使
pensar	认为	考虑（要求做某事）

试比较：

① Sentimos que usted no *haya* venido.

您没有来，我们感到很遗憾。

② Sentimos que alguien *caminaba* de puntillas.

我们感觉到有人在轻轻走动。

③ Tú le has persuadido de que me *escriba*, ¿no?

是你说服了他给我写信的，不是吗？

④ Me persuadió de que *era* mejor dejarlo para mañana.

他说得有道理，这事还是留到明天再做吧。

⑤ No he podido convencerle de que *entre*.

我没能说服他进去。

⑥ Quiero convencerla de que esa idea no me ha *pasado* ni por un momento por la cabeza.

我想让她明白，我从未有过那种想法。

⑦ Supongamos que él no se *haya* marchado.

我们假设他没有离开吧。

⑧ Supongo que *está* en casa ahora.

我想他现在会在家里。

⑨ Insiste en que *vayamos* con él.

他非要我们跟他一起去不可。

⑩ Insiste en que *tiene* razón.

他坚持说他有道理。

⑪ Mi madre se empeña en que *lleve* este abrigo.

我母亲非要我带上这件大衣不可。

⑫ Mi madre se empeña en que este abrigo *es* más bonito que aquél.

我母亲坚持说这件大衣比那件好看。

⑬ Me dijo que *volviera* pronto.

他叫我早点回来。

⑭ Me dijo que ellos ya *habían* llegado.

他告诉我，他们已经到了。

⑮ Hemos decidido que Juan *se quede* con nosotros.

我们已经决定要胡安留下来跟我们在一起。

⑯ Hemos visitado tu página y hemos decidido que tu gran trabajo *se merece* nuestro Premio al Contenido.

我们浏览了你的网页，我们最后认为你的网页内容精湛，值得授予最佳内容奖。

⑰ Su mamá le recuerda que *se ponga* más ropa.

他妈妈提醒他多穿点衣服。

⑱ Su mamá le recuerda que la llave *está* sobre la mesa.

她妈妈提醒他钥匙就在桌子上。

⑲ Le dejaron bien claro que no *viniera* sin pasaporte.

他们很清楚地告诉他一定要带护照来。

⑳ Le dejaron bien claro que no *estaban* de acuerdo.

他们很清楚地告诉他，他们不同意这样做。

㉑ Hemos pensado que se lo *digas* tú.

我们考虑过，此事由你去告诉他。

㉒ Hemos pensado que tú *puedes* decírselo.

我们考虑过，此事你可以告诉他。

㉓ Entiendo que *te quedes* aquí.

我能理解你为什么要留下来。

㉔ Entiendo que *te quedas* a comer.

　　我明白了，你要留下来吃饭。

㉕ Comprendo que las cosas *puedan* cambiar.

　　事物会发生变化，这一点我能理解。

㉖ Comprendo que las cosas *han cambiado*.

　　我明白，事物已经发生了变化。

㉗ Esto hace que más gente *practique* deportes.

　　这使更多人参加体育运动。

㉘ Hace que *es* un payaso.

　　他装作一个傻瓜。

此外，表示个人看法的形容词，例如：importante（重要的）、bueno（好的）、malo（不好的）、mejor（最好）、peor（最糟糕）等，如果用 "lo + *adj.* es que" 这种结构，从句谓语除了用虚拟式之外，还可用陈述式。当然，从句使用不同的"式"，主句的意思也会有所不同。从句用虚拟式时，表明说话者对此表达个人看法或意见；改用陈述式则表明说话者侧重指出从句所讲的现实情况。**例如**：

① Lo importante es que *sepas* manejar esta máquina.

　　关键是你要懂得操作这台机器。（表达个人看法）

② Lo importante es que *sabes* manejar esta máquina.

　　幸亏你懂得操作这台机器。（指出现实情况）

③ Lo bueno es que vengas mañana.

　　最好你明天来一趟。（表达个人看法）

④ Lo bueno es que no lo *saben*.

　　好就好在他们不知道此事。（指出现实情况）

⑤ Lo malo es que no *haya* aún muchas cosas para descargar.

　　糟糕的是目前还没有多少东西可以下载。（表达个人看法）

⑥ Lo malo es que sabes tú más que ellos.

　　问题就出在你知道的比他们多。（指出现实情况）

⑦ Lo mejor es que *te nacionalices*.

　　你最好还是入籍。（表达个人看法）

⑧ Lo mejor es que *encuentras* de todo, y lo peor es que se te mete una página porno.

　　好就好在什么资料你都能找到，但糟糕的是会给你弹出色情页面。（指出现实情况）

⑨ Lo peor es que no tenga vergüenza.

　　最糟糕的是他不知羞耻。（表达个人看法）

⑩ Lo peor es que no lo hicimos a tiempo.

最糟糕的是我们没有及时做。（指出现实情况）

例⑤和例⑨的重点在于对某一现实行为加以评论。由于是表达个人看法，所以从句用虚拟式。这两句均可改用陈述式。用陈述式则可理解为说话者并非对所讲之事加以评论，而是侧重向大家指出一个现实情况。

最后还有一点需要注意，上述形容词用"ser + adj. que"这种结构时，纯属表达个人看法或意见，所以从句谓语只能用虚拟式。

四、补充说明

在上述虚拟式用法规则中，凡是虚拟式用在从句里时，如因从句的主语与主句的主语相同而无需使用从句，则不受此用法规则限制。**例如**：

① Quiero que *aprendas* italiano.

我希望你学意大利语。

② Quiero *aprender* italiano.

我想学意大利语。

③ Desean que *venga* el profesor.

他们希望老师来。

④ Desean *ver* al profesor antes del examen.

他们希望在考试之前和老师见一面。

⑤ Espero que *vayas* a París el año próximo.

我希望你明年去巴黎。

⑥ Espero *ir* a París el año próximo.

我希望明年去巴黎。

⑦ Necesito que me lo *avises* a tiempo.

我需要你及时通知我。

⑧ Necesito *avisárselo* a tiempo.

我需要及时通知他们。

⑨ Temo que lo *pierdas*.

我担心你会把它弄丢。

⑩ Temo *perderlo*.

我担心会把它弄丢。

⑪ Sentimos que no *hayáis* podido evitar este accidente.

你们没能避免这场事故，我们感到遗憾。

⑫ Sentimos *molestaros* a esta hora.

这个时候打扰你们，我们感到抱歉。

⑬ Odio que no me haya *despertado*.

我讨厌他没叫醒我。

⑭ Odio *tener* que levantarme a las seis.

我讨厌6点钟就要起床。

⑮ Se empeña en que *vayamos* en taxi.

他一定要我们坐出租车去。

⑯ Se empeña en *venir* solo.

他坚持要自己一个人来。

⑰ Has logrado que te *perdonen*.

你终于使他们原谅你了。

⑱ Has logrado *perdonarlo*.

你终于原谅了他。

上述情况主句谓语与从句谓语相同时，无需使用从句，例如：Quiero aprender español.（我想学西班牙语。）

当个别动词的宾语是从句的主语时，可以有两种选择。此类动词常见的有：aconsejar（劝告）、mandar（下令）、ordenar（命令）、permitir（允许）、dejar（让）、prohibir（禁止）、proponer（提议）、impedir（阻止）、recomendar（建议）、sugerir（建议）等。**例如**：

① Te aconsejo que *vayas*.

我劝你去一趟。

② Te aconsejo *ir*.

我劝你去一趟。

③ Mandó a Antonio que *saliera* del despacho.

他叫安东尼奥离开办公室。

④ Mandó a Antonio *salir* del despacho.

他叫安东尼奥离开办公室。

⑤ Te ordeno que lo *hagas* inmediatamente.

我要你马上做这件事。

⑥ Te ordeno *hacerlo* inmediatamente

我要你马上做这件事。

⑦ Permitió a su ex esposo que *fuera* a visitarla.

她允许前夫去看望她。

⑧ Permitió a su ex esposo *ir* a visitarla.

她允许前夫去看望她。

⑨ Dejaron al niño que *durmiera* en la cama grande.

他们让孩子在大床上睡。

⑩ Dejaron al niño *dormir* en la cama grande.

他们让孩子在大床上睡。

⑪ Te prohíbo que *fume* en la oficina.

我禁止你在办公室吸烟。

⑫ Te prohíbo *fumar* en la oficina.

我禁止你在办公室吸烟。

⑬ Propongo que limpiemos el salón.

我建议我们打扫一下课室。

⑭ Propongo limpiar el salón.

我建议打扫一下课室。

⑮ La fuerte lluvia impidió que saliéramos a la calle.

由于下大雨，我们无法上街。

⑯ La fuerte nieve nos impidió salir a pasear.

由于下大雪，我们无法外出散步。

⑰ Te recomiendo que *leas* estos enlaces.

我建议你查看一下这些链接。

⑱ Te recomiendo *ir* a nuestra página.

我建议你浏览一下我们的网页。

⑲ Te sugiero que *vayas* tú al campo y veas cómo vive tu abuelo.

我建议你到乡下去看看你祖父现在生活怎么样。

⑳ Te sugiero *ir* al médico para saber qué problema tienes.

我建议你去医院检查一下，看看有什么问题。

此外，有些词组的主语没有具体指张三还是李四时，可直接使用原形动词。主语直接指某人时，则需要用从句表示。例如：

① Es necesario *terminarlo* hoy mismo.

此事今天必须完成。

② Es necesario que lo *termines* hoy mismo.

此事你今天必须完成。

③ Es lástima no *poder* ir.

不能去，真遗憾。

④ Es lástima que no *podamos* ir.

我们不能去，真遗憾。

⑤ Está bien *hacerlo* pronto.

马上做此事是对的。

⑥ Está bien que lo *hagas* pronto.

你马上做此事是对的。

⑦ Más vale *regresar* enseguida.

最好立即回去。

⑧ Más vale que *regreses* enseguida.

你最好立即回去。

⑨ Conviene *llevar* el pasaporte encima.

应该带上护照。

⑩ Conviene que *lleves* el pasaporte encima.

你应该带上护照。

注：convenir一词也可换一种结构表示。**例如**：

Te conviene *llevar* el pasaporte encima.

你要带上护照。

类似convenir一词的情况还有bastar、valer等。**例如**：

① Vale más que Pedro lo *haga* ahora.

佩德罗最好现在就做此事。

② A Pedro *le* vale más *hacerlo* ahora.

佩德罗最好现在就做此事。

③ Basta que María *admita* su culpa.

玛丽亚承认自己的过失就行。

④ A maría le basta *admitir* su culpa.

玛丽亚承认自己的过失就行。

第三章　虚拟式用法中的难点问题

在前面两个章节里，我们介绍了西班牙语虚拟式用法特点与分类，以及虚拟式用法规则。但是应该指出，有些规则还仅是粗线条的规则，难以涵盖所有情况。因此，遇到较为复杂的情况时，还需具体问题具体分析。

一、虚拟式在否定句中的使用情况

（1）问题与剖析①：当主句为否定形式时，宾语从句用虚拟式的问题

当主句为否定形式时，宾语从句是否只能用虚拟式的问题，是虚拟式用法中的一个难点。例如no creer que（不相信……）。从逻辑上讲，既然主句谓语是说"不相信……"，那么它势必影响到从句所讲之事的真实性与现实性。根据虚拟式用法特点，此时从句谓语用虚拟式更符合语法要求。**例如**：

① No creíamos que *tuvieran* armas nucleares.

　　我们当时不相信他们拥有核武器。

② No creo que *sea* la mejor opción.

　　我不认为这是最佳选择。

问题是这类句子往往可以从多个角度表示。换了角度，情况可能就有所不同，甚至会发生根本的逆转。**例如**：

① Él no cree que yo *haya* (he) ganado.

　　他不相信我赢了。

② ¿No cree usted que *obré* (obrara) muy mal?

　　您不认为我做得很糟糕吗？

③ No creas que no lo *sabemos*.

　　你别以为我们不知道这件事。

上述3例的主句谓语同样是no creer que（不相信……），只是主语以及说话的方式发生了变化。第一句主语用的是第三人称；第二句不是用陈述方式，而是改用了疑问方式；第三句甚至还换成命令式。说话角度变了，从句谓语也随之从原来要求用虚拟式逐步转向用陈述式。下面，我们仔细分析个中道理。

第一，主句用第三人称，意思是"他不相信"。如果说"我不相信"，从说话者的角度看，从句所讲之事不具备真实性与现实性，所以从句必须用虚拟式。改为"他不相信"，情况会发生变化。说话者有可能不相信从句所讲之事，但说话者也有可能相信确有其事。因此，从句谓语可根据说话者的态度选用虚拟式或陈述式。选用虚拟式时，表明说话者对从句所讲之事的真实性与现实性无把握，选用陈述式则暗示从句所讲之事是真实的。

第二，主句用疑问方式，否定词no（不）不见得是用来否定从句的内容。问"您不相信……?"或"您不认为……?"时，从句所讲之事的真实性与现实性也有两种可能。也许说话者相信确有其事，也许说话者对此心中没有把握。因此，从句谓语也可根据说话者的态度选用陈述式或虚拟式。选用陈述式表明自己认为从句所讲之事是真实的，选用虚拟式则表示自己对此事的真实性无把握。

第三，主句谓语用否定命令方式，否定词no已经明显不是用来否定从句的内容，而是作否定命令用。从句内容不仅没被否定，而且相反，说话者认定对方会有从句所讲之事的想法或说法，只是想提醒对方不要有此想法或说法，这类句子的从句谓语就应该用陈述式，用虚拟式显然不合适。

由此可见，虚拟式的用法并非是十余条规则就可以说清楚的。此外，语言是灵活的，随着时代的发展，难免有"违规"现象。况且，有些"违规"现象并非没有道理。合理的"违规"令本来就比较复杂的虚拟式用法变得更加复杂。所以谈起西班牙语虚拟式，中外学者都有一个共同感慨：虚拟式是西班牙语语法中最令人伤脑筋的一个部分。

正如张雄武教授在《西班牙语语法》（1978，第196页）中所说："虚拟式的用法是比较复杂、困难的，它包含着心理的、历史的、修辞的种种因素，必须通过大量、仔细的观察才能逐步掌握。"博士生导师董燕生教授在《西班牙语句法》（1999，第109页）中更是指出："作为外国人，我们当然希望能有一些关于虚拟式用法的明确规则。遗憾的是，在很多情况下，这种规则并不存在。就是说，在陈述式和虚拟式两者的取舍问题上，常常不是"非此即彼"，而是"亦此亦彼"。这种两可选择恰恰为语气的细微变化提供了回旋余地。"

我们不妨通过以下例子仔细领会一下，主句为否定形式时，从句用虚拟式或陈述式所产生的语气上的细微变化：

① No sabía que *estuvieras* aquí.

我不知道你在这里。（这句话比较特殊，"我不知道"虽然指现在，但主句动词不用现在时，而是用过去未完成时，以表明现在知道了。由于用虚拟式可表明"意想不到"，而此句的重点在于强调"不知道"，所以从句谓语用虚拟式。这样说不仅符合语法要求，而且显得较为文雅。）

② No sabía que *estabas* aquí.

我不知道你原来在这里。（从句谓语改用陈述式，以突出表明现在知道了。从句谓语用陈述式，显得说话者讲求实际，说话较为随意。）

③ No crees que él *esté* casado, ¿no?

你不相信他结婚了吧，是吗？（从句用虚拟式，表明说话者直接指出对方有此看法，说话的重点放在主句"不相信"上。）

④ ¿No crees que él *esté* casado?

你是不相信他已经结婚？（从句用虚拟式，表明说话的重点放在主句"不相信"上，至于他是否已经结婚，说话者无意涉及。）

⑤ ¿No crees que él *está* casado?

你不相信他结婚了吗？（从句改用陈述式，表明说话者对从句所讲之事的真实性没有疑问，而且说话重点转移到了"他结婚了"这个信息上，似乎是在告诉听者：他结婚了，你不相信吗？）

⑥ No me ha dicho que *quiera* aprender español.

他没跟我说过他想学西班牙语。（强调"没说过这样的事"。从句用虚拟式，表明从句所讲之事纯属虚构。）

⑦ No me ha dicho que *quiere* aprender español.

他没告诉我他想学西班牙语。（从句用陈述式，表明说话者已经知道从句所讲之事是真实的，只是"他没把这事告诉我"。）

⑧ No creen que te *haya tocado* la lotería.

他们不相信你中了彩票。（从句谓语用虚拟式，表明说话者的天平偏向了主句的"主观意识"，说法显得规范、文雅，当然也不排除从句所讲之事的真实性未被证实的可能性。）

⑨ No creen que te *ha tocado* la lotería .

他们不相信你中了彩票。（从句谓语改用陈述式，表明说话者的天平偏向了从句所讲之事的真实性。）

⑩ No pensé que lo *hicieras* de veras.

我没想到你真的会这样做。（情况与例⑧相同）

⑪ No pensé que lo *hacías* de veras.

我没想到你真的这样做了。（情况与例⑨相同）

⑫ No recordaba que *hubieras* ido a Madrid.

我不记得你去了巴黎。（情况与例⑧相同）

⑬ No recordaba que *habías ido* a Madrid.

我不记得你是去了巴黎。（情况与例⑨相同）

⑭ No confesó que la *hubiera matado*.

他不承认杀死了她。（情况与例⑧相同）

⑮ No confesó que la *había matado*.

他不承认杀死了她。（情况与例⑨相同）

⑯ No comprendo por qué *insistas* en marcharte.

我真不明白你为什么一定要走。（强调从句所讲之事不可理解。重点放在"真不明白"上，主句主观意识明显。）

⑰ No comprendo por qué *insistes* en marcharte.

我搞不清楚你为什么一定要走。（表明我知道你执意要走，只是不知道是什么原因所致，重点偏向了"原因"上。）

（2）问题与剖析②：主句为否定形式时，定语从句用虚拟式的问题

主句为否定形式时，定语从句是否只能用虚拟式的问题，也是虚拟式用法中的一个难点。其实，这种情况与前面讲的情况大同小异。从逻辑上讲，主句为否定形式时，理应表示否定。而主句表示否定，必然会影响到从句所讲之事的真实性与现实性。根据虚拟式用法特点，此时从句谓语用虚拟式符合语法要求。**例如**：

① Aquí no hay ningún libro que *pueda* interesarte.

这里没有任何一本你喜欢看的书。

② No hay nadie que *quiera* prestarle dinero.

没有任何人愿意借钱给他。

③ No he visto a nadie que *sea* tan exigente como él.

我没见过任何一个像他那么挑剔的人。

④ No tengo ningún pariente que *viva* en esta ciudad.

我没有任何一个亲戚住在这个城市。

⑤ No hay quien *pueda* explicármelo.

没有人能够给我解释这一点。

⑥ No hay nada que *pueda* impedir nuestro avance.

没有任何东西可以阻挡我们前进。

但是，不能因此认定主句为否定形式时，定语从句就要用虚拟式。其道理与上一节讲的情况相同。因为主句为否定形式时，主句否定词的意义不一定延伸至从句。如果主句的否定词仅局限于对主句谓语的否定，但先行词所代表的人或事物没被说话者否定，定语从句就不适合用虚拟式，而该用陈述式。**例如**：

① No me gusta el móvil que me *has regalado*.

我不喜欢你送给我的那部手机。

② Todavía no he encontrado el disco que me *encargaste*.

我还没有找到你托我买的那张唱片。

③ No me refiero a las personas que *han faltado* a clase.

我并非指没来上课的那些人。

④ Ahora ya no se ven aquellos autobuses que *llenaban* de humo las calles.

现在已经看不到那种在大街上到处冒烟的公交车了。

⑤ Aquí no se venden esos zapatos que *dices*.

这里没有你说的那种鞋子出售。

⑥ ¿No ves el coche que *está* aparcado a la puerta?

你没看见停在门口的那辆小汽车吗？

上述6例的主句均为否定形式，但这6例的从句都不用虚拟式，原因是先行词都没被否定。

此外，还有一种情况需要注意。一般说来，当先行词是不定代词ninguno时，从句谓语应该使用虚拟式。**例如**：

① Entre ellos no hay ninguno que *sepa* bailar.

他们当中没有任何一个人会跳舞。

② No hay ningún lugar que yo no *conozca*.

没有任何一个地方我没去过。

③ ¿Es cierto que no hay ninguna chica que te *quiera* como amigo?

真的没有任何一个女孩子愿意跟你交朋友吗？

但是，也不能因此而误以为主句带有不定代词ninguno时，从句谓语就只能使用虚拟式。**例如**：

① No conozco a ninguno de los profesores que os *enseñan* español.

我不认识任何一个教你们西班牙语的教师。

② No me gusta ninguna de las novelas que *mencionas*.

你提到的那些小说我都不喜欢。

③ No tengo ninguno de los discos que me *pides*.

你向我要的唱片我全都没有。

④ Ningún coche que *he probado* tiene ese problema.

我试过的任何一台小汽车都没有那个问题。

综上所述，有的句子虽然主句用否定形式，但否定词可能只是否定主句谓语，并不否定其他成分。因此，在遇到类似问题时，也应具体问题具体分析。

（3）问题与剖析③：当主句谓语是no es verdad que（……不是真的）时，从句谓语用虚拟式的问题

这种情况涉及的词组不多，而且问题也不复杂。从逻辑上讲，既然主句是说"……不是真的"，从句所讲之事显然不具备真实性与现实性，因此从句谓语用虚拟式。**例如**：

① No es verdad que *esté* encarcelado.

　　他不是真的被关在监狱里。

② No es verdad que durante la menstruación las mujeres no *deban* bañarse.

　　妇女在月经期间不宜泡澡，这种说法是瞎说的。

③ No es cierto que las setas comidas por animales *sean* comestibles.

　　并非是动物吃过的蘑菇就可以食用。

④ No es cierto que lo *haya adivinado*.

　　他不是真的猜中了。

⑤ No es obvio que te *hayan comprendido*.

　　他们不见得明白了你的意思。

但是，如果这种句子改用疑问方式，情况则不同。改用疑问方式时，由于主句否定词的意义不延伸至从句，所以从句谓语用陈述式。**例如**：

① ¿No es verdad que esto no *tiene* ningún sentido?

　　这不是没有任何意义吗？

② ¿No es verdad que *quedan* aún tantas cosas por hacer?

　　不是还有很多事情要做吗？

③ ¿No es cierto que todas las personas *son* iguales ante la ley?

　　不是在法律面前人人平等吗？

④ ¿No es obvio que *estás* soñando despierto?

　　你这不是明摆着是白日做梦吗？

（4）虚拟式在否定句中的用法明细规则

考虑到虚拟式在否定句中的用法需要注意的问题比较多，看来还是有必要针对这些问题再确立一些明细规则。

A. 在独立否定句中

在带有明确主语的否定命令句中，谓语必须用虚拟式现在时。**例如**：

① No me *contradigas*.

　　你别跟我唱对台戏。

② No me *vengas* con eso.

　　你别跟我来这一套。

注：当否定命令句不带明确的主语时，可直接使用原形动词表示。**例如**：No fumar. （请勿吸烟）。

B. 在带从句的否定句中

当主句谓语用否定形式，而从句所讲之事也被说话者否定，或说话者对其真实性有疑问时，从句谓语用虚拟式。

a. 在直接宾语从句里。**例如**：

① No creo que *se vaya* ahora mismo.

我不相信他现在就走。

② No he dicho que me *hayas robado* nada.

我没说过你偷了我什么东西。

③ El tampoco cree que lo *hayas hecho* mal.

他也不认为你这件事做错了。

④ No pienso que te *admitan* en esa universidad.

我不认为那所大学会录取你。

⑤ No he notado que *haya* cambios.

我没看出有什么变化。

⑥ Yo no estoy de acuerdo en que *haya* lugar para fumadores en las empresas.

我不赞同在公司里设吸烟区。

b. 在定语从句里。**例如**：

① No hay nada que me *pueda* asustar.

没有任何东西可以吓倒我。

② No hay nadie que *baile* tan bien como tú.

没有任何人跳舞跳得像你这么好。

③ Allí no hay ningún médico que te *atienda*.

那里没有任何医生给你看病。

④ En nuestra compañía no hay ninguna secretaria que *sepa* árabe.

我们公司没有任何一位女秘书懂阿拉伯语。

⑤ No tengo ningún disco que te *guste*.

我没有任何一张唱片会令你喜欢。

⑥ En esa biblioteca no puedes encontrar ningún libro que *hable* del subjuntivo.

在那个图书馆里，你找不到任何一本介绍虚拟式的书。

⑦ No veo ningún autobús que *pueda* llevarme a ese sitio.

我看不到有任何一辆公交车可以载我去那个地方。

⑧ No hay quien *pueda* convencerla.

没有人能够说服她。

c. 在主语从句以及其他类型的从句里。例如：

① No es cierto que *aprenda* inglés.

他根本就不是学英语。

② No es evidente que la *haya* escrito él.

这封信不见得是他写的。

③ No es que no *quiera*, es que no puedo.

并非我不愿意，而是我不可以这样。

④ No parece que *sea* tan listo como dicen.

他并不像大家所说的那样精明。

⑤ No estoy seguro de que *acepten* tu invitación.

我不能肯定他们会接受你的邀请。

⑥ No compro la casa, no porque me *parezca* cara, sino porque no me gusta el sitio.

我之所以不买那房子，并非因为我觉得价格贵，而是因为我不喜欢那个地方。

⑦ Sin embargo no hay ninguna prueba de que esto *sea* cierto

然而，没有任何证据证明这是真的。

（5）虚拟式在否定句中的用法附加说明

上一节列出的明细规则，之所以称之为"明细"，主要是考虑到在"虚拟式用法"一章中已经有一个用法规则。上一节的明细规则实际上是用法规则个别条文的补充。

规则需要的是精练与概括。但是考虑到对初学者而言，精练有时候会显得不够细化，如果觉得上述规则还不够细化的话，可以参考以下附加说明：

A. 当主句动词只是形式上用了否定词"no"，但从句所讲之事不见得被说话者否定，从句谓语可以改用陈述式。例如：

① Ellos no creen que *hayamos* (*hemos*) ganado.

他们不相信我们赢了。

② No me han dicho que *conozcas* (*conoces*) al alcalde.

他们没跟我说过你认识市长。

③ Nadie sabe que *tengas* (*tienes*) tanto dinero.

谁也不知道你有这么多钱。

④ No sabía que Juan *hubiera* (*había*) muerto y preguntó por él.

他不知道胡安死了，所以问起他的情况。

⑤ ¿No crees que ella *sea* (*es*) mi novia?

你不相信她是我女朋友吗?

⑥ No dudo que *seas* (*eres*) tú quien lo has hecho.

我并不怀疑这事是你干的。

⑦ Yo no niego que lo *sepáis* (*sabéis*).

我不否认你们知道这件事。

⑧ No dijo que *hubiera* (*había*) tenido un hijo antes de casarse.

她没说过她结婚之前已经有一个孩子了。

⑨ No vi que un coche *viniera* (*venía*) adelantando por la derecha.

我没看见有辆小汽车从右边超车。

⑩ No me di cuenta de que tu coche *estuviera* (*estaba*) sin batería.

我没注意到你的车没电了。

⑪ No notó que la sopa no *tuviera* (*tenía*) sal.

他没察觉汤没放盐。

⑫ Nadie ha revelado que su enfermedad *sea* (*es*) muy grave.

没有人透露过他病情很严重。

B. 当主句动词只是形式上用了否定词 "no"，但从句所讲之事不仅没被说话者否定，而且说话者想强调对其真实性没有疑问时，从句谓语不用虚拟式，而是用陈述式。例如:

① ¿No es evidente que no *va* a venir ahora?

他现在不是明显不会来吗?

② ¿No está bien claro que no lo *ha hecho*?

他不是明显没做过这事吗?

③ No cabe duda de que lo *han detenido*.

毫无疑问，他们把他抓了。

④ No cabe duda de que ella *estaba* muy atractiva.

毫无疑问，她当时打扮得十分迷人。

⑤ ¿No está claro que usted no *ha contestado* a mi pregunta?

您不是没有回答我的问题吗?

⑥ ¿No es verdad que no *viene*?

他不是不来了吗?

⑦ ¿Acaso no es verdad que *habíamos quedado* a desayunar?

难道我们不是说好一起吃早餐的吗?

⑧ No cabe la menor duda de que te *han engañado*.

毫无疑问，你被他们骗了。

C. 在 "no digas que…（你可别说……）" 和 "no creas que…（你别以为……）" 这类句子中，因说话者认定对方会说出从句所指的事或会有从句所说的想法，所以从句谓语同样用陈述式。例如：

① No digas a nadie que *estamos* en la discoteca.

你不要跟任何人说我们在舞厅。

② No digas que te *preocupas* por mí. No lo creo.

你别跟我说你为我操心，我才不相信呢。

③ No me digas que todavía *estás* asustada.

你可别跟我说你到现在还害怕。

④ No me dirás que no *conoces* a Ana. Os he visto varias veces juntos.

你不会跟我说你不认识安娜吧，我已经有好几次看见你们在一起了。

⑤ No creas que *soy* ciego.

你别以为我是瞎子。

⑥ No crea usted que *es* fácil encontrarlas.

您别以为一下子就能找到她们。

⑦ No creas que no *sé* lo que pensáis todos de mí.

你别以为我不知道你们这些人对我是怎么想的。

⑧ No pienses que lo *hemos* hecho por ti.

你别以为我们是为了你才这样做。

⑨ Resignación, vidita, no olvides que *eres* mujer.

算了吧，我的宝贝，别忘了你是个女的。

D. 在表示 "必须（ser necesario que）" "可能（ser posible que）" "重要（ser importante que）" 等主语从句以及其他按规定需要使用虚拟式的句子中，主句无论是肯定还是否定形式，从句谓语都必须使用虚拟式。例如：

① Es necesario que lo *configures* de nuevo.

你必须重新设置一下。

② No es necesario que lo *descargues*.

你不必下载。

③ Quiero que el 2021 *sea* el mejor año de mi vida.

我希望2021年是我一生中最辉煌的一年。

④ No quiero que me *abandones*.

我不希望你抛弃我。

⑤ Temo que *juguemos* fatal.

我担心我们会输得一塌糊涂。

⑥ No temo que me lo *pregunten*.

我不担心他们问我这件事。

⑦ Me sorprende que *hablen* italiano.

我没想到他们讲意大利语。

⑧ No me sorprende que no te *haya* invitado.

他没有邀请你，我并不感到意外。

⑨ Está bien que la *consueles*.

你安慰她是对的。

⑩ No está bien que lo *ocultes*.

你隐瞒这件事是不对的。

二、虚拟式在定语从句中的使用情况

在定语从句中，什么情况下使用虚拟式，也是虚拟式用法中一个难点问题。

（1）情况介绍

我们先看几个定语从句的例子：

① No ha sido aprobada la solicitud que él *ha presentado*.

他递交的申请没被通过。

② El pasaporte que *perdió* mi amigo es falso.

我朋友丢失的护照是假护照。

③ Las camareras que *necesitamos* (*necesitemos*) deben ser menores de 25 años.

我们需要的服务员年龄不应超过25岁。

④ Los visitantes que *vendrán* mañana son mexicanos.

明天来访的客人是墨西哥人。

⑤ No podemos alojarnos en un hotel que no *tiene* (*tenga*) aire acondicionado.

我们不可以入住一间没有空调的旅馆。

⑥ Esta es una casa que *tiene* jardín.

这是一座有花园的房子

⑦ Hemos encontrado a unos jóvenes que *sirven* en el ejército.

我们遇到一些在部队服役的年轻人。

⑧ Unas chicas que *provienen* del Norte no pueden adaptarse al clima del Sur.

一些从北方来的女孩子没法适应南方的气候。

上面列举的定语从句中，只有例③和例⑤的从句谓语可以选用虚拟式，其他都不宜使用虚拟式。那么，定语从句在什么情况下用虚拟式呢？例③和例⑤的情况也许能给我们一点启迪。

例③当中的 "las camareras que *necesitamos*"，从句谓语用陈述式，表明说话者已经明确 "我们现在需要服务员"。而改用 "las camareras que *necesitemos*"，则表示说话者对 "我们需要服务员" 一事还不能肯定。此事暂时是虚构的，所以从句谓语用虚拟式。

例⑤里的 "un hotel que no *tiene* aire acondicionado"，从句谓语用陈述式，针对的是一间已经明确没有空调设施的旅馆。改用 "un hotel que no *tenga* aire acondicionado"，则表示说话者并非在描述具体的一间没有空调设施的旅馆，而是根据他自己的想象去描述一间可能没有空调设施的旅馆，所以从句谓语用虚拟式。

（2）虚拟式在定语从句中的用法

至于如何界定在什么情况下定语从句用虚拟式，不少语法家倾向于把着眼点放在先行词上。著名语法家Samuel Gili Gaya在其编著的 *Curso Superior de Sintaxis Española*（1961，第110页）这样描述："En las oraciones de relativo se pone el verbo en indicativo cuando el antecedente es conocido; si es desconocido o dudoso, el verbo va en subjuntivo.（在定语从句里，当先行词是已知事物时，动词用陈述式；如果是未知事物或无把握的事物，动词用虚拟式。）" 这位语法家在作界定时，切入点是 "antecedente conocido（先行词所指的事物已知）" 和 "antecedente desconocido（先行词所指的事物未知）"。用 "已知" 和 "未知" 来界定，意思是清晰的，因为 "已知" 和 "未知" 可以延伸至从句所讲之事，所以翻译时把它处理为 "已知事物" 和 "未知事物"。换言之，在定语从句中用不用虚拟式，关键在于说话者对包括先行词在内的定语从句所讲之事的认知程度，如果说话者对从句所讲之事的真实性或现实性无把握，从句谓语就用虚拟式。反之，从句谓语就用陈述式。也可以换一个角度讲：说话者从真实角度去描述先行词所指的人或事物时，从句谓语用陈述式；从他自己想象的角度去描述先行词所指的人或事物时，从句谓语用虚拟式。**例如**：

① Vamos a coger el primer autobús que *pase* por aquí.

我们将乘坐途径这里的第一辆公交车（表明说话者是从他自己想象的角度去描述先行词所指的人或事物，所以 "途径" 一词用虚拟式。）

② Ven conmigo los que *quieran* ir.

愿意去的人请跟我来。（说话者不能肯定是否有人愿意一起去，或不能确定哪些人愿意一起去，因此从句用虚拟式。）

③ El primer autobús que pasará por aquí seguramente estará lleno de gente.

第一辆途径这里的公交车肯定会挤满人。（虽然说话者不能确定第一辆途径这里的公交车会是哪一辆，但说话者对公交车途径这里一事确信无疑，所以从句用陈述式。换言之，他是从真实角度去描述先行词所指的人或事物。）

④ Ya han venido los que *quieren* ir.

愿意去的人都已经来了。（说话者已经知道有人愿意去，甚至已经明确是哪些人愿意去，因此从句用陈述式。）

（3）需要注意的问题

前面讲到，在界定定语从句用虚拟式时，著名语法家 Samuel Gili Gaya 的切入点是"antecedente conocido（已知事物）"和"antecedente desconocido（未知事物）"。这个切入点对以西班牙语为母语的人而言意思是清晰的。翻译时，我们没有直译为"已知的先行词"和"antecedente desconocido（未知的先行词）"，也没有把它翻译为"先行词已知"或"先行词未知"，因为这样不便于理解。也有一些语法家在作界定时，改用 antecedente no específico、antecedente no concreto、antecedente inespecífico、antecedente indeterminado 等表述。对于讲西班牙语的人而言，这些说法的意思与 Samuel Gili Gaya 讲的意思大体相同。但是有一点应该引起我们注意，这些说法不宜简单地翻译为先行词"确指"或"不确指"。这样解释不利于我们把握定语从句用虚拟式的要领。因为"确指"与"不确指"只是涉及先行词的表面形式，无法切中定语从句用虚拟式的关键，例如"El que trabaja más gana más（多劳多得）"。你说是谁多劳呢？这里显然是没有"确指"的，但是从句用的是陈述式。又例如"la novela que él escriba（他要写的那本小说）"，你说这里"不确指"吗？言语中又明明白白地说是"他要写的那本小说"。显然，无论是"la novela que él escriba"，还是"la novela que él va a escribir"，中文意思都是"他要写的那本小说"。用"确指"与"不确指"引导初学者，恐怕难以解释清楚。所以，我个人建议，不妨换一个角度界定：说话者从真实角度（即依据事实）去描述先行词所指的人或事物时，从句谓语用陈述式；从他自己想象的角度（即非根据真实情况）去描述先行词所指的人或事物时，从句谓语用虚拟式。这样也许会清晰一点。另外，也不宜简单地认定，定语从句所讲之事属将来行为时，从句谓语就用虚拟式，因为将来行为不见得是虚构的行为。我们不妨看看以下几个带定语从句的词组：

① una novela que él ha escrito 他写好的一本小说

② la novela que él ha escrito 他写好的那本小说

③ la novela que él escribirá 他将要写的那本小说

④ una novela que él escribirá 他将要写的一本小说

⑤ a novela que él escribe 他（在）写的那本小说

⑥ la novela que él va a escribir 他要写的那本小说

⑦ la novela que él escriba 他（可能）要写的那本小说

第 1 个词组"una novela que él ha escrito（他写好的一本小说）"，先行词"小说"可理解为不确指，因为没有明确是哪一本。但是说话者针对的是一个真实行为，所以从句谓语用陈述式。

第2个词组 "la novela que él ha escrito（他写好的那本小说）"，先行词"小说"属确指，而从句所讲之事是真实行为，所以从句谓语用陈述式。

第3个词组 "la novela que él escribirá（他将要写的那本小说）"，先行词"小说"同样是确指，而说话者对从句所讲之事确信无疑，或理解为已知事物，所以从句谓语用陈述式。

第4个词组 "una novela que él escribirá（他将要写的一本小说）"，先行词"小说"不好说是确指，因为没有明示是哪一本，但说话者对从句所讲之事没有疑问，知道他将要写一本小说，所以从句谓语用陈述式。

第5个词组 "la novela que él escribe 他（在）写的那本小说"，这里说话者显然是从真实的角度去描述，所以从句谓语用陈述式。

第6个词组 "la novela que él va a escribir 他要写的那本小说"，这里从句的谓语虽然是将来行为，但是从句谓语不是用虚拟式，而是用陈述式，因为说话者是从真实角度去描述。

第7个词组 "la novela que él escriba 他（可能）要写的那本小说"，"小说"一词用定冠词，显然不好理解为不确指，因为至少已经明确是他而不是别人可能要写的那本。由于说话者对他要写新小说一事之真实性没有把握，所以此事暂时是虚构的，也就是说，说话者是从非真实的角度（换言之，是从他自己想象的角度）去描述，所以从句谓语用虚拟式。

把第4和第7个词组放在一个具体情景里，也许更好理解：

① Dice que una de las novelas que *escribirá* se publicará en el extranjero.

他说他将要写的其中一本小说会在国外出版。（从真实角度去描述）

② El es un famoso escritor, por eso las novelas que él *escriba* pueden publicarse en nuestra casa editorial.

他是一位著名作家，所以他写的小说都可以在我们出版社出版。（从说话者想象的角度去描述）

（4）定语从句用虚拟式或陈述式的具体情况

前面讲到，在定语从句中用不用虚拟式，关键要看说话者对从句所讲之事的认知程度。那么，在具体的实践中，如何把握对从句所讲之事的认知程度就是一个难点问题。在很大程度上，这是一个语感问题。

总的说来，定语从句所修饰的先行词指想象中的事物时，从句谓语用虚拟式；指已知事物或真实行为时，从句谓语用陈述式。或者换一个角度说，当说话者不能确定先行词所指的人或事物是否具备从句所讲的条件，或对从句所讲的行为及情况之真实性没有把握或不能确定时，从句谓语用虚拟式。当说话者知道先行词所指的人或事物具备从句所讲的条件，或对从句所讲的行为及情况之真实性有把握，以及从句所讲的行为与情况已经明确或已成为事实时，从句谓语用陈述式。其主要区别在于，定语从句所讲之事是指"虚"还是指"实"。换一种简单、明了的说法，即：定语从句指虚拟事物时用虚拟式，指真实事物时用陈述式。

A. 定语从句用虚拟式的情况

① Aguanta todo lo que *puedas*.

你尽量忍吧。

② ¿Acaso tengo que casarme con el primer hombre que me *pida* la mano?

难道我得跟第一个向我求婚的男子结婚？

③ ¿Hay por aquí alguna playa que *merezca* la pena visitar?

这里有没有值得一看的海滩？

④ Si conoces algún restaurante que *esté* bien, ¿me lo podrás comentar?

如果你知道这里有哪家好的餐厅，能否给我推荐一下？

⑤ Para eso tienes que elegir un aparato adecuado: un aparato que *requiera* una potencia muy pequeña.

为此，你要选择一台合适的仪器，一台用电功率很小的仪器。

⑥ Si no puedes pagar por ello, podemos ayudarte para que encuentres una clínica que *esté* más al alcance de tu bolsillo.

如果你付不起这个钱，我们可以帮你找一间收费在你经济能力范围之内的诊所。

⑦ Una vez que haya identificado al médico que *considere* adecuado para usted, llame a su consultorio médico.

您一旦确定哪位医生适合看您的病，您就可以打电话到他的门诊处。

⑧ ¿Conoces alguna página donde *pueda* consultar todo lo relacionado con el ensayo?

你知道有哪个网页可以让我查阅到与这个实验有关的资料吗？

⑨ Intenta inventar un dispositivo que lo *solucione* todo.

他想发明一个可以彻底解决问题的装置。

⑩ Quiere enviar a su hijo a una escuela que *asegure* su crecimiento moral.

她想把孩子送到一所对其思想品德教育有保障的学校。

⑪ Lo importante es que sea un método que *funcione* y que resulte eficaz.

关键是这个办法要行之有效。

⑫ Hay que buscar un sitio donde yo te *espere*.

找个地方，我到时候在那儿等你。

以下几种情况，先行词通常被视为虚构的事物，因此定语从句应该使用虚拟式。

a. 主句谓语用表示意愿或需要（querer、necesitar、buscar等）的动词，其直接宾语又没有使用定冠词时，修饰此直接宾语的定语从句通常用虚拟式。**例如**：

① Quiero una casa que *tenga* jardín.

我想买一座有花园的房子。

② Necesito un intérprete que *pueda* ayudarme a hablar con el médico.

我需要一个翻译帮我去跟医生谈谈。

③ Para pedir un visado de trabajo, lo primero que tienes que hacer es buscar una empresa que te *quiera* contratar.

想申请工作签证，你首先必须找到一家愿意聘用你的企业。

④ Vamos a buscar otro local que no *sea* demasiado pequeño, con buena higiene y aireado.

我们去找另外一间面积不要太小、卫生条件好而且通风的铺位吧。

⑤ Por eso resulta necesario y urgente el establecimiento de una oficina que *se encargue* de todos estos trabajos.

所以有必要马上设立一间负责处理这些事务的办公室。

⑥ Necesitamos coches que *alcancen* velocidades de más de 200 km/h.

我们需要时速能达到每小时200千米的小汽车。

⑦ Buscamos personas que *quieran* ganar dinero contestando encuestas.

我们要找愿意通过参加问卷调查来挣钱的人。

b. 当先行词指任意一个（cualquiera que、cualquier ... que、toda persona que、comoquiera que、quienquiera que）时，从句谓语用虚拟式。例如：

① Cualquiera que te *haya visto*, dirá que estás muy guapa.

任何一个人看见你，都会说你打扮得很漂亮。

② Cualquier problema que *tengas*, consúltamelo.

你有什么问题，尽管问我好了。

③ Me gustará cualquier regalo que me *envíes*.

你送给我任意一个礼物我都会喜欢。

④ Cualquier cosa que *hagas* puede ser insignificante, pero es importante que la hagas.

你做的每一件事情也许都微不足道，但重要的是你要去做。

⑤ De cualquier cosa que *hagas* te arrepentirás.

不管做什么事，你都会后悔。

⑥ Cualquier cosa que *digas* puede ser utilizada en tu contra.

你说的任何话都会被用来攻击你。

⑦ Ellos son muy astutos y analizarán cualquier cosa que *digas* para sacarte más y más información.

他们很狡猾，你说的任意一句话他们都会分析，从中获取更多情报。

⑧ Quienquiera que viva contigo será muy feliz.

　　谁跟你一起生活都会很幸福。

⑨ Dondequiera que *esté*, puedo colaborar muy bien con colegas y clientes.

　　不管我去到哪里，都能与同事及客户合作得很好。

⑩ Puede usted negarse a contestar cualquier pregunta que no *quiera* responder.

　　您可以拒绝回答任何一个您不想回答的问题。

⑪ Hazlo como quieras. Comoquiera que lo *hagas* estará bien hecho. Yo confío en ti.

　　你想怎么做就怎么做好了。不管你怎么做，都会做得很好。我相信你。

⑫ Quienquiera que te *haya dicho* lo contrario es un mentiroso.

　　谁要是跟你说不是这样，那他就是一个骗子。

⑬ Quienquiera que te *ataque*, atácalo de la misma manera.

　　谁要是攻击你，你就用同样的方法攻击他。

上面的情况当中，有一点需要注意。先行词dondequiera可表示"不管在何处"或"无论在何处"。表示"不管在何处"时，从句谓语用虚拟式；表示"无论在何处"时，可根据说话者对从句所讲之事的真实性与现实性的认知程度选用虚拟式或陈述式。**例如**：

① Te acompañaré dondequiera que *estés*.

　　不管你去到哪里，我都会陪伴你。

② Dondequiera que *va* lleva unas gafas de sol.

　　无论他走到哪里，都戴着一副墨镜。

③ Dondequiera que lo *encuentro* (*encuentre*), me invita a una copa.

　　无论我在哪里碰见他，他都会请我去喝酒。

c. 定语从句所讲之事被说话者否定时，从句谓语必须用虚拟式。**例如**：

① Como alcalde, nunca haré nada que *pueda* perjudicar los intereses de los ciudadanos.

　　身为市长，我决不做任何有损市民利益的事。

② Dice que no hay nada que él no *haya probado*. ¿Lo crees?

　　他说没有任何东西他没尝试过。你相信吗？

③ Estoy decidido y no hay nada que *pueda* destruir mi fe.

　　我决心已下，没有任何东西可以摧毁我的信念。

④ No te fíes de nadie que *pase* de los 12 años, tío.

　　老兄，12岁以上的人你谁也别相信。

⑤ ¿Por qué no hay nadie que *reúna* fondos por los muertos en Irak?

　　为什么没有人为在伊拉克死去的人募捐？

⑥ ¿No hay nadie que *grite* "basta"?

没有人喊一声"住手"吗？

⑦ Hoy no hay nadie que me escuche, nadie que me diga cosas bonitas, nadie que me *anime* como lo hacía él.

现在已经没有人听我的话，没有人跟我说甜言蜜语，没有人像他过去那样鼓励我了。

⑧ Sin duda no existe absolutamente ninguna película que *supere* a su libro.

毫无疑问，绝对没有任何一部电影胜过它的原著。

⑨ Nunca he leído una novela que me *haya cautivado* tanto como ésta. Me enganchó por completo.

我从未读过能如此吸引我的小说。我完全被它的内容迷住了。

⑩ No podemos garantizar la seguridad de ninguna información que *sea* transmitida por Internet.

通过互联网传输的任何信息，我们都无法确保其安全。

⑪ Actualmente busco empleo de forma diligente, pero no he podido encontrar ninguno que *sea* de tiempo completo.

我目前在努力寻找工作，但是还没有找到一份是全职的。

⑫ No hay quien *pueda* con el mar cuando se pone bravo.

大海咆哮的时候，谁也无法抵挡。

⑬ No hay quien *pueda* predecir un éxito o fracaso.

谁也无法预见成功与失败。

⑭ De tus garras no hay quien *pueda* escapar.

没有人可以逃出你的魔掌。

d. 主句带有"casi no、apenas"等词语时，定语从句的谓语可以根据说话的角度选用虚拟式或陈述式。但是一般说来，用虚拟式显得较为文雅，用陈述式则显得比较随意。

例如：

① Ya casi no queda gente que no *haya subido* alguna vez a un avión.

没乘坐过飞机的人现在几乎已经没有了。

② Apenas quedan jóvenes que *cedan* (ceden) su asiento en el autobús a las personas mayores.

现在在公交车上几乎已经没有人给老年人让座了。

③ Poca gente hay que no *sepa* (sabe) conducir.

不会开车的人已经很少了。

④ Poca gente hay que *piense* en los demás.

为别人着想的人已经不多了。

⑤ Y es una suerte tenerte, porque poca gente hay que me *quiera* como tú.

能够拥有你真是我的福气，因为很少有人像你这么喜欢我。

⑥ Apenas hay quien *se atreva* con él.

几乎没有人敢跟他斗。

⑦ Ella está enferma, pero apenas hay quien *se dé* cuenta.

她病了，但是几乎没有人知道。

⑧ Sostiene que apenas hay quien *viva* de los libros.

他说几乎没有人靠写书维生。

⑨ Apenas hay quien *entiende* (*entienda*) del maravilloso mundo de la alta matemática.

能够领会高等数学奥妙的人凤毛麟角。

⑩ Aquí casi no hay árboles que *protejan* en caso de viento o lluvia.

这里几乎已经没有树木可以让人遮风避雨了。

⑪ De mi generación casi no hay mujeres artistas que *hayan continuado* con su carrera.

我那一届学艺术的女生几乎全都没有搞本行。

B. 定语从句用陈述式的情况

① Esta es la plaza que hemos *construido*.

这是我们建造的广场。

② Este es un país que no *tiene* mar.

这是一个没有大海的国家。

③ El hombre es un ser social que *necesita* la compañía y atención de los demás seres humanos.

人是需要其他人陪伴与关心的群居动物。

④ Donde te *encontré* han crecido muchos árboles.

我遇见你的地方现在生长了很多树木。

⑤ Quiero regresar al lugar donde *nací*.

我想回到我出生的地方。

⑥ Aquellas personas en cuyas maletas *llevaban* semillas no pudieron pasar la aduana.

那些在行李中夹带种子的人没能过海关。

⑦ Son muy pocos los estudiantes que *han venido* hoy a clase.

今天来上课的学生很少。

⑧ Los pocos invitados que *han llegado* están cenando.

一小部分已经到了的客人正在用餐。

⑨ Este maletín es del señor que *está* sentado a tu izquierda.

这个手提箱是坐在你左边那位先生的。

⑩ Ha desaparecido ya el hotel donde *nos conocimos*.

我俩初次见面的那间旅馆已经消失了。

⑪ Algunos visitantes que *vendrán* esta tarde van a charlar con vosotros.

有几位今天下午来访的客人要和你们聊一聊。

⑫ Nos ha hablado de algunas películas que *se proyectarán* durante el Festival de Cine.

他给我们谈到电影节期间将要放映的几部电影。

⑬ El hotel que se *construirá* en esta calle será de cinco estrellas.

这条街上将要建造的旅馆是五星级的。

⑭ La revista que *leeré* (voy a leer) durante el viaje está en mi bolso.

我在旅途中要看的那本杂志已经放在我的包里了。

⑮ Los productos que se *exhibirán* en esta feria provienen de todas partes del país.

本届交易会将要展出的产品来自全国各地。

⑯ Un alumno que *aprende* inglés me ha hecho esta pregunta.

一个学英语的学生向我提了这个问题。

⑰ Ha venido un alumno que *aprende* portugués.

来了一位学葡萄牙语的学生。

⑱ He hablado con una vecina que *ha estado* dos meses en México.

我跟一位在墨西哥呆过两个月的邻居谈过。

⑲ En este armario hay unas chaquetas que *ha usado* mi padre.

这个柜子里有几件我父亲用过的外套。

⑳ Propongo que nos alojemos en un hotel donde no *hay* ruidos.

我建议我们入住一间没有噪音的旅馆。(此句的从句可用虚拟式或陈述式。前者表明说话者不能肯定有没有这样的旅馆；后者则强调入住的旅馆必须具备"无噪音"这一基本条件。)

以下几种情况，先行词通常被视为真实的事物，因此定语从句应该使用陈述式。

a. 说明性定语从句中的先行词应属真实事物，因此从句谓语不用虚拟式，而是用陈述式，除非从句带有表示猜测等需要用虚拟式的词组。例如：

① La naranja contiene vitamina C, que *es* beneficiosa para el buen funcionamiento del organismo.

橙子含有维生素C，而维生素C有助于人体器官的良好运作。

② En la fiesta, a tu amigo *se* le veía muy aburrido. Era porque estaba con Susana, que es la más sosa de todas.

聚会时，你朋友一副很无聊的样子。那是因为他跟苏珊娜在一起，而苏珊娜是最呆板的女孩子。

③ Nuestro país está entre dos países pequeños, que *son* Nicaragua y Panamá.

我们国家位于两个小国之间，这两个小国是尼加拉瓜和巴拿马。

④ Sus hijos, que ojalá *sean* excelentes jugadores de fútbol, son muy traviesos.

那些孩子很顽皮。当然，也许将来他们能成为优秀的足球运动员。

⑤ Mi abuelo, que en paz *descanse*, murió por la patria hace más de cincuenta años.

愿我的祖父安息吧，他在50多年前已为祖国捐躯了。

b. 先行词为泛指的事物时，通常也被视为真实事物，因此从句谓语一般用陈述式。

例如：

① Quien bien te quiere te hará llorar.

让你哭的人爱你也深。

② Dime con quién andas y te diré quién eres.

近朱者赤，近墨者黑。

③ El que mal anda mal acaba.

恶有恶报。

④ El que a hierro mata a hierro muere.

动刀者死于刀下。

⑤ A quien madruga Dios le ayuda.

老天不会辜负早起的人。

⑥ El que calla otorga.

沉默便是同意。

⑦ El que trabaja más gana más.

多劳多得。

⑧ Antes de que te cases, mira bien lo que haces.

凡事都要三思而行。

⑨ Los que no tienen nada quieren algo, los que tienen algo quieren todavía más.

有的人得寸便想进尺，上床便想扯被。

三、主句表示猜想时从句谓语"式"的选择

关于主句表示猜想时，从句谓语用陈述式还是虚拟式的问题，从理论上讲，当主句表示猜想（例如：creer、pensar、parecer、suponer、sospechar、imaginar(se)、figurarse等）时，

由于从句所讲之事的真实性未能被确定，所以从句谓语按理应该使用虚拟式。但实际上，这种情况通常不用虚拟式，而是用陈述式。其用意显然是想表明该看法是有道理的。**例如**：

① Creo que *están* en la oficina.

我看他们会在办公室。

② Parece que no *está* de acuerdo.

看来他不同意。

③ Supongo que ya lo *sabéis*.

我想你们已经知道此事。

④ Sospecho que ella *está* engañándome.

我怀疑她在欺骗我。

⑤ Imagino que esto no *es* difícil.

我想这不会很难。

⑥ Me figuro que *vendrán* bien preparados.

我想他们会有备而来。

⑦ Es de suponer que *pagaremos* la gasolina entre todos.

估计汽油费要由我们大家一起付。

因此，像"Creo que él venga.（我看他会来。）"这种说法，虽然理论上说得通，但实际上很少人会这么说，除非在连词que之后加上表示猜测的副词（quizá、tal vez、posiblemente），或者将整个句子改为疑问句。**例如**：

① Creo que tal vez él *venga* con nosotros.

我看他也许会跟我们一起去。

② ¿Crees que él *se case* contigo?

你（真的）以为他会跟你结婚吗？

③ ¿Piensas que te *ayuden*?

你（真的）认为他们会帮助你吗？

④ ¿Te parece que *vayamos* a dar un paseo?

我们出去散散步，你看好吗？

正常情况下，例②和例③的从句应使用陈述式。之所以换用虚拟式，是因为句中加入了说话者的主观意识，（表明说话者不太相信从句所讲之事会是真的）。而例④的从句用虚拟式，是因为"¿Te parece que...?"实际上等于"¿Te parece bien que...?"。

简而言之，当以上列举的动词纯粹表示猜想时，从句谓语通常使用陈述式。当然，上述动词有的并不单纯表示猜想。例如，suponer、imaginar(se)和figurarse还可表示假设。**例如**：

① Supongamos que esta habitación *tiene* una superficie de 40 metros cuadrados.

我们假设这个房间有40平方米的面积。

② Supongamos que esta escuela *tiene* 2000 alumnos.

我们假设这间学校有2000名学生。

③ Supongamos que el costo *es* de 500 dólares.

我们假设成本是500美元。

这几个词表示假设时，从句谓语除了使用陈述式之外，也可以根据情况改用虚拟式，尤其是所作的假设与实际情况相去甚远时。**例如**：

① Suponga usted que *tuviera* un millón de euros. ¿Qué haría con ese dinero?

假设您有100万欧元，您会拿这笔钱做什么？

② Imagínate que te *hubiera tocado* la lotería. ¿Comprarías un chalet?

假设你中了彩票，你会买一座别墅吗？

此外，主句用命令式时，由于其重点转移到要求听者做此假设，所以从句也用虚拟式。**例如**：

① Imagina que *haya venido*. ¿Qué hará?

如果你假设他来了，他会做什么呢？

② Supongamos que *diga* que no, entonces qué haremos?

如果我们假设他说不行，那我们该怎么办？

动词parecer表示"仿佛"时，从句谓语也用虚拟式。**例如**：

① ¡Qué joven está! Parece que *tuviera* veinte años.

她样子真年轻！看上去像20岁似的。

② Se interrumpió, y parecía que aún *estuviera* dándole una oportunidad.

他停顿了一下，好像还想给他机会似的。

上述两句中，parece que和parecía que实际上等于parece como si和parecía como si...（仿佛……）。

还有一点要注意，hacer como que...（装作……）的从句谓语不用虚拟式，而是用陈述式。**例如**：

① Coge un periódico y hace como que *lee*.

他拿起一张报纸装作在看报。

② Hizo como que *cantaba* cuando entramos.

我们进去时，她装作在唱歌。

③ Actúa como que no lo *sabes*.

你假装不知道好了。

四、由 el hecho de que 引导时从句谓语 "式" 的选择

由 el hecho de que 等引导时，如何界定从句谓语 "式" 的选择，是一个颇有争议的问题。对此，语法家们大致有如下3种说法：

a. 由 el hecho de que 引导的从句，从句谓语用虚拟式（可见 Manuel Seco 的专著 Diccionario del Español Actual）。

b. 由 el hecho de que 引导的从句用作主句的主语时，从句谓语用虚拟式；用作主句的其他成分时，从句谓语可用陈述式或虚拟式（可见 Ricardo Navas Ruiz 的专著 El Subjuntivo Castellano）。

c. 由 el hecho de que 引导的从句所讲之事是听者或公众已知信息时，从句谓语用虚拟式；是听者或公众未知信息时，从句谓语用陈述式（可见 J. Borrego 的专著 El Subjuntivo en Español）。

上述3种说法，都仅指出使用规则，没有说明原因。当然，这是可以理解的，因为对象是以西班牙语为母语的人。其实，用虚拟式的主要原因在于，此类句子是用来表达个人看法。它属虚拟式指 "实" 的一类：从句所讲之事虽然是真实的，但所讲之事与说话者的个人情感挂起钩来时，从句谓语用虚拟式。因此，这3种观点可以这样理解：

持第一种观点的学者，着眼点在于追求语言的纯洁性。el hecho de que 是一个约定俗成的短语，用词文雅，由它引导的从句谓语仅用于表达个人看法，所以习惯上就是用虚拟式。

持第二种观点的学者认为，el hecho de que 这个短语用作主句的主语时，由于是表示个人看法，所以从句谓语用虚拟式；用作主句的其他成分时，它就不一定表示个人看法，所以从句谓语可根据具体情况选用陈述式或虚拟式。

持第三种观点的学者换了一个角度看问题，认为已知信息或未知信息才是决定从句谓语用虚拟式还是陈述式的关键。如果是已知信息，表明说话者是对该已知信息表达个人观点，因此从句谓语用虚拟式；如果是未知信息，那就不是表达个人观点，而是在告诉别人一个新信息，因此从句谓语用陈述式。

1. 情况分析

总的说来，上述3种说法都有一定道理。

持第一种观点的学者主要是想维护语言的纯洁性。他们认为，作为一个用词文雅的短语，el hecho de que 本身就是要求用虚拟式，用陈述式不符合语法规范。

但是应该承认，语言也是与时俱进的。随着时代的发展，el hecho de que 这个短语的含义早已超出它原本的意义。在现代西班牙语里，用它来强调某事之真实性的用法已经被大家接受。所以由 el hecho de que 引导的从句谓语用陈述式的例子屡见不鲜。其实，语法条文也是根据语言的使用情况制定的。用语法规范去限制语言的发展，不仅无济于事，而且也不是语法学的初衷。

持第二种观点的学者认可了 el hecho de que 这个短语可以用于强调某事之真实性。问题是，"它用作主句的主语时，从句谓语用虚拟式，而用作主句的其他成分时，从句谓语改用

陈述式"的说法，似乎解释不了以下这个问题。**例如**：

El jefe destacó el hecho de que muchos *han faltado* a clase.

班长强调指出，很多人都没来上课。（从句用作主句的直接宾语）

按照西班牙语造句规则，此句可以改为：

Fue destacado por el jefe el hecho de que muchos *han faltado* a clase.

很多人没来上课，此事被班长特别点了出来。（从句用作主句的主语）

从句所讲之事没有发生变化，说话者说话的立场也没发生变化，唯一不同的是用主动语态和被动语态。这样的改动显然不足以使从句谓语在表达方式上发生截然不同的变化。

如果上面一句还不足以说明问题的话，我们不妨再多看一例：

Siempre queda el hecho de que no *vino*.

他没来就是没来，这是无法改变的事实。

这句的从句明明白白用作主句的主语，但是由于说话者在强调从句所讲的事是一个无法改变的事实，所以从句不适合用虚拟式。

显然，持第二种说法的人着眼点仅停留在语言的表面形式上，所以难免出漏洞。

持第三种观点的学者换了一个角度看问题，从已知信息和未知信息去分析。这种说法可以合理解释前面提到的问题，包括为什么由 el hecho de que 引导的从句谓语用虚拟式时，大部分都用作主句主语的现象。**例如**：

① El jefe destacó el hecho de que muchos *han faltado* a clase.

　　班长强调指出，很多人都没来上课。（听者未知信息）

② Fue destacado por el jefe el hecho de que muchos *han faltado* a clase.

　　很多人没来上课，此事被班长特别点了出来。（听者未知信息）

③ El hecho de que nadie nos *escriba* me entristece.

　　谁也没有给我们写信，真令我伤心。（听者已知信息，你我都知道没人给我们写信）

④ Márchate si quieres. El hecho de que *te marches* no me va a hacer cambiar de opinión.

　　你想走就走吧。你走也不会令我改变主意的。（听者已知信息，因为前面刚提过"你走"这件事。当然，此句用虚拟式的主要原因在于从句所讲之事属虚拟行为）

上述情况表明，从已知信息和未知信息去看问题，按理应该比其他两种说法更合理。不过，这种说法似乎也不够全面，因为它没能涵盖以下情况：

① Me molesta el hecho de que no me *hagan* caso.

　　他们不理我，我心里很难受。

② Me alegra el hecho de que por fin me *hayan aceptado* en la universidad.

　　我终于被那间大学录取了，我真开心。

③ Estoy contento con el hecho de que mi hija *haya progresado* mucho en el estudio.

　　我女儿学业大有长进，我真高兴。

以上3例从句所讲之事，不管是已知信息还是未知信息，从句谓语都不适合用陈述式，而应该用虚拟式。原因很简单：主句动词表达个人情感。由此可见，第三种说法还是有漏洞。况且，如何界定已知信息和未知信息，恐怕也不好把握，只能任凭说话者来定。看来，这个问题有点棘手，有必要深入探讨。

2．问题探讨

（1）此类短语的组合形式

除了el hecho de que之外，这类短语的组合形式还有7种：el hecho que、el que、que、esto de que、eso de que、aquello de que和lo de que。**例如**：

① Me alegra *el hecho que* hagáis las paces.

你们重归于好，我很高兴。

② *El que* haya llegado tarde demuestra que es irresponsable.

他迟到，这表明他没有责任心。

③ *Que* te pases el día mirando la tele me parece una pérdida de tiempo.

你一天到晚看电视，我觉得你是浪费时间。

④ *Esto de que* sea actriz no es nada nuevo.

她是演员，这早已不是什么新闻。

⑤ *Eso de que* viene lo ha dicho él.

"他会来"，这是他说的罢了。

⑥ *Aquello de que* le robaron fue un invento.

他被抢劫的说法是瞎编的。

⑦ *Lo de que* sea capaz de hacerlo no se lo cree nadie.

说他有能力做此事，这谁也不会相信。

（2）此类短语的性质

这类短语属名词从句或名词补语从句，这是大家一致公认的。也就是说，无论它以何种形式出现，也无论由其引导的从句有多长，它在句中只相当于一个名词的作用。因此，这类短语在句中既可以用作主语，也可用作其他成分。**例如**：

① *El hecho de que* no haya venido no significa nada.

他是没来，但这并不意味什么。（主语）

② Ocultó *el hecho de que* le habían vendido una pistola.

他隐瞒了他们卖给他一支手枪的事实。（直接宾语）

③ Ha dejado de fumar por *el hecho de que el tabaco perjudica a la salud.*

吸烟有害健康，所以他戒烟了。（原因状语）

（3）此类短语的演变推理

既然大家一致认为这类短语属名词从句，那么我们就从名词从句看起。何谓名词从句？直接由连词que引导一个句子，使其充当一个名词作用，就是名词从句。**例如**：

① Me molesta *que fumen en la oficina.*

　　我讨厌他们在办公室吸烟。

② No deseo *que mis datos personales sean transmitidos a terceras personas.*

　　我不希望我的个人资料被传给他人。

③ Parece *que lo has copiado.*

　　看来你这是抄写来的。

④ *Que ella esté enferma* no es cierto.

　　据说她生病这事不是真的。

⑤ *Que se case contigo* es pura mentira.

　　他会跟你结婚这话纯属谎言。

⑥ *Que no tenga tiempo* significa que no quiere verte.

　　说他没时间，这意味着他不想见你。

由于连词que引导的句子属名词性质，而西班牙语的名词在确指时加用定冠词，所以el que的说法也就顺理成章。但是要注意，加定冠词只能用阳性定冠词el，不能用阴性定冠词la。此外，因为它本身是一个句子，只是性质相当于一个名词，所以定冠词el可有可无。事实上，que与el que这两种形式相比，前者使用频率大于后者。

我们看几个el que的例子：

① *El que no coman nada* me inquieta.

　　他们什么也不吃，这使我感到不安。

② *El que te pases el día sin hacer nada* demuestra que eres perezoso.

　　你一天到晚无所事事，这表明你是个懒汉。

③ No puede perdonarte el *que le hayas gritado delante de sus colegas.*

　　你在他同事面前大喊大叫，这让他无法原谅你。

本来由连词que引导就可以表达清楚，可说话者偏偏加用定冠词el，这表明什么呢？那就是加强语气，突出从句所讲之事。因此，这种形式比较适合用作主句的主语。其实，这种加用定冠词的例子并不常见。如果不需要加强语气，例①和例③通常会改为：

Me inquieta *que no coman nada.*

No puede perdonarte *que le hayas gritado delante de sus colegas.*

当然，作此改动的话，从句谓语就非用虚拟式不可了，因为虚拟式用法中有一条规定：

当主句表示高兴、伤心、自豪、悲哀、遗憾、感激、憎恨、吃惊等个人感受时，从句谓语用虚拟式。

也许是因为el que这种形式容易与定语从句中的el que混淆，例如：El que no quiera ir, que se quede.（谁不愿意去，就留下来吧。）所以，为了便于区别，便有了el hecho de que的表达形式。在el que之间加用一个hecho（事实），然后用de que引导出一个名词补语从句，对事实的内容加以说明，使意思一清二楚。**例如**：

① *El hecho de que no se encuentren en casa* me preocupa mucho.

他们不在家里，这令我十分担心。

② *El hecho de que te haya rechazado la invitación* quiere decir que sigue enojada contigo.

她拒绝了你的邀请，说明她还在生你的气。

③ No puede aceptar *el hecho de que lo hayan despedido de la fábrica.*

他无法接受被工厂炒鱿鱼的事实。

注：个别人喜欢用的el hecho que的说法，显然是el hecho de que的变体，当中省略了前置词de。虽然这样说意思也清楚，但不符合语法要求。hecho本身是名词，而由que引导的从句属名词性质，两个"名词"之间用de连接是必须的，不宜省略。

el hecho de que这种形式既不容易与定语从句中的el que混淆，又能起到突出从句所讲之事的作用，所以使用频率远远高于其他几个。

至于esto de que、eso de que、aquello de que和lo de que，它们在组合形式上与el hecho de que相同。但是由于换了hecho（事实）一词，取而代之的分别是中性代词esto、eso、aquello和lo，因此在内涵上有所区别。el hecho de que可以泛指任何事情，包括听者已知和未知的信息。esto、eso、aquello和lo既然是代词，从句所讲之事显然被认为是听者已知的信息，这是其一。其二是eso和aquello这两个代词虽然属中性，但是用来指从句所讲之事，多少有点蔑视的语气。这两点区别十分重要，它直接影响到从句应该选用虚拟式还是陈述式。

（4）上述推理得出的结论

通过前面的分析与推理，有6点可以基本确定：

a. 这类短语虽然一共有8种组合形式（el hecho de que、el hecho que、el que、que、esto de que、eso de que、aquello de que和lo de que），但相互之间有所区别。我们在分析这些名词从句中虚拟式的使用与否时，不能把它们混为一谈。否则，会扯不清、道不明。

b. 这类短语有一个共同特点：突出从句所讲之事。

c. 由于这类短语用词不同，因此相互之间所有区别，至少可以划分为4组：

第一组：el hecho de que与el hecho que

第二组：que与el que

第三组：esto de que与lo de que

第四组：eso de que与aquello de que

d. 第一组的el hecho que属于口头的、比较随意的说法。因为它不符合语法要求，所以这一组常用的是el hecho de que。第二组的el que容易与定语从句中的el que混淆，所以que的使用频率比el que高。第三组其实与第四组大致相同，唯一不同的是前者属中性间，而后者则多少含有蔑视的语气。

e. 第一和第二组适用于指听者已知和未知的信息，而第三与第四组只适用于指听者已知的信息。

f. 第二组中que引导的从句只宜置于句首，置于其他位置则不属于这里所谈的范畴。

（5）我们应该如何理解和掌握虚拟式的使用

虚拟式的使用有两个基本特征：一是受制于表示主观意识的主句谓语，二是受制于说话者的主观意识。我们在分析此难点问题时，不能忽视这两个"受制于"。当然，由于el hecho de que这类短语与主句连接时多了一个名词，这一点多少会减弱主句谓语的主观意识，但从句用虚拟式的本质没有改变，它仍然与主句谓语的主观意识或说话者的主观意识有联系。例如：

① *Es lamentable* el hecho de que no hayas venido.

你没来，真可惜。

② *Me alegra* el hecho de *que hayas obtenido el primer premio.*

你得了头等奖，我真开心。

③ *Es imposible* eso de *que haya ganado.*

所谓"他赢了"，那是不可能的。

这几句的主观意识都十分明显，而当中连接主句与从句的名词el hecho de或代词eso de难以割断主句谓语与从句所讲之事应有的联系：说话者表达自己面对某一真实行为时的个人感受或主观看法。如果上述3例的从句允许使用陈述式的话，那就等于以下的说法是符合规则的了：

① Es lamentable que no *has venido.*

你没来，真可惜。

② Me alegra que *has obtenido* el primer premio.

你得了头等奖，我真开心。

③ Es imposible que *ha ganado.*

他不可能赢了。

显然，上述说法令人难以接受。也正因为如此，我们在分析由el hecho de que这类短语引导的从句是用虚拟式还是陈述式时，不能忽视"主观意识"这一重要因素。换言之，判断此类从句用虚拟式还是陈述式，主要依据是：主句是否带有主观意识。这一点可以从两个方面检验：

a. 主句是否使用了带主观意识的谓语。**例如**：

① Me *gusta* esto de que el país *tenga* seguro de desempleo.

　　国家有失业保障，这使我很赞赏。

此句的主句用了gusta（喜欢）一词，该词带有明显的主观意识，所以从句谓语用虚拟式。

② ¿*Ha hecho algún comentario sobre* esto de que el país *tiene* seguro de desempleo?

　　关于国家办失业保障的做法，他有何评论？

此句的主句没有使用表达主观意识的谓语，所以从句用陈述式。

b. 说话者是否表示对从句所讲之事的主观看法。**例如**：

① El que no *haya hecho* bien ese trabajo *demuestra* que es irresponsable.

　　他没做好这件工作，表明他没有责任心。

此句的主句虽然用的是demostrar（表明）一词，但该词实际上表示说话者个人的主观看法，所以它的作用与estar bien（做得对）、estar mal（做得不对）等词组应该是相同的。因此，从句谓语用虚拟式。

② Mi marido me ama mucho y eso lo *demuestra* el hecho de que me *acompaña* todos los fines de semana.

　　我丈夫很爱我。他每个周末都陪我就是很好的证明。

此句的主句同样用demostrar（表明）一词，但这个句子要说的是两件事，一是"丈夫爱我"，二是表现在哪里，并不表示说话者个人的主观看法。因此，从句谓语也不用虚拟式，而是用陈述式。

由此可见，由el hecho de que等引导的从句谓语用虚拟式还是陈述式的问题，关键要看主句是否带有主观意识。只有从这个角度去分析，才能作出较为合理的解释。鉴于由el hecho de que等引导的从句谓语用虚拟式还是陈述式的问题有点复杂，有必要针对这类情况单列具体的使用规则。

3．由el hecho de que等引导的从句用虚拟式的明细规则

（1）如果主句使用了带主观意识的谓语（例如alegrar、entristecer、perdonar、preocupar、ser imposible、ser importante、no estar mal等），那么由这类短语引导的从句谓语就应该用虚拟式。**例如**：

① *Me alegra* el hecho de que *te hayas recuperado*.

　　你痊愈了，我很开心。

② *Me entristece* el hecho de que no *puedas ir con nosotros*.

　　你不能跟我们一起去，我感到伤心。

③ *No puedo perdonarte* el hecho de que me *hayas ofendido*.

　　你侮辱了我，这是我无法原谅的。

④ *No es imposible* el hecho de que al empujarlo, *camine.*

你一推它就会走动，这不是没有可能的。

⑤ *Es importante* el hecho de que te *obedezca.*

关键是他听你的话。

⑥ *No está mal* el hecho de que te *den* consejos.

他们能给你出主意，这就很不错。

⑦ *Estoy contento con* el hecho de que me *paguen* bien.

他们给我的报酬不少，我很满足。

⑧ *Es una lástima* el hecho de que no te *guste* la música.

你不喜欢听音乐，真遗憾。

⑨ *Me tiene muy preocupada* el que mi hija aún no *haya regresado.*

我女儿到现在还没回来，令我十分担心。

⑩ El hecho de que *suba* el precio de la gasolina *nos inquieta a todos.*

汽油价格的上涨令我们大家都感到不安。

（2）如果说话者表示对从句所讲之事的个人看法，由这类短语引导的从句谓语也用虚拟式。这种情况常见的词有：parecer（觉得）、demostrar（表明）、significar（意味着）、querer decir（等于说）等。**例如**：

① Que *te pases* el día mirando la tele *me parece* una pérdida de tiempo.

你一天到晚看电视，我觉得是浪费时间。

② Que ella *tuviera* un hijo de quince años *era previsible.*

她有一个15岁的儿子也是意料中的事。

③ Que tu familia *sea literaria no quiere decir* que tú lo seas.

你出生于文学世家不等于说你是文学家。

④ El que *padezcas* de esta enfermedad *no significa* que no puedas casarte.

你虽患此病，但这并不意味着你不能结婚。

⑤ Esto de que todos los días *tenga* que cocinar yo *vamos a dejarlo.*

每天都由我来做饭，这不行。

⑥ Lo de que *leas* hasta las dos de la noche te *va a causar problemas* en el trabajo.

你每天看书看到半夜2点，会影响你的工作。

⑦ Eso de que lo *resuelva* solo *me parece* muy bien.

这事由他自己一个人解决，我看很好。

⑧ El hecho de que no *haya venido no significa* nada.

他是没来，但这并不意味什么。

⑨ El hecho de que te *haya rechazado* la invitación *quiere decir* que sigue enojada contigo.

她拒绝了你的邀请，说明她还在生你的气。

⑩ El hecho de que *haya estado* en la cárcel *no quiere decir* que sea mala persona.

他蹲过监狱，但这并不表明他就是坏人。

⑪ El hecho de que *sea* argentino *no quiere decir* que sea pedante.

他是阿根廷人，但这并不意味着他是爱卖弄学问的人。

⑫ El hecho de que *seas* el hijo del director *no implica* que puedas llegar todos los días a la hora que se te antoje.

你虽然是总经理的儿子，但也不可以每天想几点钟上班就几点钟上班。

⑬ Sugieren que el hecho de que los *compañeros* de un adolescente consuman alcohol *es un sólido indicador* de que él o ella beberá alcohol.

专家表示，一个青少年身边有同伴喝酒，就意味着这个青少年肯定也会喝酒。

（3）如果上述两个因素均不存在，取而代之的是说话者想强调从句所讲之事的真实性，那么由这类短语引导的从句谓语则用陈述式。**例如**：

① Buena prueba de lo que te digo es *el hecho de que nadie ha venido*.

谁都没来，这足以证明我说的是对的。

② Cabe señalar *el hecho de que en los últimos días ha subido mucho el precio de la carne.*

值得指出的是，最近一段时间肉类价格上涨了很多。

③ Conviene destacar *el hecho de que no pocas personas aún viven en la pobreza.*

应该指出，还有不少人生活在贫困中。

④ Intentó callar *el hecho de que lo habían metido en la cárcel.*

他企图隐瞒被关进监狱的事实。

⑤ Subrayó *el hecho de que no estaba presente cuando ocurrió esto.*

他强调说，发生这件事的时候他不在场。

⑥ El profesor nos llamó la atención sobre *el hecho de que las palabras bueno y mejor tienen raíces distintas en todas las lenguas europeas.*

老师强调说，在欧洲所有的语言里，"好"和"最好"这两个词的辞源都是不同的。

⑦ ¿Qué ha hecho el gobierno ante *el hecho de que la violencia aumenta en las aulas?*

面对校园暴力事件数量的上升，政府对此实施过什么举措呢？

⑧ Muchos se quejan *del hecho de que estos inmigrantes ilegales reciben bienestares públicos.*

很多人都抱怨这些非法移民享受国民的福利。

（4）个别句子在用词上虽然没有明确表示个人的主观意识或看法，但如果说话者想反映自己的感受，那么由这类短语引导的从句谓语也用虚拟式。如果不想反映个人感受，而是纯粹反映事实，那么从句谓语可改用陈述式。**例如**：

① El hecho de que *se haya quedado* (*se ha quedado*) sin trabajo ha influido hasta en su relación de pareja.

他失业之后，连夫妻关系也受到了影响。

② El hecho de que *la ha abandonado* (*haya abandonado*) su marido la entristece.

他丈夫抛弃了她，这使她很伤心。

（5）有的句子文字上虽然用了 el hecho de que，但实际上从句所讲之事尚未成为事实，或纯属假设，那么由这类短语引导的从句谓语也用虚拟式（纯属假设时，只能用虚拟式过去时态）。**例如**：

① No olvides que también es clandestino *el simple hecho de que nos reunamos.*

你别忘了，只要我们聚在一起，也算是搞地下活动。

② No habría mejorado las cosas *el hecho de que te hubieras callado.*

即使你当时不吭声，也无济于事。

③ *El hecho de que hubieras ido* no habría solucionado nada.

即使你当时去了，也解决不了任何问题。

（6）在这类短语中，由单独一个 que 引导的从句只宜置于句首（置于其他位置不属此类短语），而且只适用于接过对方或前面的话题，所以总是用于表示说话者对所讲之事的主观看法，因此从句谓语只用虚拟式。**例如**：

① *Que él no lo sepa* no es cierto.

他不知道此事，这不是真的。

② *Que no pueda venir* es un pretexto.

他说不能来，那是一个借口。

（7）在这类短语中，因为 eso de que 与 aquello de que 往往含贬义，所以其使用情况有点特殊。当说话者想表明不相信或反驳由 eso de que 或 aquello de que 引导的从句所讲之事时，从句谓语反而要改用陈述式。其道理与 "No me digas que no lo *sabes.*（你可别跟我说你不知道此事。）" 是一样的。**例如**：

① *Eso de que nos van a ganar* habrá que verlo.

他们说会赢我们，那要比一比才知道。

② *Eso de que su producto es muy resistente* es pura propaganda.

他们的产品耐用，那说法纯粹是吹牛的。

③ ¿Acaso crees que es verdad *eso de que nos van a subir el salario*?

难道你真的以为会给我们加工资吗？

④ *Aquello de que estabas indispuesto* fue un invento, ¿no?

你当时说身体不舒服，那是瞎编的，不是吗？

⑤ ¿Alguien creyó aquello *de que muerto el perro se acabó la rabia*?

有谁相信"狗死了狂犬病也就没有了"的说法？

⑥ ¿Y qué quiere decir *eso de que "subió"*?

所谓"升了"，指的是什么意思？

（8）短语el hecho de que有时候可改为el hecho de加原形动词。例如：

El hecho de *tener mucho dinero* le ha cambiado hasta el carácter.

他有了钱之后，连性格都改变了。

第四章　虚拟式用法实例

　　前面我们介绍了虚拟式用法规则，还谈了用法中的几个难点问题，并且补充了一些规则明细。由于虚拟式的使用涉及的词汇比较多，而我们在介绍用法规则里不可能一一列出，为了让读者对西班牙语虚拟式的使用情况有一个较为全面的了解，特别安排了"虚拟式用法实例"这一章。

　　我们从3个方面，通过实例深入了解虚拟式的使用情况。

一、虚拟式指"虚"的用法实例

　　虚拟式指"虚"的一面比较容易掌握。其要点是：说话者表明自己对从句所讲的行为或情况之真实性存有疑问或对它的发生表示担心、害怕、可能、必要、期望等态度时，都属于此范畴。其特点是：从说话者的角度看，从句所讲的行为或情况暂时是虚构的、非真实的或尚未成为事实的。

　　（1）当主句表示意愿时，从句谓语用虚拟式的情况

　　虚拟式用法规则中用了"意愿"一词涵盖"愿望、需要、请求、命令、劝告、建议、允许、禁止等"是不得已而为之。这主要是考虑到如果把"愿望与需要""请求与命令""劝告与建议""允许与禁止"等再细分的话，显得条文太多，不利于记忆。这里顺便作一说明。

　　主句表示"意愿"的情况，除了直接使用动词之外，有时候还可以换用其他表达形式，例如：lo que él desea es que（他所希望的是）、su deseo es que（他的愿望是）、dar ordenes de que（下令）等。此外，下列动词也属此范畴：anhelar（盼望）、animar a（鼓励）、ansiar（渴望）、apetecer（想）、aprobar（同意）、aspirar a（追求）、autorizar（授权）、consentir（容许）、decidir（决定）、decir（吩咐）、desaconsejar（不主张）、disgustar（不喜欢）、disponer（吩咐）、empeñarse en（非……不可）、encargar（委托）、estipular（规定）、exhortar a（告诫）、evitar（避免）、forzar a（强迫）、gritar（叫）、gustar（喜欢）、impedir（阻止）、imponer（要求）、importar（在意）、incitar a（激励）、indicar（指明）、insistir en（一再坚持）、instar a（要求）、intentar（试图）、invitar a（邀请）、librarse de（免于）、llamar a（号召）、negarse a（不肯）、obligar a（迫使）、oponerse a（反对）、preferir（宁愿）、procurar（力求）、recomendar（建议）、rechazar（拒绝）、renunciar a（不接受）、solicitar（申请）、sugerir（提议）、tolerar（容忍）、tratar de（设法）、urgir（催促）、tener ganas de（想）、tener necesidad de（需要）等。**例如**：

① Lo que ella desea es que *te cases* con ella ahora mismo.

她希望的是你现在就跟她结婚。

② Lo que deseamos no es que *seas* un gran director. Tampoco se trata de que *tengas* que convertirte en un famoso actor.

我们的愿望不是要你当大导演，也不是要你成为著名的演员。

③ Su deseo es que todos *nos salvemos*.

他的愿望是我们所有人都能得救。

④ El rey había manifestado su deseo de que su hijo mayor le *sucediera* en el trono.

国王表达了希望他的长子继承王位的愿望。

⑤ El creador de virus espera que éste *se propague* de tal manera que le haga famoso.

病毒制造者希望通过病毒的传播使自己一举成名。

⑥ Es mala actriz y no me apetece que *salga* en nuestra Web.

这个演员太差，我不想让她出现在我们的网页上。

⑦ Yo prefiero que me *maten* a matar.

我宁可被人杀也不愿意去杀人。

⑧ Yo prefiero que se los *cojan* a que los *regalen*.

我宁可让他们收礼物也不愿意让他们馈赠礼物。

⑨ Prefiero que compartas *conmigo* unos pocos minutos ahora que estoy vivo y no una noche entera cuando yo muera.

我宁可你在我活着的时候陪我几分钟，也不要你在我死后陪我一个晚上。

⑩ El 67 % de la ciudadanía prefiere que el voto no *sea* obligatorio, sino que *sea* voluntario como en otros países.

67％的市民希望投票不是强制性的，而是和其他国家一样是自愿的。

⑪ Bueno, eso sólo es un sueño hermoso que anhelas que nunca *se acabe*.

这只是一个你希望永远也不会结束的美梦。

⑫ Ansían que sus proyectos *se cumplan*.

他们期盼自己的项目能够完成。

⑬ El gobierno aspira a que *crezca* el consumo de móviles.

政府希望手机的消费能够增长。

⑭ Me ordena que se lo *entregue* inmediatamente.

他要我马上把东西交给他。

⑮ La señora me ha encargado que les *pregunte* si necesitan algo más.

太太叫我问你们是否还需要些什么。

⑯ Le rogué que *se levantara* para cenar.

我请求他起床吃晚饭。

⑰ Les grité que me *esperasen*, pero no me oyeron.

我大声叫他们等我，可是他们没听见。

⑱ Propuso que *diésemos* un paseo.

他提议我们出去散散步。

⑲ Le sugiero que *se meta* en la cama y *duerma*.

我建议您躺到床上好好睡一觉。

⑳ Mira, déjame que *me siente*.

喂，你让我坐下来吧。

㉑ Os prohíbo que *habléis* así.

我不许你们这样说话。

㉒ El profesor los estimula a que *sean* más activos en clase.

老师鼓励他们在课堂上更活跃一点。

㉓ Le advertí que no *se acercara*.

我提醒他不要靠近。

㉔ Nos llama a que *pongamos* en práctica todo lo que hemos aprendido en la escuela.

他号召我们把在学校里学到的知识运用到实践中去。

㉕ Esto le obliga a que *establezca* vínculos estrechos con los clientes.

这使他不得不与客户建立紧密的联系。

㉖ Su timidez le impide que *diga* lo que piensa.

她胆子小，不敢说出自己的想法。

㉗ Le sugerí que se *cambiara* de vestido para ir a la cena.

我叫他换件衣服，然后去吃晚饭。

㉘ El médico le indicó que *regresara* a los siete días, con el fin de que le retirara los puntos.

医生要他7天后回医院，以便给他拆线。

㉙ Es mejor colocarlos en la nevera para evitar que *se descompongan*.

这些食品最好放在冰箱里，以免变质。

㉚ Hoy he tolerado que *llegues* tarde, pero mañana ya no.

你今天迟到我可以宽容你，但是明天可不能这样。

㉛ No intento que *pienses* lo mismo que yo.

我并非要你与我的想法一致。

㉜ Nos impone que *actuemos* en seguida.
他要求我们立即行动。

㉝ No te consiento que *hables* mal de mis amigos.
我不许你讲我朋友的坏话。

㉞ Nos exhorta a que *estemos* prevenidos.
他告诫我们注意防备。

㉟ Han decidido que *me quede* en casa.
他们决定要我呆在家里。

㊱ Hemos decidido que la boda *sea* mañana.
我们决定明天举行婚礼。

㊲ El médico ha dispuesto que *tomes* esta medicina.
医生要你吃这个药。

㊳ El gobierno se dispone a que estos empresarios *abran* una nueva mina.
政府打算让这些企业主开一个新矿。

㊴ Estábamos dispuestos a que nos *dieran* dinero.
我们打算要他们给我们钱。

㊵ Me instaban a que *entregara* el informe en el tiempo señalado.
他们要求我在指定的时间内交报告。

㊶ Insisten en que *vayamos* con ellos.
他们非要我们跟他们一起去不可。

㊷ Como no puedo trabajar en otra cosa, se empeña en que *ponga* una tienda de modas.
我做不了别的事，所以他坚持要我开一间时装店。

㊸ Se empeñan en que las cosas *se cumplan* al pie de la letra.
他们坚持说要严格按章办事。

㊹ Ya han aprobado que *se construya* otro puente.
他们已经同意再建一座桥了。

㊺ ¿Quién le ha autorizado para que nos *represente*?
谁批准您作我们的代理了？

㊻ ¿Quién le ha autorizado para que *meta* sus narices en nuestras familias?
他有什么权利管我们家的事？

㊼ Jamás nadie le ha autorizado a que *haga* esa demanda.
从来没有人授权他作此诉讼。

㊽ El club no le ha autorizado a que *vaya* a la Copa América porque tenemos los amistosos en EE.UU.
俱乐部没批准他去参加美洲杯赛，因为我们要参加美国的友谊赛。

㊾ Los vecinos se niegan a que el gobierno *instale* una base militar allí.
附近的居民反对政府在那里设立军事基地。

㊿ Me opuse a que *salieran* porque hacía mucho frío.
天气很冷，所以我反对他们外出。

(51) Tu familia se oponía a que *fueras* actriz.
你全家都反对你当演员。

(52) Estamos de acuerdo en que ellos *vengan* un poco más tarde.
我们同意他们晚一点来。

(53) Renuncio a que mi nombre *aparezca* en la lista.
我不同意名单中出现我的名字。

(54) Rechazó que le *vendaran* los ojos.
他不让他们把他的眼睛包扎起来。

(55) Les urgía que se *pusieran* en camino.
他催促他们上路。

(56) Te recomiendo que *visites* las siguientes páginas de Internet.
我建议你浏览以下网页。

(57) En la pantalla se me solicita que *introduzca* un nombre de usuario.
屏幕上要求我输入一个用户的名字。

(58) Procura que el contenido de la página *sea* interesante.
你要尽量把网页内容做得精彩一点。

(59) La animé a que *escribiera* ese libro.
我鼓励她写那本书。

(60) El mecánico me desaconsejó que *comprara* ese coche porque consume mucho.
因为那辆车很耗油，所以机械师不主张我买。

(61) Todos le incitan a que les *cuente* lo que ha pasado en el campamento.
大家都叫他讲讲军营里发生的事。

(62) El médico le aconsejó que *renunciara* al alcohol.
医生劝他戒酒。

(63) El mal tiempo frustró que el barco *zarpara*.
恶劣天气使船无法起航。

⑥④ No quiero aún que me *descubras* toda la verdad.

我暂时还不想让你知道我的全部秘密。

⑥⑤ Nos ha rogado que *nos quedemos*.

他恳求我们留下。

⑥⑥ El jefe me dijo que *limpiase* la oficina.

上司叫我打扫办公室。

⑥⑦ Me pidió que lo *llevara* al zoológico.

他叫我带他去动物园。

⑥⑧ No pido a ninguna chica que me *mande* ninguna foto.

我不会叫任何一个女孩给我寄任何相片。

⑥⑨ Instó a su hija a que *hablara* de lo ocurrido.

她叫她女儿赶快讲讲发生的事。

⑦⓪ Les ruego que *disculpen* las molestias.

我给大家添了麻烦，请多多包涵。

⑦① Les invito a que *visiten* nuestra página Web.

我邀请大家浏览我们的网页。

⑦② Contamos con que *vengas* a la fiesta.

我们等着你来参加聚会。

⑦③ Ella está empeñada en que *madrugáramos*.

她非要我们早起不可。

⑦④ Con este sistema no hay necesidad de que las etiquetas *estén* a la vista.

有了这套系统，标签就无需置于显眼处。

⑦⑤ Ha dado órdenes de que los *detengan* inmediatamente a los dos.

他下令立即逮捕那两个人。

⑦⑥ Tengo ganas de que *llegue* ya ese día.

我希望这一天马上到来。

⑦⑦ No tiene ganas de que se lo *digan* otra vez.

他不想让他们再说一遍。

⑦⑧ Tiene necesidad de que le *prestes* dinero.

他需要你借钱给他。

⑦⑨ Hazle ver la necesidad de que *vuelva* a la realidad.

你要让他明白，他必须回到现实。

⑧ El admitió la posibilidad de que Irak no *tuviera* armas de destrucción masiva.

他承认伊拉克可能没有大规模杀伤性武器。

⑧ Ella tiene celos de que yo *charle* contigo.

我跟你聊天，她会吃醋。

⑧ Me disgusta que no *valoren* mi trabajo.

我讨厌他们看不起我的工作。

⑧ Dice que le disgusta que le *hagan* esperar en el aeropuerto.

他说他讨厌在飞机场等人。

⑧ ¿A quién no le disgusta que le *interrumpan* cuando está durmiendo?

谁不讨厌睡觉的时候被人叫醒？

⑧ ¿Te apetece que *bailemos*?

我俩跳个舞，好吗？

⑧ Lo que sucede es que si te niegas a que *vayan* en ese momento, te multan con 1000 dólares.

问题是如果你当时不肯让他们走，他们就会罚你1000美元。

⑧ ¿Por qué te niegas a que los demás te *conozcan*?

你为什么不肯让其他人认识你呢？

⑧ Pero el hombre se negó a que lo *ayudaran* mientras decía: "Me quiero ahogar, me tiré al agua para matarme".

可是那个人不肯让别人帮他，而且还一边说道："我不想活了，我跳到水里就是为了寻死。"

⑧ Nadie está libre de que nuestros hijos *puedan* llegar a ser violentos si no ponemos los medios para que esto no suceda.

如果我们不采取预防措施，那就谁也避免不了自己的孩子成为暴徒。

⑨ Se libró de que le *cayeran* encima los acreedores.

他摆脱了债主们的追讨。

⑨ Por fin se ha librado de que le *peguen* un tiro.

最终他还是免于挨一枪。

⑨ Por lo menos me he librado de que me *quiten* la muela del juicio.

至少我的智齿不用被他们拔掉。

⑨ Esa oportuna operación le ha librado de que le *pongan* una bolsa en el costado.

由于及时动了手术，他才不用身边挂一个袋子。

⑭ La influencia de su padre le libró de que lo *detuvieran*.

靠他父亲的关系，他才免于被逮捕。

⑮ Yo no fui a la fiesta así que te has librado de que *desatara* mi ira contra ti.

我没去参加聚会，所以我才没法找你出气。

⑯ Nadie está exento de que el día de mañana *pueda* tener mi mismo problema.

说不定有朝一日谁也会遇到跟我同样的问题。

⑰ Como padres no estamos exentos de que el niño se *enferme*, que la maestra *solicite* una entrevista con nosotros.

作为父母，我们没法不让孩子生病，没法不让老师家访。

⑱ Está prohibido que los coches *circulen* por la izquierda.

禁止车辆靠左行驶。

（2）表示意愿的主句动词省略，只保留由连词que引导的从句，这种情况也十分常见。它属口语体。例如：

① ¡Que *te calles*!

你给我闭嘴！

② ¡Que no se lo *diga* a nadie!

叫他别告诉任何人！

③ ¡Que no me *olvides*!

希望你不要忘记我！

④ ¡Que no *haya* guerra ni violencia!

但愿没有战争，也没有暴力！

⑤ ¡Que *aprovechen* esta oferta!

请别错过这次产品推介的良机！

⑥ ¡Que se *realice* tu sueño!

祝你美梦成真！

⑦ Hasta mañana, hijo, que *descanses*.

孩子，明天见。希望你睡个好觉。

⑧ ¡Que no *siga* gritando!

叫他别再喊了！

⑨ Agárrala. Que no *se vaya* a ir.

抓住她，别让她跑了。

⑩ Dios mío, que no *sea* cierto lo que estoy pensando.

我的天啊，但愿我现在想的不是真的。

⑪ Oiga, que le *vea* un médico.

喂，找个医生给他看看吧。

⑫ ¡Que no le *haya* pasado nada!

但愿他没事！

⑬ ¡Que ya *se haya recuperado*!

但愿他已经康复！

⑭ ¡Que *hayan regresado* todos sanos y salvos!

但愿大家都已经平安返回！

在某些固定短语或约定俗成的说法里，连词que甚至可以省略。**例如**：

① ¡Usted lo *pase* bien!

祝您过得愉快！

② ¡*Descanse* en paz!

愿他安息！

③ ¡Dios te *proteja*!

上帝保佑你！

④ ¡Dios te lo *pague*!

愿上帝报答你！

⑤ ¡Maldita *sea*, se ha estropeado otra vez mi USB!

真是活见鬼，我的U盘又坏了！

此外，直接用副词ojalá（但愿）也可表示愿望。**例如**：

① ¡Ojalá te *hayan llegado* ya las postales que te envié!

但愿我给你寄的明信片你已经收到！

② ¡Ojalá no te *haya quitado* tiempo del tan poco que tienes ahora!

你现在这么忙，但愿我没占用你太多时间！

③ ¡Ojalá ya no *haya* más peleas entre tú y yo!

但愿你我之间不会再有争吵！

④ ¡Ojalá me *den* todo el mes de agosto de vacaciones!

但愿整个8月份都给我休假！

（3）主句表示担心、害怕时，从句谓语用虚拟式的情况，除了直接使用动词preocupar（使……担心）、temer（害怕）之外，改用名词preocupación、temor、miedo等引出的名词补语从句也属此范畴。**例如**：

① ¿Por qué temes que *huya* al verte?

你为什么担心她一看见你就躲开？

② ¿Acaso temes que le *haya puesto* veneno?

难道你怕他往这里面下了毒药？

③ ¿Quién no teme que sus datos *sean* utilizados de forma fraudulenta?

谁不害怕自己的资料被人用来搞诈骗？

④ Crece el temor de que *haya* un golpe de Estado en dicho país.

人们越来越担心该国会发生政变。

⑤ Me preocupa que no *puedas* aprobar los exámenes.

我担心你考试不及格。

⑥ ¿Te preocupa que *pueda* llegar la epidemia a España?

你担心这场流行病会传到西班牙吗？

⑦ ¿Creen que a mí me preocupa que mañana *salga* o no salga el sol?

诸位以为我会担心明天太阳会不会出来吗？

⑧ Es de temer que *se declare* una epidemia, por lo tanto el turista debe tomar las oportunas precauciones.

有可能爆发瘟疫，所以游客应该及时采取措施。

⑨ Estamos muy preocupados por que *puedan* querer tomar represalias contra nosotros.

我们非常担心他们会对我们进行报复。

⑩ ¿Acaso tienes miedo de que un completo principiante te *gane*?

难道你害怕一个毫无经验的新手会赢你？

⑪ Manifestó su preocupación por que la continuación de las lluvias *pueda* provocar grandes inundaciones.

他说他担心继续下雨会引发洪水。

⑫ Las acciones bajaron por la preocupación por que el alto precio de la energía *dañe* las ganancias de las empresas.

股票下跌，因为大家担心能源价格高涨会损害企业利益。

⑬ Aquí puedes andar hasta altas horas de la noche sin el miedo de que te *asalten*.

在这里，你可以深夜在大街上行走而无需担心会被打劫。

⑭ Aumenta el miedo de que algo parecido *vuelva* a suceder.

大家越来越担心类似的事情会再次发生。

⑮ Los habitantes de las casas afectadas por el terremoto, con el pánico de que *se repitiera* el fenómeno, se negaban a ingresar a sus viviendas.

受地震波及的居民，由于害怕地震会再次发生，都不肯回到家里。

⑯ Tenía pánico de que le *detuvieran*.

他很害怕被逮捕。

⑰ Imagínate el horror de que eso *pueda* sucederme.

你想一想，这种事情发生在我身上会是多么恐怖。

⑱ ¡Qué horror que *pasen* esas cosas sin que nadie haga nada al respecto!

发生那些事而又没人管，真恐怖！

⑲ ¡Qué miedo que la gente *genere* fantasías tan grandes alrededor de algo!

人们围绕某件事情就能编造出如此离奇的幻想作品，真吓人！

（4）说话者对从句所指的行为及情况表示可能、必须、赞成、反对等个人判断或看法的情况，除了规则中列举的词之外，下列词汇也属于此范畴：aconsejable（适宜的）、adecuado（合适的）、admisible（可采纳的）、deseable（值得期望的）、difícil（困难的）、dudoso（值得怀疑的）、fácil（容易的）、falso（假的）、imprescindible（必不可少的）、improbable（不可能的）、improcedente（不恰当的）、imprudente（不明智的）、inadecuado（不合适的）、indispensable（必须的）、inexacto（不准确的）、inoportuno（不适宜的）、interesante（有趣的）、oportuno（适宜的）、prudente（明智的）、sospechoso（可疑的）、suficiente（足够的）、urgente（紧急的），以及hace falta que（必须）、vale la pena que（值得）、basta que（只要……就……）、basta con que（只要……就……）、más vale que（最好是……）、puede que（可能）、es hora de que（是……时候了）、depender de que（取决于……）等。**例如**：

① Es mejor que no me *hables* de lo de anoche.

你最好别跟我谈昨晚的事。

② Es posible que *nos quedemos* a comer en el pueblo.

我们有可能留在镇里吃饭。

③ ¿Cómo es posible que tú la *conozcas*?

你怎么可能认识她呢？

④ Es importante que lo *sepan* todos.

这件事大家一定要知道。

⑤ ¿Por qué es importante que un docente *haga* uso de Internet?

为什么教学人员一定要使用互联网？

⑥ Es importante que *vayas* a ver al médico si tienes dolores en el vientre.

你如果肚子痛，就一定要去看医生。

⑦ Es importante que le *comuniques* al médico cualquier preocupación que tengas.

你有什么忧虑都必须跟医生讲。

⑧ Es importante que estos informes *sean* más específicos.

这些情况必须写得更加详细。

⑨ No hace falta que *jures*.

你不必发誓。

⑩ A decir verdad, es difícil que *ganemos* al Real Madrid.

说真的，我们很难赢皇家马德里队。

⑪ Es fácil que te *estafen*.

你很容易受骗。

⑫ Es imprescindible que la persona *tenga* experiencia y/o haya recibido el entrenamiento.

申请人必须有工作经验或受过培训。

⑬ Me parece imprescindible que los políticos *tengan* una formación especial y un currículum considerable.

我觉得政治家必须接受过专门培训而且要有一定的资历。

⑭ Es probable que aún *esté* vivo.

他有可能还活着。

⑮ Es improbable que esta situación *mejore*.

这种局面不可能好转。

⑯ Es aconsejable que *traigas* las medicinas por si acaso.

以防万一，你最好把药带来。

⑰ No es aconsejable que *salgas* a la calle mientras no estés repuesto del todo.

你身体还没有完全康复时，不宜上街。

⑱ Es falso que este virus *llegue* en un mensaje con el asunto "Help".

这种病毒会附在一个题为"帮助"的信息当中的说法，是骗人的。

⑲ Es suficiente que nos lo *solicite* por E-mail.

您通过电子邮件向我们索取就可以了。

⑳ Por eso es urgente que se *inicien* acciones para restaurar los bosques.

因此，当务之急是行动起来，重建森林。

㉑ Es indispensable que los aspirantes que se presenten al examen, *lleven* una identificación oficial con fotografía.

参加考试的求职者，必须持有贴上相片的考试资格证。

㉒ Por lo tanto es inexacto que dicho buque *haya arribado* en 1906.

因此，说该船于1906年抵达是不准确的。

㉓ Es dudoso que su precio tan alto *justifique* su eficacia.

价钱这么贵就说明它有效的说法，不可信。

㉔ Es sospechoso que un objeto *aparezca* en el mismo horario y la misma ruta dos días seguidos.

一件物品连续两天在同一时间、同一地点出现，事有蹊跷。

㉕ Es sospechoso que ni siquiera *hojee* la prensa, porque si lo hiciera, estaría advertido de que no hay que hacer caso a esas llamadas.

可能他根本就不翻阅报刊。因为如果他看的话，就会知道对于那种电话是不应该理睬的。

㉖ Este medicamento es muy eficaz. Pero es recomendable que las mujeres no *abusen* de su consumo.

这种药很有效。但是建议妇女最好不要过量服用。

㉗ Dicen que tampoco es admisible que en el contrato *se fije* el plazo o fecha de entrega.

他们说在合同里规定交货期限或交货日期也是不可接受的。

㉘ Es deseable que el tema del seminario *sea* diferente cada año.

大学实习课的专题最好每年都不同。

㉙ No es deseable que la mujer *use* faldas sobre la rodilla en la oficina.

女士不宜在办公室穿超短裙。

㉚ No me esperes. Puede que *esté* fuera toda la noche.

你别等我了。我可能整个晚上都在外面。

㉛ Puede que *tengas* una respuesta distinta para esta pregunta.

对于这个问题，你可能有不同的答案。

㉜ Puede que *fuera* un fin de semana cuando nos conocimos.

我们认识的那天可能是一个周末。

㉝ En este caso, puede que no *ocurra* nada cuando intenta abrir Herramientas administrativas en el Panel de control.

在这种情况下，当您想从控制面板打开管理工具时，可能不会出现任何问题。

㉞ No basta que las empresas *se doten* de ordenadores, sino que deben formar a su personal en el uso de los mismos.

企业有电脑还不够，还应该培训员工学会用电脑。

㉟ Si deseas adquirir este trabajo, basta con que *uses* el siguiente enlace.

如果你希望做这份工作，使用以下联系方式就行。

㊱ Basta con que la gripe del pollo *se transmita* entre humanos para que sea el inicio de una nueva pandemia de gripe de alcance mundial.

只要禽流感在人群中传播，一场新的世界范围的流感瘟疫就会爆发。

㊲ No vale la pena que *insistas* de nuevo. Déjame tranquilo.

你别再固执了，让我安静一会儿吧。

㊳ ¿Vale la pena que un niño *aprenda* llorando aquello que puede aprender riendo?

一个孩子可以在笑声中学会的东西，还值得在哭声中学吗？

㊴ Él no merece que le *eches* de menos. No merece que esperes al lado del teléfono a que suene cuando sabes muy bien que no lo hará.

他不值得你思念，不值得你守候在电话机旁等他的电话。其实你很清楚他不会打电话给你。

㊵ Nadie merece que *llores* por él.

没有人值得你为他哭泣。

㊶ ¿Un hombre como él se merece que lo *respeten*?

一个像他那样的人值得别人尊重吗？

㊷ Me ha preguntado qué voy a hacer el Día Internacional de los Enamorados y le he respondido que más vale que *escondamos* el amor en el armario.

他问我情人节有何打算。我回答他说，我们还是把爱情收藏在柜子里好了。

㊸ No vale la pena que volvamos a empezar. Es mejor que terminemos aunque *tengamos* que llorar.

我们不值得重新开始。即使要痛哭一场，也还是分手好了。

㊹ Pues mi opinión es que *se vayan* a la mierda.

我的意见是叫他们见鬼去吧。

㊺ Dice que ya es hora de que *nos pongamos* manos a la obra para reformar la Unión Europea.

他说我们该行动起来，对欧盟进行改革了。

㊻ Todo depende de que le *seas* simpática o no.

这就要看你对他好不好了。

㊼ La felicidad depende de que realmente *quieras* ser feliz.

你真心实意希望自己过得快乐才会感受到快乐。

㊽ Ya está bien con que *seas* uno de los grandes escritores de América.

你能成为美洲的大作家就很不错了。

㊾ Es hora de que *crees* tu nido de amor.

该是你筑爱巢的时候了。

㊿ Es hora de que la pobreza infantil *pase* a la historia.

儿童贫困问题该成为历史了。

51 Hijos, es hora de que *os vayáis* a la cama.

孩子们，该上床睡觉了。

52 Es de esperar que lo *terminemos* hoy mismo.

此事有望今天就可以完成。

53 Era de esperar que se *divorciaran*.

他们离婚是迟早的事。

54 Es imperativo que el gobierno *introduzca* medidas para prevenir otra masacre.

政府务必采取措施防止再次发生屠杀事件。

55 Es necesario que *nos esforcemos* por conquistar este objetivo.

我们必须努力实现这一目标。

56 Es preciso que *defendamos* a todos los niños de la violencia.

我们必须保护儿童免遭暴力。

57 No importa que la gente no *comprenda*. Basta con que tú me *entiendas*.

别人不理解我没关系，只要你能理解就行。

58 Veo prudente que *esperes* unos minutos más.

我看你还是再等几分钟为好。

59 Es prudente que *llevéis* una bolsa con algo de comida, un termo con té o café flojo, y una nevera portátil con abundante agua potable.

你们最好带上一包食物、一壶茶水或一壶咖啡，还有一个装有足够饮用水的便携式冰箱。

60 Es prudente que los niños *estén* siempre supervisados cuando realizan actividades que impliquen riesgo.

小孩子从事危险性活动时，最好一直有人看管。

61 Es imprudente que todos los partos *sean* anestesiados para que la mujer no tenga dolor.

给所有生孩子的妇女打麻药以免除痛苦，不是明智之举。

62 ¿Es adecuado que una madre lactante *ofrezca* un chupete a su bebé?

在哺乳期内，母亲给婴儿吸橡皮奶嘴合适吗？

63 ¿Es adecuado que los niños *tengan* teléfono móvil?

小孩子用手机合适吗？

64　¿Es adecuado que yo *automedique* a mi bebé si cuento con medicinas en casa?

如果我家里有药，我可不可以自行决定给婴儿用什么药？

65　Es inadecuado que *hagan* comentarios irresponsables.

他们作不负责任的评论是不合适的。

66　Aunque hubiese probado la sangre, era dudoso que la *hubiese bebido* como afirmó haberlo hecho.

即使他尝过血，但是否真的像他说的那样喝了下去，仍值得怀疑。

67　Es sospechoso que ella no lo *sepa*.

她不知道此事，这值得怀疑。

68　Es sospechoso que durante años no *hicieran* nada.

多年来他们什么也没做，这不可信。

69　Es sospechoso que todos los miembros *estén* de acuerdo.

全体成员都同意，这不太可能。

70　Es interesante que la marca *sea* fácil de pronunciar para facilitar la difusión mediante comentarios de clientes.

品牌名称要易于上口，这样才有利于通过客户广为传播。

71　Para que los usuarios *vean* que tu Web está "al día", es interesante que vean la fecha actualizada en tu página.

想要用户知道你的网页内容是新的，你就要不断更新网页的日期。

72　Para que los trabajadores tengan miedo al despido es interesante que *haya* una determinada tasa de desempleo.

为使员工害怕被解雇，就要有一定的失业率。

73　Encuentro improcedente que *actúes* de este modo.

我觉得你这样做不合适。

74　Es improcedente que el gobierno *invierta* en este tipo de actividades.

政府出资搞这类活动是不恰当的。

（5）当说话者对从句所指的行为或情况持怀疑或否定态度时，从句谓语用虚拟式。但是当中有一细节需要注意：不能光看主句动词是否用否定形式，必须看说话者是否对从句所指的行为或情况持怀疑或否定态度。如果是，从句谓语就用虚拟式。**例如**：

① Ha negado que *tenga* relación alguna con ellos.

他不承认跟他们有任何关系。

② Si estoy ciego y niego que *exista* la luz, nunca la veré.

如果我瞎了，不承认有光明，那我就永远也看不见光明。

③ ¿Alguien niega que *sea* así? Pues que se explique.

有人认为不是这样的吗？那请你解释一下。

④ Dudamos que ellos *alcancen* fácilmente sus objetivos.

我们不太相信他们能轻而易举达到目的。

⑤ Los expertos dudan que *se* reduzca el déficit.

专家们不太相信可以减少赤字。

⑥ Dudan que la clonación humana *sea* posible.

他们不太相信人类可以克隆。

⑦ Dudamos que la música *pueda* cambiar el mundo.

我们不太相信音乐可以改变世界。

⑧ No creo que *se mueran* de hambre.

我不相信他们会饿死。

⑨ No creemos que *sea* posible una "tercera vía".

我们不相信会有"第三种途径"。

⑩ Ya han pasado dos semanas y no creen que *queden* sobrevivientes.

已经过去两周了，他们不相信还会有幸存者。

⑪ Nadie cree que el accidente *se haya debido* a problemas mecánicos.

谁也不相信这次事故是机械问题所致。

⑫ No he dicho que no *pueda*; he dicho que no quiero.

我没说我不行，我是说我不愿意。

⑬ Nadie ha dicho que las mudanzas *sean* divertidas.

谁也没说过搬迁是好玩的。

⑭ Eso no quiere decir que *hayamos terminado*.

这并不意味着我们已经结束了。

⑮ No es que todos los hombres *sean* malos.

并非所有男人都是坏人。

⑯ No puede ser que *abran* tan tarde.

不可能这么晚才开门。

⑰ No es cierto que yo *sea* el mejor.

我并非真的是最好的。

⑱ No es cierto que las niñas *sean* menos ágiles que los niños.

女孩子并不是真的没有男孩子机敏。

⑲ No es verdad que cada vez *haya* más pobres.

穷人并非真的越来越多。

⑳ Pero no pienso que este motivo *sea* suficiente para que mate a una persona.

可是，我不认为这个动机可以导致他杀死一个人。

㉑ No pienso que lo *sepas* todo.

我不认为你什么都懂。

㉒ Nadie piensa que esto *sea* fácil.

谁也不认为这件事情容易办。

㉓ No pensamos que todo eso *se vaya* a resolver por sí mismo.

我们不认为这一切可以自然而然地解决。

㉔ No pensamos que esta propuesta *pueda* algún día llegar a ser adoptada.

我们不认为这个建议有一天会被采纳。

㉕ No he imaginado que este negocio *pueda* ahorrarnos tanto dinero.

我没想到这笔买卖可以给我们节省这么多钱。

㉖ No he imaginado que *sea* así.

我没想到会是这样。

㉗ Es una locura, no imagino que en un sitio de viajes *pueda* ocurrir eso.

简直是胡闹。我没想到在旅游点会发生这种事情。

㉘ No me imagino que alguien se lo *pueda* tomar en serio. Yo no me lo tomo en serio.

我没想到有人会信以为真。我就没把它当真。

㉙ Dice que la gripe aviar no parece que *haya llegado* a América del Sur.

他说禽流感不像是已经传到了南美洲。

㉚ Nunca se nos pasó por la cabeza que *preparasen* golpes militares.

我们从未想过他们会准备搞军事政变。

㉛ De ello no resulta que *sea* un criminal.

这不能证明他是一个罪犯。

㉜ No sucede todos los días que *se caiga* un tejado.

不是每天都会有屋顶倒塌的。

㉝ No estoy de acuerdo en que los tímidos *tengan* más problemas a la hora de abordar.

我不赞同胆小者登机时会有更多问题这一说法。

㉞ Nadie confía en que *vaya* a cambiar esta situación.

谁也不相信这种情况会改变。

㉟ Ellas no sienten que *haya* distancias entre nosotras.

她们不觉得我们之间有距离。

㊱ Pero más grave aún es que no sienten que *haya* quien les ofrezca soluciones.

但更严重的是，他们没感觉到有人给他们提供解决方案。

㊲ No sienten que *haya llegado* el momento de regresar a sus hogares.

他们没感觉到回家的时间已经到了。

㊳ No son conscientes de que *necesiten* ayuda.

他们没有意识到需要帮助。

㊴ Yo no era consciente de que *hubiera* mundo más allá de esas montañas.

我那时候没有意识到群山之外还有另外一片天地。

㊵ No medita sobre si *pueda* o no cumplir su promesa.

他没考虑能否履行自己的承诺。

㊶ No estoy seguro de que *vengan*.

我不能肯定他们会来。

㊷ No estamos seguros de que todos *funcionen* correctamente.

我们不能肯定全部都能正常运作。

㊸ A decir verdad, ignoro que tan cierto *sea* el divorcio y no sé qué hacer ahora.

说实话，我不知道真的要离婚。我现在不知道该怎么办。

㊹ Ignoraban que los detenidos *fueran* terroristas.

他们不知道被逮捕的人是恐怖分子。

㊺ Ignoraba que ella me *hubiera donado* de sus bienes.

我不知道她给我捐献了财物。

㊻ No es tan tonta que no *sepa* cocinar.

她不至于愚蠢到连饭都不会做。

㊼ Jamás bebió tanto que *se emborrachara*.

他喝酒从来不会喝醉。

㊽ No tiene los dedos tan cortos que no *pueda* tocar el piano.

她的手指不至于短到不能弹钢琴。

㊾ No es tan alto que *tenga* dificultad para entrar en el coche.

他的个子不至于高到不能进小车。

㊿ No conduce tan despacio que *tarde* casi un día en llegar.

他开车不至于慢到要差不多一天才能到达。

(51) No soy tan ingenua que *puedas* engañarme.
我不至于天真到可以被你欺骗。

(52) No iba tan maquillada que no *pudieran* reconocerla.
她化妆不至于化到别人认不出来。

(53) No es tan niño como para que *puedas* impedírselo.
他已经不是小孩了，这事你无法阻止他。

(54) Repsol descarta que *pueda* faltar gas.
Repsol石油公司排除煤气短缺的可能性。

(55) El descarta que Occidente *vaya* a entrar en guerra con Irán.
他排除了西方国家与伊朗开战的可能性。

(56) El ministro descarta que *vaya* a viajar a Angola el próximo mes.
部长说他下个月不会前往安哥拉。

如果说话者对从句所指的行为或情况并不完全持否定态度，或已确定其真实性，从句谓语可改用陈述式。**例如**：

① No me cabe la menor duda de que así *continuará* siendo.
我可以肯定情况会继续这样。

② ¿Quién duda que el aborto *tiene* inconvenientes?
谁不相信流产会伤身体呢？

③ ¿Acaso dudáis que *fue* Dios quien creó el mundo? -nos preguntó.
他问我们：难道你们不相信是上帝创造了世界吗？

④ No dudo que ella *vendrá* a la fiesta.
我不怀疑她明天会来参加聚会。

⑤ No dudamos que la *llenaron* de mucho cariño sus familiares.
我们并不怀疑她的家人对她爱护有加。

⑥ No dudamos que *pueden* haber problemas, pero tratamos de resolverlos.
我们不会怀疑有问题，但是我们会设法解决。

⑦ ¿No es verdad que los científicos *han* creado vida en el laboratorio?
科学家不是在实验室里创造出生命了吗？

⑧ ¿No has dicho que *era* un elefante?
你不是说那是一头大象吗？

⑨ ¿No has dicho que todavía nos *queda* agua para tres días?
你不是说剩下的水我们还可以用3天吗？

⑩ ¿Por qué niegas que la *conoces*?

你为什么不承认你认识她?

⑪ ¿Por qué niegas que el hijo que esperas *es* de Gabriel?

你为什么不承认你肚子里的孩子是加布捏尔的呢?

⑫ ¿Acaso no he dicho que lo *hice* todo?

难道我没说过我全都做了吗?

⑬ No sabía que *había* tanta gente haciendo la cola.

我不知道有这么多人在排队。

⑭ No sabía que *era* hoy tu cumpleaños.

我不知道今天是你的生日。

⑮ Pero el aduanero no se convenció de que yo *viajaba* como turista porque nada en mí lo indicaba.

但是那位海关关员不相信我是游客,因为我的衣着打扮一点也不像游客。

⑯ No era consciente de que el avión *estaba* volando sobre una zona montañosa y no sobre el mar.

他没有意识到此时飞机是在山区飞行,而不是在海上飞行的。

⑰ No eran conscientes de que se *habían convertido* en verdaderos esclavos.

他们没有意识到自己已经成了真正的奴隶。

⑱ No ignoro que *es* más fácil predecir la derrota.

我并非不知道预测失败更加容易。

(6)当定语从句所指的事物属虚构时,也就是说,说话者不能确定先行词所指的人或事物是否具备从句所讲的条件,或对从句所讲的行为及情况之真实性没有把握,以及从句所讲的行为与情况未被确定或尚未成为事实时,从句谓语用虚拟式。**例如**:

① Necesitamos chistes y más chistes, bromas, todo lo que *provoque* risas.

我们需要更多的笑话,玩笑也行,反正能引人发笑的东西都可以。

② Pero, ¿cómo es posible que una máquina que no *disponga* de disco duro pueda determinar su dirección IP?

可是一台没有硬盘的电脑怎么可以确定它的IP地址呢?

③ Decidieron investigar por su cuenta y buscar un remedio que *evitara* su muerte.

他们决定自己摸索,寻找一种可以救他一命的办法。

④ No hay nada que *pueda* representar todo un presente. No hay nada que *pueda* revivir todo un pasado. Y no hay nada que *pueda* predecir todo un futuro.

没有任何东西可以完全代表现在,没有任何东西可以完全重温过去,也没有任何东西可以完全预测未来。

⑤ Dice que no conoce hoy a nadie que *escriba* de verdad.

他说他现在看不到任何人是真正搞写作的。

⑥ Entre los que detecta no hay ninguno que no *tenga* la enfermedad.

在他检测的人当中，没有一个不患这种病。

⑦ Después fuimos a mirar unos zapatos y no vi ningunos que me *gustaran*.

后来我们就去看鞋子，结果没看到任何一双是我喜欢的。

⑧ Ese lugar es muy bonito y no se parece a ningún otro que *hayas conocido*.

那个地方很美，与你去过的任何一个地方都不一样。

⑨ Esta película te va a gustar porque no se parece a ninguna otra que *hayas visto*.

这部电影你会喜欢的，因为它与你看过的任何一部电影都不同。

⑩ Dice que aparte de estas dos obras, no hay otras que *merezcan* la pena mencionar.

他说除了这两部作品之外，其他的都不值得一提。

⑪ Si marcas la casilla Recordar contraseña no tendrás que introducir la contraseña cada vez que arranques Outlook. Esto sólo es conveniente hacerlo si no hay otras personas que *puedan* acceder a tu ordenador.

你如果在复选框内选择"记住密码"，那么以后每次开启Outlook时，就不必输入密码。如果没有其他人可以使用你的电脑，才适合作此选择。

⑫ ¿Acaso no hay nadie que *pueda* hacerlo mejor?

难道没有人能做得更好吗？

⑬ Me pregunto por qué tiene que sufrir tanto, ¿acaso no hay nadie que lo *ayude* a salir de esa oscuridad?

我问自己他为何要遭受如此折磨，难道没有人可以帮他逃离苦海？

⑭ ¿Acaso no hay nada que te *guste*?

难道没有任何你喜欢的东西？

⑮ ¿No hay nada que *podamos* comer por aquí?

这附近没有任何可以吃的东西吗？

⑯ Un amigo me comentó que entre la enorme cantidad de cine de acción que se hacía últimamente no había ninguna película que realmente le *hubiese gustado*.

我的一位朋友跟我说，在最近制作的众多动作片中，没有任何一部是他真正喜欢的。

⑰ No hay quien *pueda* fingir un personaje durante las 24 horas del día.

没有人能够一天24小时装扮成另外一个人。

⑱ No hemos comprado casi ninguna camisa que no *esté* de moda.
我们几乎没有买过任何一件不时髦的衬衫。

⑲ Caminad por donde no *haya* piedras y el suelo esté liso.
你们要从既没有石头又不是坑坑洼洼的地面走。

⑳ Esta vez no iremos por donde tú quieras, sino por donde *quiera* yo.
这次咱们不走你喜欢走的路，而是走我喜欢走的路。

㉑ Yo propuse que nos alojáramos en un hotel donde no *hubiera* ruidos, pero no me hicieron caso.
我当时建议我们入住一间没有噪音的旅馆，可是他们没理睬我。

㉒ Me dijiste que aparcara donde *hubiera* más sitio.
你跟我说过别把车停放在太拥挤的地方。

㉓ Yo trabajaré donde tú me *digas*.
你叫我在哪里工作我就在哪里工作。

㉔ Raro es el hombre que no *haya sufrido* por una mujer en todo el mundo.
世界上没有因为一个女人而痛苦过的男人极其少有。

㉕ No hay otra ley que *se haya hecho* con tanta participación.
参与制定这部法律的人数之多是绝无仅有的。

㉖ No tengo a nadie que me *quiera*.
没有任何人喜欢我。

㉗ No dijo nada que *fuese* interesante.
他说的事没有一件是有趣的。

㉘ Nunca he visto una persona que *sea* más pesada.
我从未见过这么令人讨厌的人。

㉙ No hay un tipo que *hable* mejor.
没有人讲得比他好。

㉚ No conozco un mecánico que *arregle* radios de auto.
我不认识会修车载收音机的机械工。

㉛ Haremos una exhibición que *sea* impecable.
我们来举办一个无可挑剔的展览。

㉜ Este es el más hermoso tren que un muchacho *haya* podido soñar.
这是一个青年人连做梦也梦不到的最漂亮的火车。

㉝ Es el diamante más grande que *hayas visto* en tu vida.
恐怕你还从未见过这么大的钻石。

㉞ Sálvese quien *pueda*.

各自逃生吧。

㉟ Quienquiera que lo *haya dicho*, es un irresponsable.

谁说了这番话，谁就是一个不负责任的人。

㊱ Cualquier razón que *alegue,* es falsa.

他说的任何理由都是假的。

㊲ Búscalo donde *esté.*

他在哪里你就去哪里找他。

注：如果说话者知道先行词所指的人或事物具备从句所讲的条件，或对从句所讲的行为及情况之真实性有把握，以及从句所讲的行为与情况已经明确或已成为事实时，从句谓语用陈述式。例如：

① He encontrado una casa que tiene *jardín*.

我已经物色到一座有花园的房子了。

② Los que *hacen* deporte tienen buena salud.

参加体育运动的人身体好。

③ Cuéntame lo que *has* visto.

请跟我说说你看见了什么。

④ No falta quien *opina* que esto va a ser un lío.

说此事棘手的大有人在。

⑤ Responde a lo que *quiere* y pasa por alto lo que desea.

他喜欢回答的就回答，不喜欢回答的就不回答。

⑥ Las aulas disponen de un dispositivo de alarma que *comunica* directamente con la enfermería para atender con celeridad al paciente si surge algún problema.

病房都有一个报警装置直接与护士值班室联通，以便在出现什么问题时护士可以马上赶来照料病人。

⑦ Es una playa que se *encuentra* situada en las proximidades del pueblo, a unos 5 minutos en coche.

那是一个坐落在小城附近的海滩，距离小城大约有5分钟车程。

⑧ Este perro es más grande que ninguno que *he visto* antes.

这条狗比我以前看见过的任何一条狗都大。

⑨ Ninguna película que *ha hecho* este director ha sido mala.

这位导演执导的电影没有一部是差的。

⑩ Sostuvo que en los últimos cuatro años ninguna empresa que *ha recibido* tales beneficios ha quebrado.

他说最近几年有如此效益的企业没有一家倒闭的。

⑪ Tiene 18 años y es la chica más hermosa que *he visto* en mi vida.

她今年18岁，是我这一生见过的最漂亮的女孩。

⑫ No comprendo ni palabra de lo que *dices*.

你说的话我一点也不明白。

⑬ No conozco a ninguno de los que *están* en la fiesta.

参加聚会的人没有一个是我认识的。

⑭ No hables de lo que no *sabes*.

你不知道的事情就别说。

⑮ Raro es el estudiante que no *ha tenido* un problema en esa Universidad.

在那所大学里，没有遇到过什么问题的学生极其少见。

⑯ Dice que ha escrito bastante, pero ninguno que *ha publicado* lo ha hecho porque le *haya* gustado.

他说他写了不少作品，但是在他出版的作品当中，没有一部是因为自己喜欢才出版的。

（7）在目的状语从句里，从句谓语必须用虚拟式。引导目的状语从句的词组，除了常见的a que、para que、a fin de que、con objeto de que、de manera que之外，还有下列词组：con la intención de que（试图）、con vistas a que（为了）、no sea que（no fuera que、no vaya a ser que、no fuera a ser que）（以免）等。**例如**：

① Vino a que lo *curara* el médico.

他是来让医生给他医治的。

② Esos dos empleados vinieron a que les *informáramos* sobre nuestras necesidades.

那两位员工是来了解我们有什么需求的。

③ Venimos a que nos *resuelvan* el problema lo más pronto posible.

我们来的目的是要你们尽快为我们解决问题的。

④ Pero has venido a que te *cuide*, ¿no?

你是来让他照顾你的，不是吗？

⑤ Han venido a que usted les *adivine* una cosa.

他们是来让您猜一样东西的。

⑥ Yo no lo hice para que ellos me *dieran* las gracias.

我并非是要他们感谢我才这样做的。

⑦ Te sugerimos esto para que *puedas* convencerla.

我们给你提此建议，好让你能够说服她。

⑧ Necesito explicar algunos detalles para que *se pueda* entender la situación.

有些细节我要解释一下，以便大家了解情况。

⑨ Hay que ayudarlos para que *lo terminen* cuanto antes.

帮帮他们，好让他们尽快做完这件事。

⑩ Haz todo lo posible por que *nos veamos* hoy.

你要尽量抽时间，以便我们今天能见面。

⑪ Cuando lo tenga todo, te lo muestro para que me *des* tu opinión.

等一切都弄好时我就拿给你看，让你给我提提意见。

⑫ Te lo explico para que te *fijes* en esos detalles.

我跟你解释一下，以便你留意当中的细节。

⑬ Te adjuntaremos las muestras para que *puedas* juzgar por ti mismo.

我们会附上样品，以便你自己来判断。

⑭ Se lo *explico* para que no *haya* malentendidos.

我跟大家解释一下，以免有误解。

⑮ Esto te lo digo para que *reflexiones* sobre el coste.

我把这个情况告诉你，目的是让你考虑一下它的成本。

⑯ Déjenos su dirección de correo electrónico para que *podamos* informarle de cuándo estará disponible el servicio.

请留下您的电子邮件地址，以便我们通知您何时开通此项服务。

⑰ Cada determinado tiempo publicamos las modificaciones a través de este medio a fin de que los usuarios *estén* siempre informados.

我们每隔一段时间都会通过这个渠道公布更新的信息，以便用户及时了解。

⑱ Este hecho real se los cuento a fin de que me *conozcan* y sepan de mis gustos.

我给大家讲这件真实的事情，目的是让大家了解我，知道我的兴趣与爱好。

⑲ Me envía el mensaje a fin de que *me* ponga en contacto con ella.

她把信息发给我，以便我跟她联系。

⑳ Le comento mi caso a fin de que me *dé* una orientación.

我跟您讲讲我的情况，以便您给我指导。

㉑ Me ha ordenado hacer un arca a fin de que *nos salvemos* mi familia y yo.

他叫我做一条方舟，让我和家人得救。

㉒ Nos hemos puesto en contacto con ellos a fin de que nos *hagan* un breve relato de esta experiencia.

我们跟他们联系过，想叫他们给我们讲讲这段经历。

㉓ En este caso, se les permitirá prolongar su estancia con el fin de que *puedan* concluir el trabajo.

在这种情况下，为了让你们把工作做完，他们会允许你们延长逗留期。

㉔ Luego haga un clic en "Formatear" con el fin de que el disquete *pueda* ser formateado de nuevo.

然后，请单击"格式化"，以便软盘重新格式化。

㉕ Esta opción le permite optimizar la distribución de los datos ingresados al formulario con el fin de que *se reduzca* el tamaño del archivo.

这一选择有助于优化输入表格的数据分布，以便缩小文件所占的空间。

㉖ Estamos dispuestos a fomentar oportunidades para hombres y mujeres con el fin de que *puedan* obtener trabajo decente y productivo.

我们准备扩大男女就业的机会，以便于他们能找到既体面又有效益的工作。

㉗ Los usuarios deben avisarnos cualquier cambio de dirección con el fin de que les *llegue* la correspondencia a sus domicilios actuales.

用户地址有变动时应该通知我们，以便于信件能送到新住址。

㉘ Es preferible comprar las de mejor calidad, con el objeto de que nos *duren* el mayor tiempo posible.

这些东西最好是买质量更好的，以便使用时间尽可能长。

㉙ Abro esta página con el objeto de que nos *sirva* para el intercambio de pinturas.

我开设这个网页的目的是要用它来进行图片交流。

㉚ Les escribo con el objeto de que te *suministren* plata para tu viaje.

我给他们写信，叫他们为你的旅行提供资助。

㉛ Con objeto de que *te vayas* familiarizando con su manejo, te informamos que el correspondiente documento explicativo lo tienes a tu disposición en nuestro portal de Internet.

为了使你逐步熟悉产品的操作，我们现在通知你，可以在我们网站的主页上获取相应的使用说明。

㉜ Debes solicitar la orientación de un buen amigo o consejero profesional, con objeto de que te *ayude* a trazar un plan adecuado y factible.

你应该请一位好朋友或策划专员指点一下，让他帮助你制定一个稳妥、可行的计划。

㉝ Debes configurar tu programa de correo de manera que te *permita* enviar y recibir mensajes con acentos y otros caracteres especiales.

你应该重新设置一下你的电子邮箱软件，以便收发带重音及其他特殊符号的邮件。

㉞ ¡Si me vas a decir algo, dilo de manera que te *entienda*!

如果你有什么话要跟我说，就明明白白地说吧！

㉟ Voy a abrir las ventanas, de modo que *entre* un poco de aire.

我把窗户打开，让房间透透气。

㊱ El modelo a utilizar debe ser sencillo, de modo que su utilización *sea* fácil.

使用的模式要简单，以便于大家使用。

㊲ Se apartó del volante de modo que su pasajero *pudiera* salir sin tener que vadear la cuneta.

为避免乘客下车踩到水沟，司机把身体往后靠了一下，让他从这边的车门下车。

㊳ La explicación debe ser clara, de modo que los alumnos no *tengan* dudas.

讲解要清楚，不要让学生有疑问。

㊴ Voy a que me *entreguen* el análisis.

我去让他们把化验单交给我。

㊵ Para que esta mesa no *se mueva* hay que igualar las patas.

要使这张桌子不动，就得把桌腿弄得一样长。

㊶ Te presté el libro no para que *vieras* las ilustraciones, sino para que lo *leyeras*.

我把书借给你，不是要你看插图，而是要你看文字内容。

㊷ Tienes que ir a que te *conozca* la madre de tu novia.

你得去一趟，让你未来的丈母娘认识你。

㊸ Sube a que la abuela te *vea* el vestido nuevo.

你上去，让奶奶看看你的新衣服。

㊹ Brindemos por que *nos encontremos* otra vez aquí el año próximo.

为我们明年在此地重逢干杯。

㊺ Daría cualquier cosa por que *vinieras* hoy.

只要你今天能来，要我给什么都可以。

㊻ Quítate la chaqueta, no sea que la *manches*.

你把外衣脱了吧，不然你会把衣服弄脏的。

㊼ Pero no quiso decirnos nunca nada, y nosotros no nos atrevíamos a preguntárselo, no fuese que la *recordase* algo triste y la *hiciésemos* llorar.

但是她什么也不想跟我们说，我们也不敢问她，不想让她因想起往日的伤心事而落泪。

㊽ No lo invites a comer, no sea que no le *apetezca* mucho y se *sienta* comprometido.

你不要邀请他吃饭。万一他不太想去，但不去又不好意思，那就不好了。

㊾ Para que *diga* esas tonterías tiene que estar borracho.

他一定是喝醉了，不然怎么会说这种傻话。

注：de manera que（de modo que）表示结果时，从句谓语用陈述式。例如：

① Estaba seguro de que no regresarían, de manera que *me metí* en mi cuarto.

我肯定他们不会回来，所以就回我的房间了。

② Estos factores externos golpearon fuertemente a nuestra región, de manera que *hemos tenido* este año pasado un promedio de crecimiento cercano al cero por ciento.

这些外来因素对本地区造成极大冲击，所以我们今年一年的平均增长率接近于零。

③ Es el mercado quien dictará el precio, de manera que *hemos* de ser capaces de fabricar el producto de acuerdo a las demandas.

市场决定价格，所以我们必须善于根据市场需求搞生产。

④ Bueno, yo soy un mal historiador, de manera que no *puedo* recordar la fecha.

我是一个不称职的历史学家，因为我记不住日期。

⑤ En la oficina estaba bastante aburrido, de modo que *me puse* a hojear webs.

我在办公室太无聊了，于是便浏览网页。

⑥ Se me trabó la lengua, de modo que no *pude* hablar.

我顿时目瞪口呆，话也说不出来了。

⑦ Estaba encarcelada, de modo que no *pudo* escribirle.

她被关在监狱，所以不能给他写信。

⑧ Me pareció oírla vomitar en el lavabo, pero había cerrado la puerta con llave, de modo que no *pude* estar seguro.

我好像听见她在卫生间呕吐，但她把门锁了，所以我不能肯定。

⑨ El aprendizaje es autorregulado, en otras palabras no harán absolutamente nada, de manera que te las *tendrás* que arreglar solo.

这种学习是由自己安排的。换言之，他们不会为你做任何事情，所以你要靠自己解决问题。

（8）当从句是由 sin que、no porque（或 no... porque）等表示否定意义的短语引导时，从句谓语必须用虚拟式。例如：

① Es imposible salir ahora sin que nadie *se dé* cuenta.

想现在出去但又不想让任何人发现，这是不可能的。

② Dice que no puede pasar sin que en su casa *haya* un buen vino.

他说家里没有好酒他日子就过不下去了。

③ ¿Cómo se puede ampliar una imagen sin que *pierda* calidad?

怎样才可以既放大图片又不致于让图片失真呢？

④ Aún no puedo pensar en ello sin que se me *llenen* los ojos de lágrimas.

直到现在，我一想起这件事，都还免不了两眼泪汪汪。

⑤ Una persona puede padecer depresión sin que *sea* consciente de ello.

患有忧郁症的人不一定会意识到自己患上此病。

⑥ Estos pequeños programas pueden entrar en tu ordenador sin que lo *notes*, en forma de gusanos o troyanos.

这些小程序可以以蠕虫或特洛伊木马程序的形式进入你的电脑，而你却毫不察觉。

⑦ Está escribiendo un libro porque no quiere morir sin que la historia *sepa* que ha existido.

他在写一本书，因为他不希望死后无人知道他曾生于世上。

⑧ En algún momento de la vida, la soledad se nos presenta sin que la *hayamos invitado* a nuestras vidas.

在我们生活中的某一时刻，孤独会不请自来。

⑨ Dice que de este modo puedes ganar mucho dinero sin que *saques* un céntimo de tu bolsillo. ¿Lo crees?

他说这样你就可以白手起家，挣到很多钱。你相信吗？

⑩ Las cifras sobre delitos han bajado no porque los delitos *hayan disminuido*, sino porque casi nadie denuncia.

案件数量下降并非因为案件少了，而是因为几乎没人报案。

⑪ La gente ve telebasura no porque le *guste*, sino porque la ponen. Si pusieran otra cosa mejor, les gustaría más.

人们看粗制滥造的电视节目并非因为喜欢看，而是因为电视台只播放这种节目。

要是播放好一点的片子，观众肯定会更喜欢。

⑫ Todos hemos donado dinero no porque *seamos* ricos, sino porque realmente necesitan ayuda.

我们大家都捐了钱，但并非我们富有，而是因为他们的确需要帮助。

⑬ Ella llora no porque le *haya dolido* el golpe, sino porque siente frustración.

她之所以哭，并非因为被打疼了，而是因为感到失望。

⑭ Estoy estudiando Medicina no porque me *haya obligado* mi padre, sino porque es la carrera que verdaderamente me gusta.

我不是因为父亲逼我才学医，而是我的确很喜欢这一专业。

⑮ No porque *haya viajado* por medio mundo le van a ascender.

人家不会因为他去过的国家多而提拔他。

⑯ No le van a poner el mejor horario porque su padre *sea* el jefe.

人家不会因为他父亲是领导就给他安排最好的上班时间。

（9）当从句是由 antes de que（在……之前）的时间状语引导时，无论从句所讲之事是发生在过去还是未来，从句谓语必须用虚拟式。例如：

① Antes de que *nazca* tu bebé, cuídate tú.

在你的婴儿出生之前，你要好好保重身体。

② Lo adivino antes de que me lo *cuenten*.

他们还没说我就猜出来了。

③ Antes de que me lo *dijera*, ya lo sabía.

他还没跟我说我就知道了。

④ Antes de que nadie *viniera* en su ayuda, Luis comenzó a patalear de furia.

看见谁都没来帮忙，路易斯气得直跺脚。

⑤ El libro entra a formar parte de la vida del niño mucho antes de que *sepa* leer.

早在孩子还不认识字之前，书就已经是他生活的一部分了。

⑥ Estos pasajeros fueron rescatados antes de que *se hundiera* el barco en el que viajaban.

这些旅客在他们乘坐的那艘船沉没之前就已经被救出来了。

⑦ Debéis estar preparados antes de que todo esto *suceda*.

你们应该在这一切发生之前做好准备。

⑧ Se fue de allí antes de que le *echaran*.

他没等别人赶他走，就已经离开那里了。

⑨ Admite que queda mucho que hacer antes de que *se lleve* a cabo este proyecto.

他承认在实施这个计划之前还有很多事要做。

⑩ Me han denegado la reparación del coche porque en el taller lo habían desmontado antes de que *llegase* el perito.

保险公司拒付修车费用，因为修理厂的人没等鉴定人来就把我的车给拆了。

⑪ Mi hermano les disparó antes de que *cruzaran* la entrada.

我兄弟没等他们进入大门就向他们开枪

⑫ Los bomberos la encontraron sentada en un sillón del comedor, semiconsciente y murió antes de que *llegara* la ambulancia.

消防队员找到她时，她坐在饭厅的扶手椅上，几乎不省人事了，结果救护车还没到，她就已经死了。

⑬ No tomes asiento antes de que te lo *ofrezcan*.

别人没请你坐下，你就不要自己先坐下。

⑭ El ya sabía lo que necesitábamos antes de que se lo *pidiéramos*.

我们还没跟他说，他就已经知道我们需要什么。

⑮ Un disco debe haber sido formateado antes de que se lo *pueda* usar.

硬盘在使用之前应该先格式化。

⑯ Antes de que me *arrojaran* del carro, el hombre más joven destrozó mi grabadora con el peso de su bota militar.

在他们把我抛下车之前，那个穿军靴的最年轻的男子把我的录音机踩个稀巴烂。

⑰ Mi sueño es ver, antes de que *me muera*, una gran estación de esquí en mi pueblo natal.

我的梦想是，在我死之前能够看见在我的故乡建起一座滑雪场。

⑱ Antes de que nos *diéramos* cuenta, ya habían pasado dos horas, y llegó la hora de irme.

不知不觉我们相聚已经过了两个小时，又到了我该走的时候了。

（10）在时间状语从句里，当从句所讲之事从现在或当时的角度看属于未来行为时，从句谓语用虚拟式。引导时间状语的词，除了cuando（当……时候）、después de que（在……之后）、hasta que（到……为止）之外，还有：mientras、una vez que、tan pronto como、a medida que、cada vez que、siempre que、al poco tiempo que、apenas、en cuanto、luego que、así que、no bien、en el mismo momento que、conforme等。**例如**：

① Cuando lo *hayáis visto*, debéis cederle el sitio.

你们看见他来，就应该给他让座。

② Come cuando te *dé* la gana.

你想吃东西的时候就吃吧。

③ Cuando lo *veas*, dale recuerdos míos.

你看见他的时候，请代我向他问好。

④ Cuando *haya revisado* la lista de las canciones que va a grabar, dé clic en Copiar y espere a que finalice el proceso.

当检查完准备刻录的歌曲清单之后，请单击复制，然后一直等到复制完毕。

⑤ Cuando *vengan* ustedes, no dejen de probar los deliciosos platillos regionales.

等诸位来的时候，一定要尝尝本地的美味佳肴。

⑥ Cuando *vaya* a utilizar una escalera para subirse y bajarse de un techo, la parte superior de la escalera deberá sobresalir por lo menos 50 centímetros por encima del techo.

当您用梯子上下屋顶时，梯子上部必须至少高于屋顶50厘米。

⑦ Cuando *salga* el nuevo disco, me lo compraré.

等新唱片面世时，我一定会买。

⑧ Cuando *vea* esta señal, el uso de casco de seguridad es obligatorio.

当看见这个标志时，就必须使用头盔。

⑨ Cuando *vea* el mensaje "Iniciando Windows XP", presione la tecla F8.

当屏幕显示"正在启动Windows XP"时，请按F8键。

⑩ ¿Me necesitarás cuando *tenga* 60 años?

等我年过花甲的时候，你还会需要我吗？

⑪ Uno nunca sabe dónde estará cuando *ocurra* el próximo terremoto.

下次地震发生时，谁也不知道自己会在哪里。

⑫ Llame al médico cuando *sienta* dolor fuerte.

您若是感觉十分疼痛，就打电话给医生。

⑬ Cuando *sienta* la tentación de fumar, haga una lista de las razones por las cuales no tiene que hacerlo.

当您犯烟瘾的时候，请给自己列出一大堆不能吸烟的理由。

⑭ No mantenga conversaciones perturbadoras mientras se *encuentre* conduciendo.

您开车时，请勿与他人闲聊。

⑮ Por favor, sean pacientes y esperen a que *termine* de descargar esta película.

请大家耐心一点，等我先下载完这部电影。

⑯ No podemos hacer nada hasta que *lleguen* los peritos del seguro.

保险公司的鉴定人没来之前，我们什么也不能动。

⑰ Tome un par de tabletas cada 30 minutos hasta que el dolor *haya desaparecido*.

请每隔30分钟服用2片药，直到疼痛消失为止。

⑱ El sistema eléctrico es inseguro hasta que *haya sido* probado minuciosamente.

电路系统若未经过仔细测试，是不安全的。

⑲ Lo que pasa es que acá no tengo a mis amigos para llamarlos e ir a tomar un café y hablar, hablar, hablar hasta que *amanezca*.

问题是我的朋友都不在这里，我无法打电话给他们，和他们一起去喝咖啡，海阔天空地聊至天亮。

⑳ Dice que no hablará de su futuro hasta que *termine* la Copa.

他说要等这次比赛结束之后再谈他将来的事。

㉑ Simula que eres una estatua y no te muevas hasta que te lo *diga*.

你假装自己是一尊雕像，我没叫你动你就一直不要动。

㉒ No me iré hasta que me lo *hayas dicho*.

你不叫我离开我就不会离开。

㉓ Después de que *vengas*, hablaremos del asunto.

等你来了之后我们就谈这件事。

㉔ El primer disco te llegará de 3 a 5 días después de que te lo *envíe*.

第一张碟在我给你寄出后的3至5天，你就可以收到。

㉕ Es tonto pagar la luz, el teléfono, el gas, etc. sólo después de que se lo *corten*.

等被断电、断电话、断煤气时才去缴费，那是愚蠢的行为。

㉖ Aceptamos devoluciones hasta 20 días después de que *hayamos despachado* el producto.

在销售之后20天内我们都可以接受退货。

㉗ Debe elogiar a su perro y darle una golosina inmediatamente después de que *haya terminado* de hacer sus necesidades afuera y no después de regresar al interior de la casa.

您的爱犬在外面拉完大小便之后，就应该马上表扬它，喂它一块甜食，而不应该等它回到家后才这样做。

㉘ Después de que los árboles transplantados se *hayan fijado* bien, no necesitará regarlos con tanta frecuencia, y hasta podrá prescindir de regarlos.

待移植的树木稳定之后，就不必频频浇水，甚至不浇水也可以。

㉙ Los pacientes sospechosos de SRAS（Síndrome Respiratorio Agudo Severo）deben evitar el contacto con otras personas y no deben ir a sitios públicos hasta 10 días después de que *haya pasado* la fiebre.

非典型肺炎（严重急性呼吸综合征）疑似患者应该避免与他人接触。退烧后10天之内也不要到公共场所。

㉚ Bien, me presentaré tan pronto como *me haya cambiado*.

好，我换完衣服之后马上就来。

㉛ Me dice que regresará tan pronto como *haya terminado* el trabajo.

他说一下班就回来。

㉜ Use este medicamento tan pronto como *aparezcan* los primeros síntomas.

一旦出现早期症状，您就服用这个药。

㉝ La información de tarjetas de crédito se eliminará tan pronto como se *haya liberado* el pedido.
一旦取消订单，信用卡的信息就会立即消除。

㉞ Una vez que *haya creado* su plan es importante que lo siga tal y como lo haya diseñado.
计划做好之后，就必须马上按计划行事。

㉟ Una vez que *haya copiado* los archivos del primer disquete, nos pedirá el disquete número 2.
第一张盘的文件复制完之后，会提示我们插入第二张盘。

㊱ Una vez que *haya descargado* el fichero a un disquete, compruebe el tamaño de este, para saber que lo ha descargado.
把文件下载到软盘后，请检查文件所占的空间，确保文件已经下载。

㊲ Frote con cuidado la prenda con el líquido preparado y, una vez que *haya conseguido* eliminar la mancha, lávela como lo hace normalmente.
请用准备好的洗涤剂小心搓洗衣物。待污迹祛除之后，就可以用常规的办法洗了。

㊳ En cuanto *haya* una victoria el equipo volverá a recuperar la confianza.
球队一旦获胜，就会再次恢复信心。

㊴ En cuanto *haya recopilado* la información suficiente, ampliaré y mejoraré esta página Web.
一旦收集到足够的资料，我就会增加这个网页的内容，使它更加完善。

㊵ En cuanto *esté* listo mi proyecto, os avisaré.
我的计划一旦做好，就会通知你们。

㊶ Dicen que me acompañarán a pescar en cuanto *esté* recuperado de la operación.
他们说等我这次手术康复之后，就会陪我去钓鱼。

㊷ Ya tengo pensado lo que voy a hacer en cuanto me *devuelvan* el dinero.
我已经想好等他们把钱还给我之后我会做什么。

㊸ Te escribiré tan pronto como *haya llegado*.
我一到那里，就会给你写信。

㊹ Apenas *llegues*, avísame.
你一到就要通知我。

㊺ Justo cuando *vayas* a salir llámame.
你一出门就给我打电话吧。

㊻ Desde que el inspector *entre* por la puerta hasta que *termine* su intervención, que no se oiga ni el ruido de una mosca.
从检查员进门至检查工作结束，这里都要鸦雀无声。

㊼ Estaré con ella desde que *venga* hasta que se *vaya*.
从她来到她走，我都会在她身边。

㊽ Hasta que los *encontremos* es preferible ser prudentes.

在没找到他们之前，我们都要谨慎行事。

㊾ En el mismo momento en que *suene* el teléfono, descuélgalo.

电话铃一响，你就要马上接听。

㊿ Conforme los invitados *vayan* llegando se les irá acomodando en sus respectivos sitios.

客人一到，就会被安置到各自的座位上就座。

(51) Cuanto antes *termines*, antes podrás marcharte a casa.

你越快做完，就可以越早回家。

(52) Cuanto antes me *adviertan* del problema, antes pongo el remedio.

大家越早给我指出问题，我就越早采取补救措施。

(53) Cuanto más *comas*, más problemas tendrás con las tallas.

你吃得越多，身材就越有问题。

(54) Cuanto menos *fumes*, menos toses.

你烟吸得越少，咳嗽就越少。

(55) Cuanto mejor lo *domine*, más feliz será.

您掌握得越好，心里就越高兴。

(56) Cuanto mejor lo *conozcas*, más tiempo querrás pasar con él.

你越了解他，就越想跟他多一点时间在一起。

(57) Cuanto mejor lo *hagas*, menos te lo agradecerá.

你做得越好，他就越不感激你。

(58) Cuanto peor lo *hagas*, más dinero gastarás.

你做得越糟糕，花的钱就越多。

(59) Cuanto menos *te centres*, menos aprovecharás.

你越不集中精神，收获就越少。

(60) Cuanto más *salgas* por la noche, menos dormirás.

你晚上外出越多，睡觉时间就会越少。

(61) Mientras menos *vengas*, menos discusiones tendremos.

你来得越少，我们的争吵就越少。

(62) Mientras más *insistas*, menos conseguirás.

你越是固执，就越是适得其反。

(63) A poco que *beba* no sabe lo que dice.

他只要喝一点，就会胡言乱语。

(64) En cuanto le *llegue* la parálisis a la cabeza, ya está.
他一旦患有脑性瘫痪就完了。

(65) Tan pronto como *bajen* los precios, compraré un coche.
等车价一降，我就买一辆车。

(66) Hasta que no *sepa* lo que pasa, no tomaré una decisión.
我如果不了解情况，是不会轻易作决定的。

(67) Así mañana, una vez que *haya descansado*, podrá ocuparse de sus asuntos.
等您明天休息好之后，就可以忙您的事情了。

(68) Una vez que *te vayas* a vivir lejos de tu familia verás las cosas de otro modo.
等你将来出远门后，就会改变对事物的看法。

(69) Yo no puedo salir mientras *trabaje* en la fábrica.
我在工厂上班就没法出来。

(70) ¿Cómo puede uno evitar la entrada de agua en el oído mientras *esté* nadando?
游泳时，怎样才能避免耳朵进水？

(71) Les recomiendo que, apenas *lleguen* allí, salgan corriendo para comprar el boleto, porque se agotan rápidamente.
我建议大家一到那里就赶紧去买票，因为票很快就会销售一空。

(72) Nuestros productos tendrán una fuerte apreciación no bien *salgan* al mercado.
我们的产品一旦投放到市场，就会深受用户好评。

(73) Les ruego que envíen esta carta a otros, no bien *terminen* de leerla.
我请求各位看完这封信之后就马上把它转发给其他人。

(74) Esto cambiará a medida que *se desarrolle* el proyecto.
随着项目的推进，这种情况就会改变。

(75) La duración de la batería disminuirá a medida que *aumente* su edad y grado de utilización.
电池的寿命会随着使用时间与程度的增加而缩短。

(76) Así son los niños. Cuanto más lo *mimes*, peor se porte.
小孩子就是这样，你越是宠他，他就越是无法无天。

(77) Cuanto menos me *escuches*, más te arrepentirás.
你越是不听我的话，就会越后悔。

注：如果从句所讲之事不是未来行为，从句谓语用陈述式。**例如：**

① ¿Por qué recuerdo yo esta frase siempre que te *veo*?
为什么我每次看见你都会想起这句话呢？

②Apenas *terminé* mi carrera me puse a dar clases particulares.

我一毕业就开始做家教。

③Los vendía a medida que los *hacía*.

这些东西他是现做现卖。

④Nos ponemos en camino después de que *sale* el sol.

太阳出来之后我们就上路。

⑤Tan pronto como *llega* a la oficina, me llama.

他一到办公室就给我打电话。

⑥Una vez que *se ha aprendido* a conducir no se olvida nunca.

一旦学会开车，就会一辈子也忘不了。

⑦Justo cuando *me bajé* del coche empecé a echar sangre por la nariz.

我刚一下车就开始流鼻血。

⑧Cuando te *llamo* nunca estás en casa.

我每次给你打电话，你都不在家。

⑨Vivió con sus padres hasta que *se casó*.

他结婚之前一直跟父母住在一起。

⑩Según *iba* acercándose, el miedo le iba invadiendo las entrañas.

他越是靠近那里，心里就越害怕。

⑪Mientras *terminas* de arreglarte voy a tomarme una cerveza.

趁你梳妆打扮的时候，我去喝杯啤酒。

⑫Cuanto más *bebía*, más roja se ponía.

她越喝脸越红。

⑬Me han dicho que ronca usted mientras *duerme*.

我听说您睡觉时会打呼噜。

⑭Conforme *aumentaba* la inflación, el poder adquisitivo se reducía.

随着通货膨胀的影响，购买力不断降低。

（11）在表示"即使"、"哪怕"或"不顾"（例如：aunque、a pesar de que、aun cuando、por + *adj.* o *adv.* que、así、siquiera、a riesgo de que）的让步状语从句里，从句谓语用虚拟式。**例如**：

①O seguiré aunque me lo *pidan*.

即使他们要我干，我也不干了。

②Oy te digo adiós aunque me *duela*.

哪怕我感到悲伤，今天也要跟你说再见。

③ Unque me *vuelvan* a repetir cien veces que es imposible, yo estoy segura de que él volverá a buscarme.

即使大家再跟我说一百遍不可能，我都坚信他会回来找我。

④ Iempre me levanto temprano, aunque *me haya acostado* tardísimo.

即使我很晚才睡，也总是很早就起床。

⑤ Unque *me haya equivocado*, lo he hecho con buena intención.

即使是我弄错，那也是出于好意。

⑥ Unque no *escribas* libros, eres el escritor de tu vida.

即使你不写书，你的一生也是由你自己谱写出来的。

⑦ Uscan a los 800 desaparecidos, aunque no *estén* vivos.

即使已经没有生还的可能，他们仍要寻找那800名失踪者。

⑧ Ero a pesar de que no la *vuelva* a llamar, no me atrevo a borrar su número de teléfono.

即使我以后不会再给她打电话，我也不敢删掉她的电话号码。

⑨ Ellene el cuestionario de una forma espontánea y envíenos, por favor, todo el cuestionario a pesar de que no *pueda* o no *quiera* contestar a todas las preguntas.

请按实际情况填写问卷。即使您不能或不愿意回答所有问题，也请把整份问卷寄给我们。

⑩ Pesar de que *tenga* un aspecto saludable, internamente es muy posible que aún no esté completamente cerrado.

即使伤口从表面上看已经好了，里面可能还是没有完全愈合。

⑪ Uédate siquiera *sea* sólo un momento.

你再待一会儿，哪怕只待片刻也好。

⑫ Réstame estos DVDs, siquiera *sea* por una semana.

你把这些DVD碟借给我看吧，哪怕只借一个星期也好。

⑬ Or más rápido que *sea* un procesador Pentium, éste siempre estará limitado por la velocidad de los electrones.

奔腾处理器的速度再快，也总会受到其他电子元件速度的限制。

⑭ Or más que lo *intentes*, nunca vas a poder volver al estado en que te encontrabas antes.

无论你怎么尝试，也无法回到你以前的状态。

⑮ S difícil, por mucho que lo *intentes*, olvidar a alguien que ha marcado profundamente tu vida.

一个曾经在你生活中刻下烙印的人，即便你想忘也很难忘得了。

⑯ Lgunas personas son delgadas, puede que incluso demasiado delgadas para su gusto, pero por mucho que lo *intenten* no pueden engordar más que unos pocos kilos.

有些人身材苗条，甚至连自己都认为过于消瘦。即便这些人再怎么刻意增胖，也只能胖几公斤而已。

⑰ O podré dormirme por más que lo *intente*.

无论我怎么强迫自己入睡，都睡不着。

⑱ E aprendido que por mucho que *me preocupe* por los demás, muchos de ellos no se preocuparán por mí.

我现在已经明白，无论我怎样关心别人，别人都没几个会关心我。

⑲ Ero trata de salir de excursión con tus amigos, aunque sólo *sea* de vez en cuando.

但是你要尽量与朋友一起外出走走，哪怕只是偶尔一次也好。

⑳ O se presentará al examen así lo *amenaces* con anularle la matrícula.

即使你跟他说要取消他的学位，他也不会参加考试。

㉑ O confesaba la verdad así lo *torturaras*.

即使你拷打他，他也不说出真相。

㉒ O volveré a hablar así me *maten*.

哪怕是杀了我，我也不会再说。

㉓ Azlo aunque te *cueste*.

此事哪怕费劲，你也要做。

㉔ Unque *vaya* con vosotros a la playa no me bañaré.

即使我跟你们一起去海边，也不泡海水。

㉕ Unque *termine* la carrera de Medicina, nunca ejerceré como médico.

即使我医科能读到毕业，也不会当医生。

㉖ O tengo ganas de ir al cine. Aunque las *tuviera*, no iría contigo.

我不想去看电影。即使想看，也不会跟你一起去看。

㉗ Unque *fuera* más pobre que una rata me casaría con él.

即使他一贫如洗，我也会嫁给他。

㉘ Unque *hubieras estudiado* diez horas más, no habrías aprobado este examen.

即便你多学了10个小时，这次考试也照样不及格。

㉙ Unque *hubiéramos salido* dos horas antes, no habríamos llegado a tiempo.

即便我们早2个小时出发，也一样迟到。

㉚ Lámalo aun cuando no *tengas* nada que decirle.

即使你没什么话要跟他说，也要给他打个电话。

㉛ Refiero la seguridad, aun cuando ello *implique* muchos más gastos.

即使要额外支付很多费用，还是要安全第一。

㉜ Or mucho que *corras*, no lograrás alcanzar la meta.

你再跑也跑不到终点。

㉝ Or muchos idiomas que uno *domine*, cuando se corta al afeitarse siempre utiliza la lengua materna.

不管一个人掌握多少门语言，当他刮胡子把脸刮伤时，一开口都会用母语。

㉞ Or muchos goles que *meta*, no ganará la liga.

他们队进球再多也拿不到联赛冠军。

㉟ Or muchas cartas que te *hubiera* escrito, la situación no habría cambiado nada.

即便他当时给你写了很多信，也于事无补。

㊱ Un a riesgo de que lo *pillaran* robando manzanas, saltó la tapia con la intención de llenar la bolsa.

即使有被发现偷苹果的危险，他还是越过围墙，打算装满一袋苹果。

㊲ Ondujo a doscientos por hora a riesgo de que se *mataran*.

他不顾全车人的性命，把车开到时速200公里。

㊳ Uando la maestra les pregunta qué es el amor, ese niño responde: Amor es cuando tu perrito te chupa la cara aún cuando lo *hayas dejado* todo el día solo.

老师问孩子们什么是爱，那个男孩回答说：哪怕你把小狗丢下一天不管，它还是会来舔你的脸，这就是爱。

㊴ ¿Es necesario registrar la marca aun cuando *haya sido* utilizada durante muchos años?

即使商标已经使用多年，也必须注册吗？

注：aunque、a pesar de que 和 por（+ *adj.* o *adv.*）que 表示"虽然……"时，从句谓语不用虚拟式，而是用陈述式。**例如**：

① Aunque *viene* todos los días, no lo conozco.

虽然他每天都来，但我不认识他。

② Aunque ya lo *has decidido*, te lo digo: yo no podría vivir sin ti.

虽然你决心已下，但我还是要跟你说，我的生活不能没有你。

③ Aunque mañana no *iré* al cine con vosotros, os buscaré a la salida para tomar una copa.

虽然我明天不跟你们一起去看电影，但我会到影院门口找你们去喝一杯。

④ Los policías descubrieron restos de sangre en el interior, a pesar de que *había sido* lavado.

虽然屋内已被清洗过，但警察还是发现了血迹。

⑤ Pero, por más que lo *intenté*, no conseguí bajarme ninguna canción durante toda la noche.

可是我试了一个晚上也没能下载一首歌曲。

⑥ Por mucho que se *esforzó*, no pudo comprender el significado de esas letras rojas.

他左看右看，怎么也看不明白那些红色字母的意思。

⑦ No me hace caso por más que se lo digo.

不管我怎么跟他说，他都不理睬我。

注：aunque表示"虽然……"时，如果是根据对方所说之事加以评论，从句谓语用虚拟式（详见第61页"aunque"）。

（12）当引导条件状语从句的连词表示"只要"或"除非"时，从句谓语用虚拟式。表示"只要"的连词有：como、mientras、con tal de que、siempre que、siempre y cuando等；表示"除非"的连词有：a menos que、a no ser que、salvo que、excepto que等。此外，由en caso de que（如果）引导的条件状语从句也用虚拟式。例如：

① Como no me *digas* la verdad, no volveré a creerte.

你要是不跟我说实话，我就再也不会相信你。

② Como no me *digas* su nombre y apellidos, no sé de quien hablas.

你不告诉我他的姓名，我就不知道你说的是谁。

③ Como no *vengas* en seguida, no te voy a hacer caso.

你不马上来，我就不理睬你。

④ ¡Como me *engañes* otra vez ya te puedes dar por muerto!

要是再敢欺骗我，你就死定了！

⑤ Ya te he dicho que como *sigas* insistiendo en esa modestia tuya, te borraré de la lista de mis amigos.

我已经跟你说过，你要是再这样唯唯诺诺，我就在我好友的名单中把你删除。

⑥ Pero como no me *hagas* caso me voy a enfadar, y no te voy a dar más consejos.

要是你不理睬我，我就要生气，而且不再给你出主意了。

⑦ Como *vuelvas* a poner tus sucios zapatos en mi despacho, te echo a patadas.

你要是再把你的臭鞋子放在我办公室里，我就把你踢出去。

⑧ Puede usar cualquier carácter o símbolo especial con tal de que *sea* soportado por Windows.

您可以使用任何文字或特殊符号，只要是Windows系统支持的都行。

⑨ Para la decoración, puedes utilizar la madera, el ladrillo o el cristal. Creo que todo vale con tal de que te *guste*.

装饰的材料，你可以使用木材、砖头或玻璃。只要是你喜欢的，我看都可以。

⑩ Este tipo de árbol es poco exigente en cuanto a suelo, con tal de que no *sea* excesivamente húmedo o pantanoso.

这种树木对土壤要求不高，只要不是过于湿润的泥土或泥浆地都可种植。

⑪ Siempre que *haya* un hueco en tu vida, llénalo con amor.

只要你的生活有一处空虚，你就要用爱去填补。

⑫ Siempre que me *sea* posible estoy dispuesto a echarte una mano.

只要我能办到，我都会助你一臂之力。

⑬ Siempre que yo *esté* en esta casa, se hace lo que yo diga.

只要我在这个家里，就要依我的意见行事。

⑭ Te esperaré siempre que no *tardes* demasiado.

只要你不磨磨蹭蹭，我就等你。

⑮ Si lo que deseas es anular un pedido, puedes hacerlo siempre que no *hayamos procedido* al envío del mismo.

如果你想取消订单，那没问题，只要我们还没有发货就行。

⑯ Los portes serán a cargo de nuestra compañía siempre y cuando la cantidad de la compra *sea* superior a 150 euros antes de impuestos.

只要税前购物总价超过150欧元，运费都由我们公司负责。

⑰ Pueden bajar y usar mis fotos siempre y cuando me lo *pregunten* primero.

各位可以下载和使用我的相片，只要事先跟我打一声招呼就行。

⑱ A mí lo que más me gusta es hacer las cosas despacio, siempre y cuando me lo *permitan*, claro.

我做事情喜欢慢慢来，当然，只要是条件允许的话。

⑲ Como no me *pagues*, te llevaré a la cárcel.

你要是不付钱，我就送你进监狱。

⑳ Te lo diré con tal de que no se lo *digas* a nadie.

只要你不透露出去，我就说给你听。

㉑ No voy a nadar, a menos que tú me *acompañes*.

我不游泳，除非你陪我一起游。

㉒ Como no te *conectes* a Internet, tendremos que buscar otro procedimiento para comunicarnos.

要是你不上网，我们就得找另一种办法联系。

㉓ Como no *pierdas* tus inhibiciones, esto va a resultar imposible.

你再这么克制，这事就办不成了。

㉔ Como no me *des* tu número no podré llamarte.

你不给我电话号码，我就没法打电话给你。

㉕ En caso de que *llueva*, me quedaré en casa.

要是下雨，我就呆在家里。

㉖ Todo se evita con que ese maldito no *vuelva*.

只要那个混蛋不回来，这一切都可以避免。

㉗ Ya que *te cases*, que lo hagas bien.

你要是结婚，婚事就要好好办。

㉘ En el caso de que todos ustedes *estén* de acuerdo, procederemos al recuento de los votos.

如果大家都赞成，我们就重新统计选票。

㉙ En el supuesto de que no *encontrara* las llaves, tendría que hacer una copia nueva de todas ellas.

万一我找不到钥匙，那就要重新配全部钥匙。

㉚ En el caso de que *hubiera* hueco disponible, saldría mañana mismo.

要是还有空位，我明天就起程。

㉛ Como *sigas* llegando tarde al trabajo te van a despedir.

你要是再迟到，就会被炒鱿鱼。

㉜ Como no me lo *cuentes*, me enfado.

你要是不跟我说，我就会生气。

㉝ Iremos, suponiendo que no *llueva*.

只要不下雨，我们就去。

㉞ Aceptando que *sea* así, seguiremos.

如果真的是这样，我们就继续下去。

㉟ Te arruinarás salvo que *moderes* tus gastos.

你再不节约开支，就会破产。

㊱ No conseguirá nada excepto que lo *haga* pronto.

除非您马上动手，不然就会一无所获。

㊲ Me dijo que le importaba poco que me muriera con tal que no *fuera* en su cama.

他跟我说，即便我死了他也无所谓，只要不死在他的床上。

㊳ Mientras no *acepten* tu propuesta, seguirás en tus trece.

要是他们不接受你的提议，你就坚持到底。

③⑨ El acuerdo funcionará siempre y cuando ambas partes *cumplan* lo prometido.

只要双方能履行承诺，协议就可以继续执行。

④⓪ No aplique vendas al área afectada a menos que *haya* sido indicado por su doctor.

请不要用绷带包扎患处，除非医生有此要求。

④① No bebas agua acumulada de manera natural a menos que *sea* una cuestión de vida o muerte.

除非万不得已，否则，请别喝户外的积水。

④② Se prohíbe trabajar en un andamio que tenga hielo o nieve, a menos que *sea* precisamente para quitar el hielo o la nieve.

禁止在粘有冰或雪的脚手架上施工，除非施工目的正是为了除掉粘在上面的冰或雪。

④③ A menos que *tenga* instalado software antivirus actualizado en el equipo, no existe un modo seguro de saber si tiene un virus.

除非电脑安装了已更新的防病毒软件，否则，没有可靠的办法可以得知电脑是否有病毒。

④④ Llame siempre a la enfermera coordinadora antes de venir a la clínica a menos que usted ya *tenga* una cita arreglada.

除非您已经办妥了预约，否则，每次来门诊部看病之前，都必须先打电话与负责预约事务的护士联系。

④⑤ Sólo personas legalmente autorizadas pueden ver sus datos, a menos que usted nos *solicite* por escrito que mostremos a alguien más tales datos.

您的个人资料只有合法的被授权人可以看到，除非您有书面申请，希望我们把资料给指定的人看。

④⑥ Esta parte del currículum es opcional a no ser que expresamente *sea* solicitada por la empresa.

个人履历的这个部分可以不填写，除非用人单位有特别要求。

④⑦ Evite terminología de tipo técnico en las páginas Web, a no ser que usted *quiera* usarla de forma clara e intencionada.

请避免在网页上使用专业术语，除非您使用的术语意思清晰而且有特别意图。

④⑧ Son averías difíciles de solucionar a no ser que *seas* un experto.

除非你是专家，否则，这些故障很难排除。

④⑨ Usted no podrá utilizar ninguna de nuestras marcas a no ser que *tenga* un convenio por escrito con nuestra empresa.

除非您与我们公司有书面协议，否则，您不可以使用我们公司任何一个商标。

(50) Nuestro vino, a no ser que la temperatura *sea* muy alta, no se va a estropear instantáneamente.
我们生产的葡萄酒不会一下子就变质，除非温度很高。

(51) De hecho, no es posible vivir una vida realmente completa o exitosa a no ser que uno *sea* rico.
事实上，谁也不可能真正无忧无虑或潇潇洒洒过日子，除非他很富有。

(52) Los domingos no trabaja, salvo que le *avisen* con urgencia.
他星期天不上班，除非接到紧急通知。

(53) No pongo la radio a no ser que *quiera* escuchar las noticias.
我一般不开收音机，除非我想听新闻。

(54) Mientras *esté* vivo, no te aburriré nunca.
只要我活着，就永远也不会让你感到苦闷。

(55) Mientras *exista* la opresión, habrá resistencia.
只要有压迫，就会有反抗。

(56) Mientras no *diga* nada, estamos seguros.
只要他什么也不说，我们就没事。

(57) Mientras no *muramos* tendremos que hacer algo.
只要我们没死，就必须有所作为。

(58) Cree que su vida carecerá de sentido mientras no *encuentre* el amor.
他认为如果没有爱情，他的生活将会失去意义。

(59) Dice que seguirá robando mientras no le *den* trabajo.
他说只要不给他安排工作，他就继续去偷去抢。

(60) Mientras *haya* violencia no habrá desarrollo sostenible.
只要还有暴力，就不会有持续发展。

(61) Mientras no *te levantes* no podremos saber si el tobillo está roto o no.
你不站起来，我们就无法知道你的踝关节是否受伤。

(62) Mientras no *termines* la carrera no podrás dedicarte a buscar un empleo.
只要你学业未结束，就不能着手找工作。

(63) Comuníquese con nosotros en caso de que su hijo *experimente* un efecto secundario relacionado con la vacuna.
如果你的孩子接种疫苗之后有副作用，请与我们联系。

(64) Los proveedores le servirían en caso de que algo no *funcione.*
如果出现什么问题，供应商会为您解决。

(65) En caso de que *vomite*, se debe voltear a la víctima.
如果伤者呕吐，就应该让他俯卧。

⑥ En caso de que esto *falle*, chequea tu disco duro.

如果这种办法不行，就检查一下你的硬盘。

注：como表示"由于……"时，从句谓语不用虚拟式；siempre que表示"每当……"时，从句谓语也不用虚拟式。**例如**：

① Como no *vino* nadie, llamó otra vez.

因为谁也没过来，所以他又喊了一次。

② En ese momento alguien abrió la puerta de la oficina; pero como él *estaba* ocupado escribiendo no dijo nada.

此时，有人开了办公室的门。但因为他在忙着写东西，所以他什么也没说。

③ Durante años, siempre que *ocurre* algo me cae una sanción grave.

多年来，每当发生点什么事，我心情都很沉重。

④ Siempre que *me fijo* una meta, lucho hasta conseguirla.

每当我确定一个目标，我都会不懈地努力，直到实现这个目标为止。

⑤ Siempre que me *ve* se queda mirándome.

他每次看见我，都会目不转睛地地看着我。

⑥ Es un buen coche salvo que *gasta* mucha gasolina.

虽然这辆车耗油量大，但这是一辆好车。

⑦ Es buena persona excepto que *pierde* los nervios.

他虽然有时候不够冷静，但他是好人。

（13）在方式状语从句里，当从句所指的行为尚未成为事实时，从句谓语用虚拟式。引导这类方式状语从句常见的连词有：como、tal y como、según、según que、conforme等。**例如**：

① Cuando las tenga, te envío tantas como me *hayas enviado* tú, pero como mínimo mándame de 6 a 10 semillas.

你给我寄了多少粒种子，等我收到之后，我也给你寄多少粒。但是，你至少要给我寄6至10粒。

② Yo pensaré y actuaré como me *apetezca* y nadie puede impedirlo.

我愿意怎么想、怎么做，我就怎么想、怎么做，任何人无权干涉。

③ Si soy elegido, actuaré como me lo *mande* mi conciencia y mis convicciones.

如果我被选上，我会凭我的良知与信念做事。

④ Disfrute de la fiesta y tome tantas fotos como usted *pueda*.

请您享受欢聚时刻、尽情拍照吧。

⑤ Pero creo que le gente tiene derecho a colocarse como le *dé* la gana.

可是我觉得，人们有权利选择自己喜欢的工作。

⑥ Que cada cual homenajee al Quijote como le *dé* la gana.

让每个人愿意怎样纪念堂吉诃德就怎样纪念好了。

⑦ Cada uno se puede llamar como *quiera*.

每个人都可以根据自己的愿意起名字。

⑧ ¿Puedo utilizar estas fotografías como *quiera*?

我可以随意使用这些相片吗？

⑨ Conforme *vayas* repitiendo las palabras que yo diga, te irás quedando dormida.

只要你不断重复着我说的话，你就会慢慢入睡。

⑩ Los prisioneros irán saliendo según *cumplan* la condena.

囚犯们服役期满后就会相继回归社会。

⑪ Eso será según se *mire*.

此事要看从哪个角度去理解。

⑫ Podemos ir a varios restaurantes, según que *quieras* comer carne o pescado.

有好几间餐厅我们都可以去，这要看你喜欢吃肉还是吃鱼。

⑬ Sabré llevar la cruz como mejor *pueda*.

我会尽全力扛好十字架。

⑭ Siempre que persistas, todo saldrá según y como *te* lo *propongas*.

只要你持之以恒，一切都会如你的愿。

注：当方式状语从句所指的行为已成事实时，从句谓语用陈述式。**例如：**

① Vivo como *quiero*.

我生活得自由自在。

② Actué según *aconseja* el sentido común.

我是根据常识行事。

③ ¿Has hecho todo tal y como te *he indicado*?

你完全按照我说的办法做了吗？

④ Ya he formateado el disco duro como me *has dicho*.

我已经按你说的办法对硬盘进行格式化了。

⑤ Está mal que no hayáis cumplido la tarea tal como os *han exigido*.

你们没有按要求完成任务是不对的。

（14）在 si 引导的条件状语从句里，若说话者认为该条件不现实或不太现实，或纯属假设（现实情况根本不是那样），从句谓语用虚拟式的过去时态。此外，由 como si 或 cual si

（仿佛）引导的方式状语从句也用虚拟式过去时态。**例如**：

① Si yo *fuera* homosexual, creo que renunciaría al derecho al matrimonio.

我若是同性恋的话，我想我会放弃结婚的权利。

② Si no *estuviera* casada no me importaría tanto.

如果我还没结婚，那倒没有太大关系。

③ Si yo *fuera* hombre, te habría matado.

假如我是男人，早就把你杀了。

④ Si *tuviera* que escoger dos emociones, escogería la alegría y el optimismo.

如果要我选择两种心境的话，我会选择开朗与乐观。

⑤ Dice que si *tuviera* millones de amigos, le pediría a cada uno una moneda y sería millonario.

他说要是他有几百万个朋友的话，他就向他们每人要一个硬币。这样他就会变成百万富翁了。

⑥ Si *tuviéramos* alas, volaríamos por este inmenso cielo azul.

要是我们有翅膀，就会在这蓝天翱翔。

⑦ Si yo *tuviese* alas, llegaría a la Luna volando.

假如我有翅膀，就会飞上月亮。

⑧ Si yo *pudiera* recopilaría todas tus palabras y las metería en un libro.

假如我有能力，就会把你的言语全部收集起来，汇编成一本书。

⑨ Si yo *pudiera*, te acercaría las estrellas hasta tu habitación, para que te acompañaran cada noche.

倘若可以，我会让星星靠近你的房间，让它们每个晚上都陪伴你。

⑩ Si yo *pudiera*, te traería la luna, para que te contara historias todas las noches.

倘若可以，我会把月亮摘给你，让它每天晚上都给你讲故事。

⑪ ¿Qué harías si *tuvieses* una varita mágica? ¿Qué harías si *tuvieses* el extraordinario poder de poder llevar a cabo aquello que desees?

如果你有一根魔术棒，你会做些什么？如果你法力无边，可以为所欲为，你会做些什么？

⑫ Si no *estuvieras* tú sentado junto a mí, ¿con quién podría hablar?

如果不是你坐在我身边，我能跟谁说话？

⑬ Si *hubiera llovido* más, no habría habido tantos incendios en el verano.

要是前一阵子多下一点雨，这个夏天就不会发生这么多火灾。

⑭ Más de 400 motoristas salvarían la vida al año si hubieran *utilizado* el casco.

假如使用了头盔，每年就有400余位摩托车手捡回性命。

⑮ Si *hubieran seguido* los consejos, quizá no habrían sufrido un accidente.

要是他们听了我的话，也许就不会出事了。

⑯ Si yo *fuera* un multimillonario, viajaría por todo el mundo.

如果我是一个千万富翁，就会周游世界。

⑰ Si ella *estuviera* ahora aquí, yo estaría mucho más contento.

如果她现在在这里，我会更高兴。

⑱ Si te *ofrecieran* trabajo, acéptalo sin dudar.

要是有人真的给你提供工作，你就要毫不犹豫地接受。

⑲ Si yo *supiera* nadar, ya habría cruzado el río.

我要是会游泳，早就已经过河了。

⑳ Si *tuviera* una licenciatura, ya habría encontrado trabajo.

我要是有大学毕业文凭，早就找到工作了。

㉑ Si no *hubiera conducido* tan deprisa, ahora no estaría en el hospital.

他要不是开得这么快，现在就不会呆在医院里。

㉒ Si tú ayer me *hubieras acompañado* al concierto, yo mañana iría contigo al teatro.

要是你昨天陪我去听音乐会，我明天就会跟你去看戏。

㉓ Si *hubiera podido* elegir, habría sido músico.

如果我当时可以选择，就会成了音乐家。

㉔ Si *consiguieras* hacer eso, sería fantástico.

你要是真的能做成此事，那就太棒了。

㉕ Si no *hubiera llovido*, habríamos salido de excursión.

如果不是下了一场雨，我们就出去郊游了。

㉖ Si *hubiera ocurrido* una desgracia, nos avisarían inmediatamente.

要是真的发生了不幸的事，他们就会立刻通知我们。

㉗ Habla como si *fuera* un profesor.

他说话一副教师腔。

㉘ Recuerdo ese día como si *fuera* hoy.

那天发生的事我记忆犹新。

㉙ Iban saliendo poco a poco las estrellas, como si las *encendiese* alguien.

星星渐渐挂满天空，仿佛有人把它们点亮。

㉚ Sonrió como si se le *hubiera quitado* un peso de encima.

他如释重负，脸上露出了笑容。

㉛ Mi hijo no hace más que pedirme dinero. ¡Como si yo *fuera* el Banco de España!

我儿子只会向我要钱。好像我是西班牙银行似的!

㉜ Amó aquella vez como si *fuese* la última.

那次他痛快地爱了一回,仿佛是最后一次。

㉝ Besó a su mujer como si *fuese* única.

他深情地吻了一下妻子,仿佛她是最美的女人。

㉞ La abrazó fuertemente, cual si *fuese* el último.

他紧紧地搂住她,仿佛那是最后一次拥抱。

㉟ Los dos se frotaban las manos una contra otra, cual si *esperasen* gozosos una pelea.

他俩摩拳擦掌,仿佛要痛快地打斗一场。

㊱ La temperatura del acuario deberá de disminuirse de forma gradual y a lo largo de varios días cual si *fuera* el inicio del otoño e invierno.

鱼缸的温度要连续几天才会逐渐降下来,仿似秋冬初期。

注:如果说话者认为该条件现实,从句谓语则用陈述式(但不能用陈述式将来时态)。**例如**:

① Si no *estás* registrado como cliente deberás hacerlo ahora.

如果你还没有注册为客户,就应该现在注册。

② El médico dice que si la mujer *utiliza* pastillas anticonceptivas corre el riesgo de sufrir de frialdad sexual.

医生说,如果女士服用避孕药,有可能变得性冷淡。

③ Dijo que si los precios *habían subido*, habría sido por la inflación.

他说如果物价上涨了,那肯定是通货膨胀造成的。

(15)当从句是由动词直接表示无论发生或不发生某事(包括无论出现或不出现某种情况)时,该动词用虚拟式。**例如**:

① Queremos ser campeones el sábado *sea* como sea.

无论如何,这个星期六我们都要拿冠军。

② *Sea* como sea, algunos chicos agudizan cada vez más su ingenio para encontrar formas viables de copiarse en un examen.

现在有的孩子无论如何都会绞尽脑汁寻找可行的考试作弊方式。

③ Lo haremos *cueste* lo que cueste. No podemos fallar, está prohibido fallar.

我们无论如何都要这样做。我们不能失误,我们不可以失误。

④ *Digan* lo que digan, esta guerra es ilegal.

不管他们怎么说,这场战争都是不合法的。

⑤ Cada cual debe esforzarse por llegar a ser competente en su oficio, *trabaje* en lo que trabaje y sea cual sea su edad.

每一个劳动者，不管干哪一行，也不管年龄有多大，都应该努力精通业务。

⑥ *Digan* lo que digan, sois los mejores. Aunque la copa se la lleve otro, todos sabemos quién es el mejor.

不管他们怎么说，你们都是最优秀的。哪怕冠军杯被别人拿走，我们大家都很清楚谁最优秀。

⑦ *Pregunte* lo que pregunte, siempre me contestan lo mismo. Es decir: nada, porque nunca tiene nada que ver con lo que pregunto.

无论我问什么，他们的答复都一样。其实，那样的答复等于没答复，因为总是答非所问。

⑧ *Nieve* o no *nieve*, te invitamos a participar en una batalla de bolas.

不管下不下雪，我们都邀请你参加打雪仗活动。

⑨ Ahora hay atascos *llueva* o no *llueva*.

现在不管晴天雨天，都会堵车。

⑩ *Tome* lo que tome y *coma* lo que coma siempre tengo acidez estomacal.

无论我喝什么吃什么，总会胃酸过多。

⑪ *Sea* lo que sea lo que busque el viajero, lo encontrará en Marruecos.

无论游客想找什么，在摩洛哥都能找到。

⑫ *Sea* lo que sea, estaré aquí, esperando el próximo encuentro, esperando tus buenas noticias.

不管情况怎么样，我都会在这里，等着与你重逢，等候你的佳音。

⑬ Lo bonito del amor es que se da todo el año, *haga* frío o haga calor.

爱之美在于一年365天都可以爱，无论天气冷或天气热。

⑭ Ellos salen de caza cada fin de semana, *haga* buen tiempo o *llueva*, *haga* frío o *haga* calor.

他们每个周末都外出打猎，无论晴天雨天，也无论天气冷或天气热。

⑮ Es una terraza y, *llueva* o *haga* viento, las reuniones se celebran allí.

那是一个露台。无论刮风还是下雨，聚会的地点都在那儿。

⑯ El deporte al que nos dedicamos no es fútbol. No hay ningún luchador que gane más de tres millones de pesetas todos los días, *trabaje* o no *trabaje*.

我们从事的运动不是足球。没有任何一位摔跤运动员不管上不上班每天都可以挣3百万比塞塔。

⑰ Te *guste* o no te *guste*, en España hay que usar el español.

不管你喜不喜欢，在西班牙就是要讲西班牙语。

⑱ Todos los aviones pasan por la capital, así que vas a tener que pasar por Lima, te *guste* o no te *guste*.

所有航班都要途经首都。因此，不管你喜不喜欢，都要经过利马。

⑲ Soy tu padre, a quien respetarás te *guste* o no te *guste*.

我是你父亲。不管你喜不喜欢，你都得尊重。

⑳ *Ganemos* o *perdamos*, habrá críticas.

不管我们是输还是赢，总会有人说三道四。

㉑ *Sea* jefe o empleado, tiene que cumplir cabalmente las tareas que le correspondan.

无论是主管还是员工，都必须完全履行本职工作。

㉒ *Cueste* lo que cueste, yo compraré esa finca.

无论如何我都要买下那个庄园。

㉓ *Puedas* o no, tienes que hacer el examen el próximo lunes.

不管你可不可以，都要参加下星期一的考试。

㉔ *Quieras* o no *quieras*, te llevaremos al hospital mañana.

不管你愿不愿意，明天我们都要带你去医院。

㉕ Te *apetezca* o no, te verás obligado a observar la disciplina laboral.

不管你想不想，都必须遵守劳动纪律。

㉖ *Seas* rico o pobre, todos vamos a terminar siendo basura de cementerio al final.

无论你是富人还是穷人，我们最终还是要化为黄土。

㉗ Me *escuches* o no, te voy a seguir hablando.

不管你听不听，我都要继续跟你讲。

㉘ Me *ayudes* o no, te doy muchas gracias.

不管你帮不帮我，我都非常感谢你。

㉙ *Vivas* donde vivas, no regreses sola a casa por la noche.

不管你住在哪里，夜间都不要一个人回家。

㉚ Te dije que me llamaras, *estuvieras* donde estuvieras.

我跟你说过，不管你在哪里，都要给我打电话。

㉛ Me *ames* o me *odies*, me casaré contigo.

不管你爱我还是恨我，我都跟你结婚。

㉜ *Truene* o *llueva*, saldremos de excursión.

不管打雷还是下雨，我们都出去郊游。

㉝ Tendré preparado todo, *vengas* o no.

不管你来不来，我都会准备好一切。

㉞ Saldremos *haga* o no frío.
不管天气冷不冷，我们都上街。

㉟ *Haga* frío o calor, el cartero siempre cumple con su deber.
不管天气冷还是天气热，邮递员都会履行职责。

㊱ No saldré *venga* quien venga.
不管是谁来，我都不会出去见他。

（16）在独立句中使用虚拟式的情况

a. 表示否定命令时。例如：

① No me *despiertes* ni hagas ruidos cuando estoy dormido.
我睡着的时候，你不要叫醒我，也不要吵醒我。

② Pero, ¿qué son esas otras cosas más? A mí no me *digas* cosas inconclusas.
到底还有别的什么事？你别跟我说了一半就不说了。

③ No me *hables* de sacrificios, ya te entregué mi alma y mi vida.
你别跟我讲牺牲，我已经把我的灵魂与生命都交给了你。

④ No te *quedes* inmóvil al borde del camino.
你不要待在路边一动不动。

⑤ No lo *guardes* en el bolsillo.
你不要把它放在口袋里。

⑥ No *subas* material que viole Derechos de Autor.
你不要上传违反版权法的资料。

⑦ No *subas* a la red –me dijo mi padre.
“你别上网 。”我父亲跟我说。

⑧ ¡No *subas* de peso con las fiestas navideñas! –me advirtió.
“你可别过完圣诞节体重又增加了！”他提醒我。

⑨ No *sacrifiques* tu vida por pequeñas cosas.
你别因为鸡毛蒜皮的事而轻生。

⑩ No *sacrifiques* el futuro por obsesionarte con el presente.
你不要因为眼前利益而牺牲了长远利益。

⑪ No *te finjas* la enferma. ¡Ya vete por favor! ¡No seas débil!
你别装病了。你快走吧！别这么软弱了！

⑫ No *juegues* con fuego, cerillos o la estufa. No *juegues* cerca de vidrios o de objetos puntiagudos.
你别玩火、别玩火柴、别玩炉灶，也不要在玻璃或尖锐的物体附近玩。

⑬ No *intentes* buscar una justificación a lo que ha ocurrido.

你别试图为发生的事找理由。

⑭ No *uses* los caracteres exclusivos del idioma español, es decir, no *uses* acentos ni eñes, etc., para evitar problemas.

你不要使用西班牙语专用符号。也就是说，不要使用重音以及ñ等符号，以免出现问题。

⑮ No *discutas* inútilmente con tus compañeros de labor, recuerda que al ser más tolerante mejoras tu cooperación.

你别跟你的同事争吵。你要记住，宽容一点，就能更好地与大家共事。

⑯ Cuida tu vista cuando trabajes en la computadora. No *trabajes* en la oscuridad. Trabaja siempre a una distancia mínima de medio metro, entre el monitor y tú.

在电脑前工作，请保护你的视力。工作时不要乌灯黑火，而且身体与显示屏至少要保持50厘米的距离。

⑰ No me *hables* de amor, porque no sabes nada.

你别跟我谈爱情，因为你根本就不懂。

⑱ Puedes fingir, puedes mentir, pero no me *digas* que me amas.

你可以假装，你可以撒谎，可是你别跟我说你爱我。

b. 表示"欢呼、万岁、该死"等愿望时。**例如**:

① ¡*Viva* el deporte!

体育万岁！

② ¡*Viva* el fútbol!

足球万岁！

③ ¡*Viva* la música!

音乐万岁！

④ ¡*Viva* la solidaridad!

团结万岁！

⑤ ¡*Viva* la paz!

和平万岁！

⑥ ¡*Viva* la comprensión!

理解万岁！

⑦ ¡*Viva*n los trabajadores del mundo!

全世界劳动者万岁！

⑧ ¡*Viva*n los héroes!

英雄万岁！

⑨ ¡*Viva*n las mujeres!

妇女万岁！

⑩ ¡*Mueran* los tiranos!

暴君罪该万死！

⑪ ¡*Mueran* los corruptos!

腐败分子罪该万死！

⑫ ¡*Mueran* los que con bomba matan!

用炸弹杀人者罪该万死！

c. 在使用quizá（quizás）、tal vez、posiblemente、probablemente等表示猜测的句子里，不管用肯定还是否定形式，谓语通常应该用虚拟式。**例如**：

① Quizá *sea* un error mío el haberme casado contigo.

跟你结婚也许是我的错。

② Quizá le *sorprenda* lo que puede hacer un servidor por su empresa.

也许您意想不到一个服务器竟能为贵公司提供如此多的服务。

③ Quizá estas páginas no *sean* un mal sitio para promocionar tus productos.

也许这些网页是推销你的产品的好地方。

④ ¿Infección en la herida? Los antibióticos quizá no *sean* la mejor opción.

对付伤口感染吗？抗生素也许不是最好的选择。

⑤ Quizá *haya* detalles que te hayan pasado desapercibidos.

也许有些细节你没有注意到。

⑥ Quizá no *hayan percibido* aún que esto no es ciencia-ficción.

也许大家还没有意识到这并不是科学幻想。

⑦ Los bebés que nacen demasiado pronto posiblemente no *hayan tenido* suficiente tiempo para acumular hierro.

过早出生的婴儿体内也许没有足够的时间积蓄铁元素。

⑧ Posiblemente muchos ciudadanos de Madrid no *hayan visitado* nunca las salas del Museo del Prado.

很多马德里市民可能从未进去过普拉多博物馆参观。

⑨ Posiblemente *estén* buscando sitios para asaltar.

他们可能正在物色地点进行抢劫。

⑩ Posiblemente *haya decidido* convertirse en un pintor profesional.

他可能已经决定要成为职业画家。

⑪ Posiblemente *haya* cuotas extras que se cobren por utilizar un cajero automático.

使用自动柜员机可能会被收取额外费用。

⑫ La fecha de expiración le indica que una vez vencida, posiblemente el producto ya no *sea* tan eficaz.

"有效期"的意思就是告诉您，产品一旦到期，可能就不是那么有效了。

⑬ En tres o cuatro años, posiblemente ya no *se hable* de este problema.

三四年之后，人们可能就不会谈论这个问题了。

⑭ Posiblemente ya no *seas* el mismo.

可能你已经不是以前的你了。

⑮ Posiblemente *hayas introducido* un dato incorrecto.

你可能输入了一个错误的信息。

⑯ Probablemente tengas problemas para visitar nuestro sitio.

也许你有什么问题，才会无法浏览我们的网站。

⑰ Para conseguir un teléfono móvil con todas estas funciones integradas, probablemente *tengas* que pagar una cuota mensual.

想买一部具备全部这些功能的手机，你可能每月都要支付一笔费用。

⑱ Probablemente *tengas* que envolver tu tobillo con una venda mientras practiques deportes, para darle protección.

参加体育运动时，你可能要用绷带把踝关节包扎一下，起保护作用。

⑲ Probablemente *vaya* a caminar más que de costumbre, así que debe cuidar aún más sus pies.

也许你要走的路比平时多，所以应该更加注意保护好双脚。

⑳ Esto probablemente *ocurra* la primera vez que intente leer el correo.

这种情况可能会在您首次尝试查阅邮件时发生。

㉑ Quizás mi vida *sea* un poco monótona, pero me quiere.

也许我的生活有点单调，但是他喜欢我。

㉒ Quizás ya no *tengamos* mucho de que hablar. Es normal, porque llevamos ya muchos años juntos.

也许我们已经没有很多话题可讲。这是正常的，因为我们在一起已经很多年了。

㉓ Las personas que duermen bien tal vez *deban* agradecer a sus genes.

睡眠好的人也许应该感谢他们自己的基因。

㉔ ¡Tal vez *sea* una buena idea dejar de fumar!

戒烟也许是一个好主意！

㉕ ¿Cuáles son los otros exámenes físicos que tal vez *necesite*?

也许我还需要做哪些体检呢？

㉖ Tal vez no *tengas* nada que hacer aquí.

也许你在这里没什么事可做。

㉗ Acaso no *estés* enterado de todo lo ocurrido.

也许你还不知道所发生的一切。

㉘ Acaso ya no me *recuerdes*.

也许你不记得我了。

㉙ Acaso *vengan* prevenidos.

也许他们是有备而来。

注：短语a lo mejor虽然也表示猜测，但谓语不用虚拟式，而是用陈述式。**例如**：

① A lo mejor *hay* que hacerlo de otra manera.

也许要换一种方式做才行。

② Con un poquito de ayuda, a lo mejor *consigo* que siga estudiando, porque ahora lo que quiere es empezar a trabajar en cualquier cosa.

我帮他一下，说不定可以让他继续学习，因为他现在想先随便找一份工作。

③ A lo mejor no *es* todo tan difícil, a lo mejor la vida *es* infinitamente más ligera de lo que creía.

也许一切并不会如此艰难，也许生活比我想象的要轻松得多。

二、虚拟式指"实"的用法实例

　　虚拟式指"实"的情况是虚拟式用法中重要的组成部分。要掌握好这一用法，关键在于把握好它的前提：虚拟式指"实"的用法只出现在主从复合句里，而且主句谓语必须是**表示个人感受、心情或意见**的动词或动词短语。也就是说，主句谓语必须含有"主观意识"。

　　（1）主句表示高兴、伤心、自豪、悲哀、遗憾、感激、憎恨、吃惊等个人感受，从句谓语用虚拟式。这方面常见的动词有：admirar（令人惊叹）、aborrecer（使人厌烦）、aburrir（使人感到无聊）、agradar（令人高兴）、agradecer（感谢）、aguantar（忍耐）、apenar（令人悲伤）、alarmar（使人不安）、alegrar（使人高兴）、aplaudir（称赞）、asustar（令人受惊）、avergonzar（令人羞愧）、celebrar（感到高兴）、complacer（使人满意）、dar pena（使人悲伤）、desesperar（令人失望）、divertir（令人开心）、decepcionar（使人沮丧）、doler（令人伤心）、emocionar（令人激动）、encantar（使人很高兴）、enfadar（令人恼火）、enfurecer（激怒）、enloquecer（令人疯狂）、enojar（使人生气）、enorgullecer（令人骄傲）、entristecer（使人难过）、entusiasmar（令人兴奋）、extrañar（令人吃惊）、fascinar（迷人）、fastidiar（令人厌烦）、frustrar（令人失望）、horrorizar（令人恐惧）、indignar（令人气愤）、lamentar（感到遗憾）、maravillar（令人赞叹）、molestar（令人讨厌）、odiar（憎恨）、perdonar（原谅）、

reprochar（责备）、reventar（令人厌烦）、sentir（感到遗憾）、soportar（忍受）、sorprender（令人吃惊）、sufrir（忍受）、tolerar（容忍）、acostumbrarse a（习惯）、admirarse de（感到惊叹）、alegrarse de（感到高兴）、arrepentirse de（后悔）、avergonzarse de（感到羞愧）、cansarse de（厌烦）、contentarse con（高兴）、conformarse con（满意）、enorgullecerse de（感到骄傲）hartarse de（厌烦）、lamentarse de（感到遗憾）、maravillarse de（赞叹）、quejarse de（埋怨）、resignarse a（甘心于）等。例如：

① Me admira que siendo gato no *sepas* coger ratones.

真没想到，你是猫，却不会抓老鼠。

② La gente se admira de que en esa ciudad no *haya* basura, casi todo está limpio.

那座城市没有垃圾，几乎到处都很干净，令人惊叹。

③ Oye, me admiro de que me *sirvas* con tanta negligencia.

喂，真没想到你为我做事是如此马虎。

④ Cuando cruzo esa plaza a pie o en automóvil, me admiro de que cada semana *tenga* un aspecto distinto. Antes era una tierra de nadie, sólo hierba y muro.

每当我步行或骑自行车经过那座广场时，都为那里日新月异的面貌大为惊叹。以前那里荒无人烟，只有野草和围墙。

⑤ ¿No te aburre que donde vayas *haya* gente que se abalanza sobre ti?

所到之处都会有人向你扑来，你不讨厌吗？

⑥ Les aburre que les *enseñen* algo que ya saben.

他们讨厌被教一些他们已经懂的东西。

⑦ Me agrada que *sea* fácil hablar con él y que me *dé* la bienvenida cuando voy a su despacho.

他平易近人，而且我每次去他的办公室他都热情接待我，我很高兴。

⑧ Nos agrada que nos *elogien* aunque no contemos con méritos.

即使我们没有什么功劳，我们也喜欢别人夸奖。

⑨ Tienes razón, mi nariz es un poco grande. Te agradezco que lo *hayas notado*.

你说得对，我的鼻子是有点大。谢谢你注意到了这一点。

⑩ Te agradezco que *hayas sido* sincero.

谢谢你这么直爽。

⑪ Les agradezco que me *hayan invitado* a venir a recorrer este lugar.

谢谢各位邀请我来这里走走。

⑫ Les agradezco que *pongan* al alcance de todos las obras de tantos autores excelentes.

谢谢你们让大家能够看到这么多名作家的作品。

⑬ Me apena que no *juegue* Raúl, le espero en la final.

劳尔不能参赛，我真难过。我还等着他参加决赛呢。

⑭ Le apena que su hijo no *siga* los pasos de quien debería admirar.

他因儿子不向应该学习的人学习而伤心。

⑮ Nos alarmó que no *quisiera* comer en tanto tiempo.

他这么长时间不想吃东西，我们感到不安。

⑯ Les alarmó que *llevase* la muñeca vendada.

看见他手腕缠着绷带，他们都很紧张。

⑰ Les alarmó que el 80 por ciento de los encuestados *dijeran* no conocer el significado del SIDA.

百分之八十的受访者都说不知道什么是艾滋病，这让他们感到问题的严重。

⑱ ¡Qué sorpresa! Me alegra que *estés* enamorado y que *pienses* en casarte.

真没想到你在谈恋爱，而且打算结婚！我真高兴。

⑲ Le alegra que la prensa y la gente la *apoyen*.

舆论与公众都支持她，她感到很高兴。

⑳ Yo soy la única que les puede ayudar y les alegra que yo *haya regresado* donde ellos.

我是唯一可以帮助他们的人。所以我回到他们那里，这让他们很高兴。

㉑ Nos alegra que Ana *mantenga* una estrecha comunicación con nosotros a través del correo electrónico.

安娜通过电子邮件与我们保持密切联系，这让我们很高兴。

㉒ Me alegro de que ya *tengas* toda la documentación lista.

你所有证件都办妥了，这让我很高兴。

㉓ Nos alegramos de que *empiece* a cambiar esta situación.

这种情况开始改变了，这让我们很高兴。

㉔ Se alegró de que no *hubiera* nadie escuchando, porque esa palabra no le sonaba del todo bien.

当时没人在听他说话，他为此感到庆幸，因为那个词他觉得不太好听。

㉕ Se alegraron de que su hijo se *hubiera convertido* al cristianismo.

儿子皈依了基督教，这让他们很高兴。

㉖ El cristal estalló como si estuviera sobrecargado. Le asustó que el cristal *reaccionara* así.

那玻璃像充电太满的电池一样炸开了。没想到玻璃也会爆炸，他吓了一跳。

㉗ No nos asusta que *hayan llegado* nuevos delanteros.

他们队来了新的前锋，但我们并不害怕。

㉘ A mí me avergonzaba que nos *vieran* juntos.

被别人看见我们在一起，这让我感到害羞。

㉙ Es una vergüenza que *se pisoteen* nuestros derechos.

我们的权利被践踏了，这真耻辱。

㉚ Nos complace que usted, Sr. Primer Ministro, nos *haya apoyado*.

总理先生，您支持了我们，这让我们很高兴。

㉛ Le complace que tantos alumnos *se interesen* en los cursos que ellos ofertan.

这么多学生对他们开办的班感兴趣，这让他们很高兴。

㉜ Nos complace que el comité *haya decidido* celebrar el presente encuentro en nuestro país.

组委会决定本届大会在我们国家举办，这让我们很高兴。

㉝ No salgo a plena luz del día porque me da pena que me *vean* la cara tan fea.

我大白天不上街，因为我会为别人看见我的脸这么丑而难过。

㉞ Nos da pena que el niño no *pueda* ver sus programas de televisión o jugar con sus amigos.

孩子不能看他爱看的电视节目或跟小朋友们玩，这让我们心里很难受。

㉟ Me desesperaba que *estuviera* deprimida, que todas las ayudas que se le daban las *recibiera* mal.

看见她情绪低落，不愿意接受任何帮助，这让我真失望。

㊱ Estoy muy triste, porque me desespera que no se den cuenta de cómo son las cosas.

我很难过，因为他们没有察觉事情进展不妙，这令我失望。

㊲ A los niños les divierte que *juguemos* al ratón y al gato.

看见我们玩猫捉老鼠的游戏，孩子们很开心。

㊳ Me divirtió que me *llamara* papi.

她叫我爸比，我感觉真逗。

㊴ Me duele que *haya muerto* así, sin poder huir de las bombas.

他没能躲过炸弹袭击，就这样死了，我感到很痛心。

㊵ A uno le duele que lo *menosprecien*.

别人瞧不起你，你会感到痛心。

㊶ Nos duele que miles de mujeres *mueran* por abortos clandestinos.

成千上万的妇女死于非法接生，我们感到很痛心。

㊷ Me emociona que me *hayan llamado* y que *se* hayan preocupado por nosotros.

他们给我打电话询问我们的情况，我为之而感动。

㊸ Me encanta que, aunque pocos, aún *existan* periodistas que no tienen "pelos en la lengua" para decir la verdad.

现在还有记者直言不讳，敢于说真话，我为此感到高兴，虽然这样的人已经为数不多。

㊹ Nos encanta que lectoras como tú nos *escriban* para platicarnos sobre sus gustos y actividades personales.
我们很高兴能有像你这样的读者给我们写信，跟我们谈个人的爱好与活动。

㊺ Le enfada que las cosas no se *hagan* como él dice.
事情不是按照他说的那样做，这让他很生气。

㊻ Nos enfadó que nos *dijeran* que no había guía para la visita.
他们居然跟我们说没有导游带我们去参观，这让我们气得要命。

㊼ Me gusta que las cosas *se hagan* a mi manera y me enloquece que las cosas tomen otro rumbo.
按我的方式行事我就很高兴，不按我的方式行事我就会抓狂。

㊽ Me enoja que la gente *escriba* en los libros de la biblioteca.
我很讨厌有人在图书馆的书上乱写乱画。

㊾ Me preguntó si me enojaba que me *dijera* así.
他问我，他这样跟我说话我会不会生气。

㊿ Me enoja que me *prometan* cosas y no las *cumplan*.
答应要做的事情结果又不去做，我对这样的人很反感。

(51) Le enfurece que la culpa no *tenga* forma ni nombre para poder al menos golpearla o maldecirla.
他痛恨过失，这玩意儿看不见摸不着，不然至少可以揍它一顿或臭骂它一番。

(52) Me entristece que *se lleven* la vida de unas 500 mujeres y nadie *haya podido* pararlo.
约500名妇女的性命就这样眼睁睁地被夺去，这让我很悲痛。

(53) Nos entristece que *se acabe* la fiesta.
聚会就要结束了，这让我们很难过。

(54) Me decepciona que Irlanda no *pudiera* clasificarse para el mundial.
爱尔兰队没能打入世界杯赛，这让我很失望。

(55) Le decepciona que no *se hayan tomado* medidas para castigar a esos malvados.
没有采取措施惩罚那些坏蛋，这让他很失望。

(56) A la gente le entusiasma que le *regales* cosas, por poco valor que tengan.
你给人家送礼，哪怕是很小的礼物，人家都会很高兴。

(57) Me extrañó que al Real Madrid no le *gustara* este árbitro.
我真没想到皇家马德里队不喜欢这位裁判。

(58) Nos extraña que el banco no *abra* más temprano.
银行竟然不早点开门，我们感到十分意外。

⑤⑨ Nos fascina que nos *vean* como los mejores, como los más grandes.

别人把我们看作是最优秀的，最了不起的，这让我们很开心。

⑥⓪ Me fascinaba que *trajera* regalos de todos los países del mundo, así que pensaba: "cuando yo sea grande también quiero viajar así".

看见他从世界各地买来的礼物，我很羡慕。于是我想："等我长大了，我也要像他那样周游世界。"

⑥① Cuando más me fastidia que me *llamen* para un servicio, es cuando estoy en el fútbol, viendo al Real Madrid.

我最讨厌的是开了电视看皇家马德里足球队比赛时，有人叫我去做事。

⑥② Si le fastidia que se lo recuerdes por algo será.

要是他讨厌你跟他提起这事，那肯定是有原因。

⑥③ A todos nos fastidia que *llueva*, desde luego. Cuando llueve hace frío y no podemos hacer todo lo que quisiéramos.

我们当然都讨厌下雨。一下雨天气就变冷，我们也不能想做什么就做什么。

⑥④ ¿No le frustra que no *aparezcan* las armas de destrucción masiva?

没有出现大规模杀伤性武器，他不感到失望吗？

⑥⑤ ¿Te frustra que no te *hagan* caso?

没有人理你，你感到扫兴吗？

⑥⑥ Me frustró que no me *funcionara* la solución que encontré en dicha página.

我在该网页找到的解决办法没能解决我的问题，真扫兴。

⑥⑦ Me molesta la violencia. Me horroriza que *maten* a los inocentes.

我讨厌暴力。无辜者惨遭杀害，令我毛骨悚然。

⑥⑧ ¿Le horroriza que millones de personas *pasen* hambre cada día?

每天都有千百万人挨饥受饿，这让您感到恐怖吗？

⑥⑨ Le indigna que *haya* quienes usen los puestos públicos para enriquecerse.

有人以权谋私、权钱交易，他为之愤慨。

⑦⓪ Me indigna que a mí me *pregunten* constantemente por ese tema.

他们老是问我这方面的问题，这让我很恼火。

⑦① Me maravilla que todas las opiniones *sean* positivas.

所有意见都很有用，这让我很高兴。

⑦② Le molesta que los chicos no lo *traten* con respeto.

孩子们不尊敬他，这让他很难受。

⑦ Me molesta que en esta copa los árbitros *dejen* pegar tanto. No estoy diciendo que sean malos, pero deberían cuidar más a los jugadores.

这届杯赛裁判员任由球员动作粗野，我看不过眼。我不是说裁判员没水平，而是认为他们应该爱护球员。

⑦ Si a muchos de los que se encuentran allí les molesta que uno les *pida* informes, entonces ¿para qué están allí?

要是在那里的人大部分都讨厌有人向他们咨询，那他们呆在那里是干什么的？

⑦ Nos molesta que los empleados *usen* el teléfono para sus llamadas personales.

我们讨厌员工用公司电话处理私事。

⑦ Nos molesta que no *haya* una estación de trenes cerca de la universidad.

我们讨厌大学附近没有火车站。

⑦ Me revienta que me *saquen* en las revistas con mi novio porque repercute en mi imagen y mi trabajo.

我跟我男友的相片被刊登在杂志上，这让我一肚子气，因为这不仅有损我的形象，而且还影响我的工作。

⑦ Me revienta que *hablen* cuando interrumpo.

我插话的时候他们还在讲，这让我气得要命。

⑦ Al vecino de arriba le revienta que yo *deje* crecer mi barba.

我留着大胡子，这让楼上的邻居看不顺眼。

⑧ Le sorprende que su carta no *haya producido* en su ánimo ningún efecto.

他那封信并没有影响她的情绪，这让他感到惊讶。

⑧ Me sorprendió que *hubiera podido* identificarme entre tanta concurrencia.

我真没想到他居然能在这么多人当中认出我。

⑧ Me sorprendió que le *dieran* el León de Oro en el Festival de Venecia.

我真没想到他能在威尼斯电影节荣获金狮奖。

⑧ Le sorprendió que el avión *cayese*.

他真没想到飞机会掉下来。

⑧ A los científicos les sorprendió que los monos *demostraran* cierto sentido de justicia.

科学家们没想到猴子居然能表现出某种正义感。

⑧ Nos sorprendió que no *fuera* elegido en la primera ronda.

我们没想到他在第一轮选举中落选。

⑧ Estoy cansado de que siempre *digan* que Windows es un sistema mucho más inseguro.

他们老说Windows是更不安全的系统，我已经听腻了。

⑧⑦ Estoy cansada de que todos *vengan* a pedir y nadie a dar.

来的人都是找我要东西，而不是给我东西，这让我烦透了。

⑧⑧ Nos hemos cansado de que encima se nos *llame* ladrones.

这还不算，还把我们叫作贼，这让我们烦透了。

⑧⑨ Las chicas nos hemos cansado de que se *diga* que el deporte es de chicos.

一个个都说运动是男孩子的事，我们女孩子都听腻了。

⑨⓪ Me avergoncé de que mis lágrimas no *se esperaran* hasta que estuviera en mi cuarto encerrada sin que nadie me viera.

还没到等我把自己锁在房间里、没有人看见的时候，我的眼泪就流了出来，我为此感到羞愧。

⑨① Me avergoncé de que se lo *hubiera explicado*.

我为跟他解释而感到羞愧。

⑨② Nos hartamos de que nos *manipularan*.

被操控在别人手中，我们感觉受够了。

⑨③ Estamos hartos de que los vendedores ambulantes *ocupen* sitios que son dedicados para que la gente camine.

我们讨厌流动商贩占用人行道摆摊。

⑨④ Estoy harto de que mis padres no me *hagan* ni caso.

我父母不理我，我感觉受够了。

⑨⑤ Estoy harto de que la impresora se *trague* las hojas cada dos o tres días.

这打印机三天两头就吃纸，真是烦透了。

⑨⑥ Nos contentamos con que nos *dejen* un poco en paz para poder dedicarnos a nuestras labores.

能让我们稍微安静一点做我们自己的事情，我们就满足了。

⑨⑦ Pero me contento con que me *vengas* a ver de cuando en cuando.

你能偶尔来看看我，我就心满意足了。

⑨⑧ Se contenta con que sus padres *crean* que ella es feliz.

她父母相信她过得幸福，她就满足了。

⑨⑨ Él se conforma con que la editorial *publique* su libro.

出版社能给他出版那本书，他就心满意足了。

⑩⓪ Me conformo con que no me *desprecien*.

大家不会看不起我，我就心满意足了。

⑩① Si no te conformas con que *canten* los famosos, tienes también la opción del karaoke.

如果听歌星唱歌你觉得不过瘾，你自己也可以唱卡拉OK。

⑩ La competencia es cada día mayor. El cliente tiene "opciones" y ya no se conforma con que lo *atiendan*.

竞争越来越激烈。顾客的要求高了，他们已经不满足于一般的接待了。

⑩ Me arrepentí de que mi acción le *dañase*.

我为我的举动伤害了他而感到十分后悔。

⑩ No me arrepiento de que *seas* tú la mujer de la cual me he enamorado.

我爱上的人是你，我不后悔。

⑩ Ahora se arrepiente de que la *hayan visto*.

她现在后悔被他们看见了。

⑩ Lamento que ellos dos se *hayan alejado* del club.

他俩离开了俱乐部，我感到很遗憾。

⑩ Lamentamos que nuestro reportaje *esté* equivocado.

我们的报道有误，我们对此表示抱歉。

⑩ Me lamento de que no *hayamos sido* capaces de evitar ese accidente.

我们没能避免此次事故，我感到很遗憾。

⑩ Hoy nos lamentamos de que 16 millones de africanos *estén* amenazados por el hambre.

当今一千六百万非洲人受到饥饿威胁，我们感到很遗憾。

⑩ Siento que te haya molestado la broma.

这个玩笑令你不开心，我感到十分抱歉。

⑪ Siento que te *haya ofendido*, no era mi intención.

伤害了你，真抱歉。我不是故意的。

⑪ Encima tuve que aguantar que los directores me *echaran* las culpas.

此外，我还要忍受领导的责怪。

⑪ No aguanta que nadie le *lleve* la contraria.

他不能容忍任何人跟他唱反调。

⑪ ¿Quién aguanta que tu pareja te *diga* que se ha enamorado de otra persona?

谁能容忍自己的伴侣说已另有新欢？

⑪ No nos resignamos a que el cambio social *se realice* sólo a pequeños pasos.

我们不能容忍社会变革步子太小。

⑪ No se atreve a enfrentar la realidad, y se resigna a que el pasado *se conserve* intacto en su memoria.

他不敢面对现实，心甘情愿让过去的一切完整地留在记忆中。

⑪ No se resigna a que su empresa *siga* hundiéndose.

他不甘心看着自己的企业走下坡路。

⑱ Se queja de que sólo *destaquen* los defectos y poco las virtudes.

他埋怨他们尽是谈缺点，很少谈优点。

⑲ Ella se queja de que *dejen* los platos sobre la mesa cada vez que comen algo.

她埋怨他们每次吃完东西就把盘子扔在桌子上。

⑳ Yo mismo me maravillo de haberlo hecho, lo confieso, y me maravillo de que nadie lo *haya realizado* antes que yo.

说真的，我为我自己做了这件事而惊叹。我惊叹的是，我是第一个做成此事|的人。

㉑ Nos horrorizamos al ver el daño que han sufrido y nos maravillamos de que *hayan podido* sobrevivir.

看到他们遭此一劫，我们感到毛骨悚然。结果他们大难不死，真是奇迹。

㉒ Aplaudimos que la organización mundial de la salud *haya llamado* a los gobiernos de todo el mundo para declarar guerra al tabaco.

世界卫生组织号召各国政府向烟草宣战，我们为此拍手称快。

㉓ Celebro que *hayamos vivido* esta experiencia.

我们有此经历，真是值得庆贺。

㉔ Los sanitarios celebran que se *prohíba* fumar en el trabajo.

医务人员对上班时禁止吸烟的做法拍手称快。

㉕ Celebramos que finalmente *se haya firmado* el contrato.

终于签订了合同，我们感到很高兴。

㉖ Odio que *movilicen* a la gente para sus intereses.

我讨厌他们让下属为自己办私事。

㉗ Odio que me *cambien* las cosas de lugar en mi recámara.

我讨厌别人挪动我卧室里的东西。

㉘ Sé que mamá odia que la perra *se suba* al sillón porque lo llena de pelos.

我知道妈妈讨厌小狗跳到沙发椅上，因为它会把椅子弄得都是狗毛。

㉙ Perdona que te *esté* hablando de esta manera.

请原谅我用这种方式跟你说话。

㉚ Perdona que te *haga* una pregunta un poco personal. En el caso de que tengas pareja, ¿le llamas?

请原谅我向你提一个私人的问题。要是你有对象的话，你还会打电话给他吗？

⒀ Perdone que le *cuente* esto, pero estoy muy desesperado, necesito que alguien me ayude.

请原谅我跟您讲这件事。我实在是太失望了，需要有人帮助。

⒀ Ellas tendrán que sufrir que *tengamos* una hora más para beber.

她们也只能无奈地等我们再喝一个小时。

⒀ No puede sufrir que cuando va por la calle, unas miradas curiosas, a veces ofensivas, *se fijen* en ella.

她上街的时候，有的人用充满好奇甚至是不友好的目光盯着她，这让她受不了。

⒀ La buena educación no puede sufrir que *se tenga* el cuello desnudo y al descubierto; quiere más bien que se use corbata en público.

受过良好教育的人看不惯有人裸露脖子。他们觉得，在公众场合还是戴领带为好。

⒀ Se puede tolerar que el café *sea* más caro que hace diez años y tenga menos aroma. Se puede tolerar que el cacao soluble *sea* cada vez menos soluble y con menos cacao. Sin embargo no se puede tolerar que un artículo *pierda* la capacidad de entretener.

咖啡比10年前贵而且没那么香可以忍受，速溶可可越来越不容易溶化而且越来越没可可味可以忍受。但是一篇文章如果没有趣味性，那是绝不可以忍受的。

⒀ Tenemos que soportar que las personas que amamos no siempre nos *amen*.

我们所爱的人并非总爱我们，但我们也得忍受。

⒀ ¿Por qué tenemos que soportar que nos *traten* como esclavos?

他们把我们当作奴隶，我们为什么要默默承受呢？

⒀ No soporto que siempre *tenga* que llevar ella la razón cuando discutimos y que *tenga* que decir la última palabra.

我们每次争论，总是她有理、她说了算，我受不了。

⒀ Me he acostumbrado a que vuestra música me *acompañe* y por supuesto me gusta.

我已经习惯听你们的音乐，所以我当然是喜欢的。

⒀ ¿Acaso estás acostumbrado a que te *insulten*?

难道你对别人的侮辱已经习以为常了吗？

⒀ Son hijos únicos y están acostumbrados a que su mamita *ande* detrás de ellos.

他们是独生子女，已经习惯让妈妈跟着自己的屁股后面转。

⒀ Está acostumbrado a que le *lleven* el desayuno a la cama.

他已经习惯让别人把早餐送到床边。

⒀ Le fastidiaba que aquellos señoritos de buena cuna *invadiesen* su territorio.

他讨厌那些纨绔子弟霸占他的地盘。

⑭ Me enfadaba que *aceptara* la injusticia con tanta tranquilidad.

她如此逆来顺受，我感到很生气。

⑭ Me da rabia que *corra* más rápido que yo.

他跑得比我快，我气得要命。

⑭ Le fascinaba que su novio le *susurrara* algo bonito cuando paseaban por la playa.

在海边漫步时，男友在她耳边甜言蜜语，她为此心花怒放。

⑭ Me aborrece que en los tiempos en los que estamos *se siga* hablando de esas cosas.

我讨厌在我们这个时代还讨论这些东西。

⑭ Me aborrece que siempre *haya* alguien con la mirada puesta en el dinero.

我讨厌总是有人向钱看。

⑭ ¿En serio te aborrece que *pidan* que ETA deje de matar?

你真的讨厌有人提出要"埃塔"停止杀人吗？

⑮ Me fastidia que los conferenciantes *hagan* comentarios estúpidos.

我讨厌演讲者妄加评论。

⑮ Nos reprocha que *tomemos* esta actitud.

他指责我们采取的这种态度。

⑮ A veces se nos reprocha que *critiquemos* al Gobierno.

有时候有人会指责我们批评政府。

⑮ No te reprocho que *seas* un imbécil.

我并非骂你是一个草包。

⑮ Me reprocha que no *haya querido* hacerle nada.

他骂我不愿意为他做任何事情。

⑮ Da pena que *desaproveches* así el tiempo.

你这样浪费时间，真令人难过。

⑮ Dice que le enorgullece que España *reconozca* los derechos de los homosexuales.

他说西班牙承认同性恋者的权利，令他感到自豪。

⑮ Me enorgullece que usted me *considere* como su amigo.

您把我当作朋友，我感到骄傲。

⑮ Me siento orgulloso de que en México *exista* gente como tú, que *haga* este tipo de cosas.

在墨西哥有像你这样做这种事情的人，我为此感到骄傲。

⑮ Nos enorgullece que les *gusten* nuestros productos y que los *usen* en sus reuniones.

大家喜欢我们的产品，而且开会也使用我们的产品，这让我们感到自豪。

⑯ Nos enorgullecemos de que ésta *sea* nuestra patria.

这是我们的国家，我们为之骄傲。

⑯ Estoy orgulloso de que me *miren* con lupa.

有人仔细打量我，我感到自豪。

⑯ Después de todos esos años, estoy sumamente orgullosa de que *tengamos* un futuro feliz.

经历过那些岁月之后，我们的未来充满幸福，我为此感到十分自豪。

当动词是用自复形式，并通过介词与从句连接时，由于介词起到"缓冲"作用，从句谓语除了按规定使用虚拟式之外，还允许使用陈述式。使用陈述式时，表明说话者把着眼点放在从句所讲的事实上。这类词常见的有：alegrarse de、avergonzarse de、cansarse de、contentarse con、conformarse con、hartarse de、lamentarse de、quejarse de、resignarse a等。**例如**：

① El se queja de que *gana* muy poco.

他抱怨收入太少。

② Me alegro de que, por fin, *se ha resuelto* el problema.

问题终于解决了，我很高兴。

③ Me avergüenzo de que *vivimos* en una casa tan vieja.

我们住的房子如此破旧，我真惭愧。

④ El jefe se ha cansado de que *llegas* tarde todos los días.

你每天都迟到，上司已经拿你没办法了。

上述例句的从句改用陈述式，说话者显然是想强调从句所讲之事的真实性。因此，de que 可理解为 porque。**例如**：

① El se queja porque *gana* muy poco.

他收入太少，所以抱怨。

② Me alegro porque, por fin, se *ha resuelto* el problema.

我很高兴，因为问题终于解决了。

③ Me avergüenzo porque *vivimos* en una casa tan vieja.

我们住的房子如此破旧，所以我感到惭愧。

④ El jefe se ha cansado porque *llegas* tarde todos los días.

你每天都迟到，所以上司已经拿你没办法了。

当然，类似的说法主要出现在口语里，书面语言通常还是选用虚拟式居多（quejarse 一词例外）。此外，在口语里，这种从句改用陈述式的情况甚至蔓延到其他主句表达个人感受的句子。**例如**：

① Es un milagro que estos días no *ha subido* la gasolina.

最近几天汽油价格没有上涨，这真是一个奇迹。

② Fue una lástima que no *viniste* con nosotros a la playa.

你没跟我们一起去海滩，真遗憾。

③ Me consuela que, al menos, *han venido* todos.

至少大家都来了，我已经感到安慰了。

④ Me duele que ella no me *hace* caso.

她不理我，我很伤心。

⑤ Me molesta que no *se puede* entrar.

没法进去，真气人。

⑥ Me fastidia que no me lo *ha avisado* a tiempo.

他没及时通知我，真讨厌。

⑦ Se sentía orgulloso de que ya se *había ganado* un premio.

他为自己已经拿到一个奖项而感到自豪。

⑧ Se sorprendió de que nadie le *respondió* a su pregunta.

他没想到谁也没有回答他提的问题。

这类从句改用陈述式的句子，除了说话者强调从句所讲之事的真实性这一因素之外，还可以换一个角度去理解。那就是说话者想把从句所讲之事当作一个新信息传递给聆听者。当然，这毕竟是较为随意的说法。初学者知道有此现象就行，不宜随意模仿。

（2）说话者对从句所指的行为或情况表示好、对、不好或不对等个人看法或感受时，从句谓语用虚拟式。除了前面介绍过的 ser bueno（好）、ser malo（不好）、estar bien（对）、estar mal（不对）等词组外，这方面常见的词还有：agradable（令人愉快的）、concebible（可以想象的）、cómodo（舒适的）、comprensible（可以理解的）、contraproducente（事与愿违的）、desagradable（令人不愉快的）、discutible（值得探讨的）、divertido（令人开心的）、emocionante（令人激动的）、envidiable（令人羡慕的）、estupendo（极好的）、estúpido（愚蠢的）、extraño（奇怪的）、extraordinario（非凡的）、fabuloso（神奇的）、fantástico（奇特的）、feo（难看的）、frecuente（经常的）、habitual（习以为常的）、horroroso（恐怖的）、impensable（不可思议的）、inadmisible（不可接受的）、incomprensible（不可理解的）、inconcebible（不可思议的）、increíble（难以置信的）、indignante（令人气愤的）、inimaginable（难以想象的）、injusto（不公正的）、interesante（有趣的）、intolerable（不能容忍的）、justo（公正的）、lamentable（令人遗憾的）、lógico（合乎逻辑的）、molesto（令人讨厌的）、maravilloso（奇妙的）、natural（自然的）、normal（正常的）、paradógico（自相矛盾的）、penoso（令人痛心的）、peligroso（危险的）、peor（更糟的）、raro（罕见的）、razonable（合情合理的）、

repugnante（令人作呕的）、ridículo（滑稽的）、significativo（有意义的）、sorprendente（令人吃惊的）、terrible（可怕的）、tonto（愚蠢的）、tremendo（可怕的）、triste（令人悲伤的）、vergonzoso（丢脸的）等。**例如**：

① ¿Es bueno que mi hijo *consuma* botanas y refrescos?

我儿子喝开胃酒和冷饮没有问题吗？

② Es bueno que los niños *sean* activos.

孩子们有积极性是好的。

③ No es bueno que la tierra *se seque* completamente entre riego y riego.

不要等泥土干裂之后才再次浇水。

④ Nunca es bueno que la maceta *esté* situada dentro de un recipiente con agua.

不宜把花盆置于一个有水的容器里。

⑤ Es bueno que *recuerdes* que el corazón es la bomba que abastece a tu cuerpo.

你应该记住，心脏是给你全身输送血液的泵。

⑥ No es bueno que el perro *se quede* solo. El perro es la gran compañía del hombre. Pero si se lo deja solo se irrita, sufre falta de apetito y se daña a sí mismo.

狗是不宜孤单的。狗是人类的忠实朋友，但如果让它独自呆着，它会生气，没有食欲，还会自残。

⑦ ¿Por qué es malo que dos personas del mismo sexo *se casen*?

为什么两个同性者结婚不好？

⑧ Es malo que los chicos *miren* tanto tiempo la televisión.

小孩子不宜长时间看电视。

⑨ ¿Es malo que el niño *comparta* por mucho tiempo el dormitorio matrimonial?

孩子不宜长时间与父母同住一间卧室吗？

⑩ Es malo que *conduzcas* tan rápido.

你开车开得这么快不好。

⑪ Está bien que *preguntes* a María por qué no puede caminar. Pero también está bien que ella *diga* que no quiere hablar acerca de eso.

你问玛丽亚为什么不能行走是对的。但是她说不想提此事也是对的。

⑫ Está bien que la gente *se ilusione*.

人有幻想是件好事。

⑬ Uno de cada tres mexicanos opina que está bien que los hombres *ganen* más que las mujeres, aunque hagan exactamente la misma actividad.

每3个墨西哥人就有1个认为，虽然是干同样的活，但男人的收入应该比女人的高。

⑭ Está bien que *quieras* disfrutar de tus años adolescentes y que te *diviertas* lo más que puedas.

你想趁青春年少好好享受，尽情玩耍，这是对的。

⑮ No está mal que un ministro *hable* con terroristas presos.

让一个部长跟被关押的恐怖分子谈，这没有什么不好。

⑯ Los estudiantes dirán que está mal que los *obliguen* a leer y a estudiar.

学生们会说，不应该强迫他们看书学习。

⑰ Dijeron que está mal que los padres u otros adultos *golpeen* a los niños. ¿Piensas que está mal que un adulto *golpee* a un niño?

他们说父母或其他成年人打孩子是不对的。你认为一个成年人打孩子是错的吗？

⑱ No esta mal que *busques* información por Internet para resolver un trabajo.

你在互联网上找资料解决工作中的问题，很不错。

⑲ Es increíble que por ser "gorda" se le *niegue* el seguro de vida.

她因为"肥胖"而被拒绝买人生保险，真是令人难以置信。

⑳ Es intolerable que *crezca* la desigualdad económica.

贫富差别越来越悬殊，这是不能容忍的。

㉑ Es inadmisible que esa información *sea* considerada como secreta.

那份报告被视为秘密情报，那是令人无法接受的。

㉒ Es agradable que clubes como Real Madrid y Barcelona te *quieran*, pero deseo quedarme en el Liverpool.

像皇家马德里和巴塞罗那这样的俱乐部看中你，这是令人开心的事。不过，我还是希望能留在利物浦队。

㉓ No es agradable que la madre de un alumno te *acuse* de malos tratos a su hijo.

一个学生的母亲告你虐待她的孩子，那可不是件好受的事。

㉔ Le he dicho que yo también puedo hacerlo sola, pero que de vez en cuando es agradable que te *ayuden*.

我告诉他，这件事我自己一个人也可以做，但是偶尔有人帮忙也是件快事。

㉕ Quizá para muchos padres es cómodo que los niños *pasen* su tiempo libre frente a la tele, pero también deben saber que puede influir en las notas de final de curso.

也许对很多家长来说，让孩子们在课余时间看看电视是挺好的。但是他们应该知道，这对期末成绩会造成影响。

㉖ Nunca es cómodo que alguien *se burle* de las creencias propias, por muy equivocadas que estén.

即使你的信仰大错特错，但是被人取笑，心里一定不舒服。

㉗ Es cómodo que todo te lo *den* hecho y que sea gratis.

你需要的一切都是现成的，而且不需要花一分钱，那是很痛快的。

㉘ Es comprensible que *haya* respuestas muy diferentes.

大家的回答五花八门，那是可以理解的。

㉙ Es comprensible que mientras usted intenta solucionar los problemas de vivienda, *quiera* dejar a sus niños con algún familiar o con amigos.

您为了解决住房问题而希望暂时把孩子托付给家人或朋友，这是可以理解的。

㉚ Es contraproducente que los alumnos españoles *rehúyan* a los estudiantes extranjeros, pues la sociedad en la que viven hay inmigrantes.

西班牙籍学生排斥外国学生只会适得其反，因为他们是生活在一个有移民的社会里。

㉛ Es desgraciado que en el idioma ordinario la palabra "creatividad" *se aplique* a menudo a la creatividad artística.

在我们日常的语言当中，"创造力"一词往往只是指艺术创作力，真令人悲哀。

㉜ Es desgraciado que *haya* gente que mate a otros porque no tenga las mismas ideas.

有人因为别人的思想与自己的不同而把别人杀掉，真悲哀。

㉝ Es desagradable que te *llegue* el humo del cigarrillo mientras estás comiendo.

吃饭时被迫吸入二手烟，这会令你很讨厌。

㉞ La cosa no era para tanto y realmente es desagradable que de cualquier cosa como ésta *se haga* todo un escándalo.

其实没必要这样。因这一点点小事就大吵大闹，真扫兴。

㉟ Es divertido que mi amigo *haga* ese personaje.

我朋友扮演这个角色，真有趣。

㊱ Es divertido que *comenten*, y a mí me encanta contestar siempre que no sean tonterías.

大家你一言我一语，真有意思。只要不是傻话，我都很乐意回答。

㊲ Es emocionante que te *llegue* una carta de un amigo o un familiar, directo de su puño y letra.

收到朋友或家人的亲笔信，那是一件令人兴奋的事。

㊳ Lo jugué un poco más ayer y cada día me gusta más. Realmente es emocionante que te *estén* disparando mientras corras y busques una salida. Todo eso te hace sudar.

我昨天又玩了一会。现在越来越喜欢玩了。在枪林弹雨中，你要左躲右闪寻找出路，真刺激。这会让你大汗淋漓。

㊴ Es envidiable que su restaurante *esté* siempre lleno de gente.

他的餐厅总是坐满了人，真令人羡慕。

㊵ Es envidiable que *seáis* una pareja tan unida y tan llena de amor. Hoy en día la verdad que no es fácil ver algo así.

你俩形影不离、情意绵绵，真令人羡慕。说实话，现在已经很难见到像你们这么恩爱的了。

㊶ Es estupendo que *dediques* tanto tiempo a los demás, pero de vez en cuando no estaría mal que reservaras un poco para ti.

你投入这么多时间去帮助别人，真是难能可贵。不过，有时候你也应该给自己留一点时间。

㊷ Si usted está leyendo esto es porque de alguna manera está pensando en dejar de fumar. ¡Es estupendo que esto *ocurra* y que *se lo proponga* a la brevedad!

如果您现在在阅读此文，说明您有意愿戒烟，这是难能可贵的。希望您尽快下决心戒烟！

㊸ Es estupendo que cualquiera *pueda* publicar una página Web.

谁都可以开设一个网页，真好。

㊹ Debes alejarte, ya que es estúpido que *sigas* empujando esa roca, nunca la vas a mover.

你还是走吧，那块大石你是推不动的。你还在那里推，真傻。

㊺ Es estúpido que *viajes* con esa mochila tan pesada.

你背着这么重的背囊旅行，真傻。

㊻ La verdad, no es extraño que cada vez *tenga* más problemas de salud el ser humano.

说实话，人类的健康问题越来越多，这不奇怪。

㊼ Es extraño que algunas cosas que las hacemos muy fácilmente en ciertas circunstancias, *se tornen* tan difíciles en otras circunstancias.

真奇怪，有些事情有时候做起来得心应手，有时候却是如此棘手。

㊽ ¡Qué extraño que un hombre tan inteligente como tú *haga* este tipo de preguntas estúpidas!

一个像你这么聪明的人竟然提出这种愚蠢的问题，真奇怪！

㊾ ¡Qué raro que todo *esté* en desorden! Seguro que mamá se ha quedado dormida o tal vez fue a la calle y aún no regresa.

到处都乱七八糟，真少见！肯定是妈妈睡着了，要不就是她去逛街了，还没回来。

㊿ Realmente es raro que un envío certificado *se pierda*.

挂号的邮件居然给寄丢了，真少见。

51 Si uno padece del sonambulismo, no es raro que a la mañana siguiente se *despierte* en otros lugares.

如果有人患梦游症，第二天醒来时发现自己在其他地方是不稀奇的。

(52) No es raro que un niño al que le están saliendo los dientes *muerda.*
一个正在长牙齿的小孩喜欢咬东西，这不稀奇。

(53) Es extraordinario que muchos de nuestros cultivos modernos *hayan sido* desarrollados por personas que no conocían las bases científicas del fitomejoramiento.
我们现在许多农作物都是由不懂植物优生学基础知识的人培育出来的，真不简单。

(54) Es extraordinario que estos objetos *se preserven* tantos años.
这些物品能够保存这么多年，真了不起。

(55) Es fabuloso que él *vaya* a ser el invitado de honor en el concierto.
他能当音乐会的特邀嘉宾，真了不起。

(56) Es fabuloso que *exista* una página con tanta información valiosísima.
一个网页能有如此丰富和有价值的信息，真棒。

(57) La hospitalidad y la simpatía de los nativos me dejó un tanto aturdido: es fabuloso que allí por donde vas te *saluden*, o que te *regalen* frutas.
我真没想到那里的人会如此热情好客：所到之处都有人向你问好或者给你赠送水果，真好。

(58) Es frecuente que *se quiera* devolver el préstamo antes de su término normal de manera total o parcial.
现在经常有人想在贷款期满之前就完全或部分还贷。

(59) Es frecuente que para su curación *se precise* una escayola o un vendaje que mantenga la muñeca en reposo unos días.
医治这种伤，常常需要用石膏或绷带固定手腕几天。

(60) Es muy común que los niños de hoy *permanezcan* largo rato cerca del televisor.
现在的小孩经常长时间待在电视机旁。

(61) Es muy común que los hijos *vivan* en casa de sus padres hasta el día que se casan.
在结婚之前，孩子们一般都是住在父母家里。

(62) En el occidente es muy común que las personas *se saluden* con un beso en la mejilla.
西方人见面问好，一般都会相互吻脸颊。

(63) En China es muy común que se sirvan de 10 a 20 platos. Por eso es importante no comer demasiado en los primeros platos para poder probar un poco de cada uno.
在中国吃饭，一般都会上10至20道菜。所以前几道菜千万别多吃，这样才能每道菜都尝一点。

(64) Es habitual que los usuarios *empleen* las páginas de la biblioteca como medio para acceder a las informaciones que sean de su interés.
互联网用户经常会利用图书馆的网页查阅自己所需的资料。

(65) Si tu monitor tiene ya un grado de uso importante, es habitual que el tubo *tarde* más en encenderse y alcanzar su grado óptimo de funcionamiento.
如果你的显示屏使用时间已经很长了，开机时显像管往往要很久才能正常显示。

(66) Es habitual que un usuario que se conecta desde su hogar *tenga* una dirección IP que cambia cada cierto tiempo.
从家里上线的互联网用户一般都是用一个非固定的IP地址。

(67) Es horroroso que una sola persona *pueda* disponer a su antojo del destino de un pueblo.
一个人就可以随意主宰一个民族的命运，真可怕。

(68) Es horroroso que te *dejen* con la palabra en la boca.
有人没等你把话说完就扬长而去，真过分。

(69) Es horroroso que los homosexuales *se casen* y que estén pensando en ser padres.
同性恋者结婚，而且还打算当父母，真可怕。

(70) Es impensable que España no *logre* clasificarse para la copa del mundo de 2006.
西班牙没能打进2006年世界杯足球赛，真是无法想象。

(71) Es impensable que la energía solar *supla* todas las necesidades de una vivienda.
太阳能居然可以满足一个住宅所有的用电需求，真不可思议。

(72) Es inadmisible que *se produzcan* tantas muertes y casos de discapacidad como consecuencia de las amputaciones.
截肢手术令这么多人丧命或变成残疾，这是令人无法接受的。

(73) Es inadmisible que un niño *sufra* o *muera* a causa de una enfermedad prevenible.
一个孩子因可预防的疾病而受折磨甚至死亡，这是令人难以接受的。

(74) Es inadmisible que la imagen *esté* llena de defectos o el sonido esté lleno de ruido.
图像一塌糊涂，声音全是杂音，这是令人无法接受的。

(75) Es indignante que en nuestro país *se den* actos de violencia de esa magnitud.
我们国家发生如此大的暴力事件，真令人气愤。

(76) Es indignante que por ser pobres no *tengan* cuidados sanitarios.
有人因为贫穷而得不到治疗，真令人气愤。

(77) Es preocupante que un día después de las elecciones *llegue* una profesora a un colegio contando orgullosa que votó en blanco.
一名教师居然在大选后的第一天回到学校就自豪地说投了空白票，真令人担忧。

(78) Es preocupante que no *logre* conciliar el sueño sino a través de la medicación.
现在只能靠药物才能入睡，我真担心。

⑦⑨ En definitiva en una sociedad de mercado es inimaginable que *pueda* existir actividad periodística sin la presencia del capital privado.

总而言之，在一个市场经济的社会里，没有私有资本介入，新闻工作就难以为继。

⑧⓪ Es injusto que ella *pida* a los otros empleados que limpien los pisos y vacíen el envase de basura si ella misma no hace estas tareas.

叫别的员工扫地倒垃圾，她自己却什么都不做，那是没道理的。

⑧① Es injusto que *eche* la culpa a los demás.1）

他没理由把责任推到别人头上。

⑧② Es terrible que mi amor no *sea* correspondido, como tiene que ser, y eso hace que mi vida sea horrible.

可恨的是我的爱得不到应有的回应，所以我的生活也就变得一塌糊涂。

⑧③ Ahora está ingresada en el hospital y dicen que le quedan muy pocos días de vida. Es terrible que algo así le *pase* a una chica que ni ha cumplido los treinta.

她现在住在医院，据说不久于人世。一个还未满30岁的女孩发生这种事，真可怕。

⑧④ Es terrible que las cosas *sucedan* así.

事情居然是这样的，真可怕。

⑧⑤ Es terrible que *haya* padres con esta actitud.

居然有家长持这种态度，真可怕。

⑧⑥ Es terrible que las farmacéuticas *sean* tan miradas con el dinero.

制药行业这么看重金钱，真可怕。

⑧⑦ Es increíble que todo lo que pasa *suceda* en unos cuantos minutos.

这一切均发生在短短几分钟内，真令人难以置信。

⑧⑧ Es increíble que en tan poquito tiempo me *hayas llenado* de tanta dicha y tanta ilusión.

真不敢相信，才这么短时间你就让我感到如此快乐、充满幻想。

⑧⑨ Es increíble que pensando que estás muy lejos te *sienta* tan cerca.

真不敢相信，心里想着你身在远方，反而感觉你就在眼前。

⑨⓪ Es increíble que te *hayas hecho* tan rico en tan poco tiempo.

你在这么短的时间里就变得如此富有，真是难以置信。

⑨① Han invertido mucho en la finca y es justo que *puedan* obtener un beneficio.

他们给庄园投入了很多资金，所以获得一点利润是应该的。

⑨② No es justo que muchos *mueran* por causa del hambre.

很多人死于饥饿，这是不公平的。

(93) No es justo que algunos *ganen* y *gasten* tanto dinero mientras otros no tienen nada.
有些人收入那么高，而且花费惊人，可是有些人却一无所有，这不公平。

(94) Es lamentable que dos profesores se *insulten y agredan.*
两个老师对骂，甚至大打出手，真可悲。

(95) Es lamentable que nuestros poetas *editen* sus libros en otros países.
我们的诗人要在国外出版书籍，真可悲。

(96) Es lógico que *deseemos* llegar cuánto antes a nuestra meta final.
我们当然希望能够尽快实现我们的最终目标。

(97) Si alguien no tiene dinero para comprar música, es lógico que la *descargue.*
如果有人买不起唱片，那肯定就只能下载了。

(98) Es lógico que *haya* cosas que no entiendas.
有些事情你不明白，那是自然的。

(99) Es molesto que se *metan* en mi intimidad.
他们管我的私事，真讨厌。

(100) Es molesto que *se corte* la luz cuando un usuario de Internet está navegando por la red.
在互联网用户上网时断电，那是很讨厌的事。

(101) Ellos están felices por haber podido casarse. Es magnífico que cualquiera en este país lo *pueda* hacer con quien quiera.
他们能够结婚，所以他们很幸福。在这个国家，谁都可以跟自己喜爱的人结婚，真好。

(102) Es magnífico que *hayas llegado*, porque todos estamos desorientados.
你来了，真是太好了。我们大家都不知道该怎么办呢。

(103) Es maravilloso que te *voten* como uno de los mejores jugadores de Europa de los últimos 50 años.
大家都投你一票，推选你为50年来欧洲最优秀的球员，真是太棒了。

(104) Es maravilloso que en Francia el salario mínimo *sea* equivalente al 60% de la media de todos los salarios del país.
在法国，最低工资都能达到全国人均工资的60%，真了不起。

(105) Es maravilloso que toda esta información *esté* disponible y que los pacientes *puedan* estar tan informados como lo deseen.
所有的这些信息都是公开的，而且病人想了解什么都可以，真是太好了。

(106) Es natural que *haga* frío en invierno.
冬天当然会冷。

⑩⑦ ¿Es natural que *exista* este tipo de personas?

有这样的人是正常的吗？

⑩⑧ Es natural que un padre o madre *proteja* a sus hijos.

父亲或母亲保护自己的孩子，那是自然的。

⑩⑨ ¿Es normal que *se entumezca* la mitad de mi cuerpo?

我半边身体麻木，算正常吗？

⑩⑩ ¿Hasta qué edad es normal que *llegue* por primera vez la menstruación?

初次来月经的年龄不超过多少岁才算正常？

⑪⑪ Es normal que *intenten* saber si eres una persona cualificada para acceder al puesto de trabajo.

他们想知道你是否具备应聘该工作岗位的职业技能，那是正常的。

⑪⑫ No es muy usual que los hombres *lean* revistas femeninas.

男人一般是不会看女性杂志的。

⑪⑬ Me pareció raro que él *llamara* a su padre por el apodo.

他叫他父亲外号，我感到惊讶。

⑪⑭ Es paradógico que en esta guerra *haya* periodistas y medios en todos los bandos.

这场战争有来自不同派别的记者与媒体，真不可思议。

⑪⑮ Es paradógico que los presupuestos militares *hayan duplicado*.

军费预算翻了一番，真荒谬。

⑪⑯ Es paradógico que al aumentar el salario *se eliminen* las oportunidades de empleo.

工资一涨，就业机会就少了，真荒谬。

⑪⑰ Es penoso que *siga* habiendo personas que piensen como tú.

还有人像你这样想，真遗憾。

⑪⑱ Es penoso que nuestros jugadores no *se hayan* ganado más medallas en los Juegos Olímpicos.

我们的运动员在奥运会上没能多拿金牌，真遗憾。

⑪⑲ Es penoso que una persona *se engañe* a sí misma diciendo "yo no veo esas cosas" y después no *se pierda* ni un programa.

做人要自己骗自己，口头上说"我不看这些东西"，说完之后却一个节目也没少看，真痛苦。

⑫⑩ ¿En qué medida es peligroso que a uno le *salgan* nuevos lunares y que estos *crezcan*?

身上新长出的痣变大到什么程度是危险信号？

⑫① ¿Es peligroso que los bebés *usen* cadenitas?

婴儿佩戴项链会有危险吗？

⑫ ¿Es peligroso que mi hijo *tenga* fiebre por varios días?

我的孩子好几天都在发烧，会有危险吗？

⑬ No es razonable que *dejemos* encerrado en casa a nuestro hijo de doce años durante todo un fin de semana.

孩子已经12岁了，我们整个周末都把他关在家里，这不好。

⑭ En el caso de que seamos superiores, ¿es razonable que *aprovechemos* esa superioridad para explotar a los inferiores?

如果我们比别人强大就以强凌弱，这说得过去吗？

⑮ Es repugnante que una televisión *pueda* emitir esas imágenes.

电视播放的这些画面，真恶心。

⑯ Es repugnante que *aparezcan* anuncios de productos en los pasillos de la biblioteca.

在图书馆的走廊张贴产品广告的行为，真令人作呕。

⑰ Es repugnante que *diga* tantas barbaridades en su discurso.

他的报告净是胡言乱语，真令人反感。

⑱ Es doloroso que *mueran* cada día tantas personas por falta de atención y medicina.

每天都有这么多人因缺医少药而死去，真令人痛心。

⑲ Es doloroso que tantos niños *queden* sin educación.

这么多孩子不能上学，真令人痛心。

⑳ Es doloroso que los empresarios hoteleros *hayan llegado* a la conclusión de que es más rentable cerrar que seguir operando, debido al costo de la energía eléctrica.

根据电费问题，宾馆业人士得出的结论是继续营业不如关闭划算，真令人痛心。

㉛ Es ridículo que *haya* gente que va a misa y no pone atención. Entonces ¿para qué van?

有人去做弥撒，却心不在焉，真滑稽。他们到底去干什么？

㉜ Es ridículo que la asignatura de religión *valga* para nota.

宗教课程也算成绩，真滑稽。

㉝ Es ridículo que *estemos* discutiendo esto, es como discutir si esta pared es blanca.

我们为这种问题争论，真可笑。这等于在争论这个墙壁是不是白色的。

㉞ No es sorprendente que los trabajadores no sindicalizados con frecuencia *sean* víctimas de arbitrariedad e injusticia en sus empleos.

没加入工会的人在工作上经常受到专横和不公平对待，这不稀奇。

㉟ Son más de 200 los distintos virus que pueden producir un resfriado, así que no es sorprendente que los niños lo *tengan* con frecuencia.

可以引起感冒的病毒有200多种，所以小孩子经常感冒并不奇怪。

⑱ Es triste que no *podamos* hacerles preguntas directas a nuestros candidatos. Para mí, eso es un fracaso.

我们不可以直接向候选人提问题，真悲哀。我看这是一大失败。

⑲ Es triste que te *roben* así y *den* al traste con todo tu trabajo.

这样被人偷窃，弄得你所做的一切前功尽弃，真悲惨。

⑱ Es triste que *haya* quien sólo va al teatro en fiestas.

有人只是过节才去看戏，真可怜。

⑲ Es triste que un deporte *desencadene* en una situación violenta.

一项体育赛事以暴力冲突收场，真令人伤心。

⑭ Es triste que no *se haya podido* salvarlos a todos.

没能救出所有的人，真令人痛心。

⑭ Es vergonzoso que *nos olvidemos* de los problemas que hemos creado.

我们居然会忘记自己惹的麻烦，真丢脸。

⑭ Es vergonzoso que en Madrid aún no *haya* un restaurante chino auténtico y excepcional.

马德里现在还没有一家名副其实的、响当当的中国餐馆，真丢人。

⑭ Es vergonzoso que *estén* vendiendo pisos nuevos a más del doble de lo que costaron.

他们以成本价两倍的价格出售新房子，真羞耻。

⑭ Es vergonzoso que en el siglo XXI aún *haya* gente que tenga que pelear por comida.

在21世纪居然还有人为填饱肚子而拼搏，真耻辱。

⑭ Es significativo que ambas partes *hayan llegado* a un acuerdo.

双方已经达成一致，这是很有意义的。

⑭ Es significativo que *sea* una mujer quien desempeñe esa misión.

执行该任务的是一名女子，真不简单。

⑭ Es significativo que los primeros testigos de este éxito *sean* unas mujeres.

最先见证这一成果的是几位女士，真了不起。

⑭ Es significativo que *hayamos sido* capaces de superar esas dificultades.

我们有能力战胜那些困难，这是很了不起的。

⑭ Es comprensible que un grupo de personas *piense* que Dios existe. También es comprensible que otros tantos no crean en nada de esto.

有些人认为存在上帝，这是可以理解的。有些人根本就不相信这种东西，这也是可以理解的。

⑩ No es comprensible que el embarazo *se vea* socialmente como una enfermedad. No es comprensible que la única "solución" que se les ofrezca *sea* el aborto.

在社会上，怀孕被视为一种疾病，真不可思议。有人提出，唯一的"解决办法"是流产，简直难以理解。

⑪ Es comprensible que el usuario no *recuerde* la contraseña del correo.

用户不记得自己邮箱的密码是可以理解的。

⑫ Es incomprensible que *haya* tráfico de personas en el siglo XXI.

21世纪还有贩卖人口的事，真不可思议。

⑬ Es incomprensible que *haya* gente que cargue la basura en sus vehículos.

居然有人用自己的车运载垃圾，真令人费解。

⑭ Realmente, es incomprensible que *haya* personas que pierdan su tiempo en maltratar a las personas.

竟然有人把时间消磨在虐待他人这种事情上，简直无法理解。

⑮ Es tremendo que a estas alturas dos cosas tan importantes como el derecho a morir dignamente y el suicidio asistido no *puedan* debatirse.

到了现在，安乐死和医生协助自杀这两件如此重大的事情还不允许讨论，真可怕。

⑯ Es tremendo que un alumno universitario no *entienda* lo que dice el profesor en clase, no *pueda* expresar una idea o tenga horrores de ortografía.

一个大学生，听不懂老师讲的课，无法表达自己的思想，或者书写错误一大堆，这就太离谱了。

⑰ Es feo que un jugador *se arrastre*.

身为球员，在地上爬是很难看的。

⑱ Me parece feo que *te quedes* sin respuesta.

我觉得你不予以答复是很不应该的。

⑲ Es feo que en un lugar donde se respira fútbol no *haya* nada de él.

在一个充满足球气息之地却看不到足球，这是很丢人的。

⑳ No es aceptable que ahora *vengan* diciendo que no.

他们现在说不干，那是不行的。

㉑ Es inaceptable que la población civil *sea* el blanco del conflicto.

居民成为双方冲突的靶子，这令人无法接受。

⑯ Es interesante que *haya* este tipo de información en Internet.

互联网上有这种信息，真有趣。

⑯ Es interesante que *haya escogido* el piano como su carrera profesional.

他选择钢琴作为自己的专业，真不错。

⑯ Es interesante que *haya* ahora dos mexicanos nominados a los Oscares.

目前已经有两位墨西哥人得到奥斯卡金像奖提名，真不错。

⑯ El profesor considera inadmisible que se lo *entregues así*.

你就这样交给老师，老师是不会接受的。

⑯ No obstante, es discutible que este acuerdo *pueda* denominarse como un verdadero acuerdo de libre comercio.

然而，这项协议能否被称之为真正的自由贸易协议，还值得讨论。

⑯ Es discutible que todos los hombres *sean* iguales de malos.

不见得所有男人都是一路货色。

⑯ Es discutible que dicha medida *resulte* acertada.

恐怕还不能说该措施得当。

⑯ Es discutible que la mayoría de las personas *creen* virus por vanidad.

不见得大部分人是为了虚荣而制造电脑病毒。

除上述情况之外，下列结构也常用于表达个人感受：

Es + un/una + sustantivo que...

¡Qué + sustantivo que...! (或省略感叹词Qué)

此类结构中常用的名词有：fastidio（厌烦）、lata（讨厌）、pena（伤心事）、vergüenza（丢脸）、costumbre（习惯）、suerte（运气）、delicia（乐事）、injusticia（不公平）、ventaja（优越性）、coincidencia（巧合）、barbaridad（荒唐）、error（错误）、sorpresa（惊讶）、tontería（愚蠢）、locura（神经病）、lástima（遗憾）、milagro（奇迹）、peligro（危险）、robo（抢劫）、horror（恐怖）、maravilla（棒）等。此外，短语da lo mismo que 或da igual que（都一样）也用于表示个人感受，其从句谓语也应该用虚拟式。**例如**：

① Tuvo la suerte de que le *atendiera* en seguida ese médico.

他很幸运，那位医生马上就给他看病了。

② Tuve la suerte de que *se presentara* una oportunidad y no la dejé pasar.

我有幸遇到了一个机会，那个机会我没放过。

③ Es un orgullo que nuestra empresa *haya conseguido* que los productos chinos tengan un lugar en el mundo.

我们企业使中国产品在世界上占有一席之地，真自豪。

④ ¡Qué bueno que *hayas podido* estar en la conferencia!

你最后还是去听了演讲，真好！

⑤ ¡Qué bueno que *hayas podido* solucionar el problema!

你终于把问题解决了，真好！

⑥ ¡Qué bueno que *hayas tomado* esa decisión!

你已经拿定主意，真好！

⑦ ¡Qué bueno que *hayas comprendido* mi posición!

你能理解我的立场，真好！

⑧ Qué bien que *hayas vuelto* a escribir y que te vayan tan bien las cosas!

你不仅重新写作，而且一切进展顺利，真是太好了！

⑨ ¡Qué bien que *hayas encontrado* ayuda!

你找到人帮忙了，真棒！

⑩ ¡Qué vergüenza que *utilices* un vocabulario tan vulgar!

你用词如此俗气，真丢人！

⑪ ¡Qué vergüenza que se la *hayan creído*!

诸位居然轻信了她的话，真丢脸！

⑫ ¡Qué vergüenza que *tenga* que llenarse el campo a base de entradas gratuitas!

居然要派发免费入场券才能填满看台，真丢脸！

⑬ ¡Qué lata que *se hayan separado*!

他俩分手了，真麻烦！

⑭ ¡Qué lata que *esté* lloviendo! No me gusta mucho cuando eso ocurre.

下雨了，真讨厌！我不太喜欢下雨。

⑮ ¡Qué lata que *creas* que Microsoft es un sistema operativo! En realidad es una empresa que desarrolla y distribuye softwares.

你以为微软是一个操作系统，真傻！其实，它是一个开发和发行软件的企业。

⑯ Es una lata que *tengamos* que volver tan pronto.

我们这么快就要回去，真讨厌。

⑰ Es una pena que en nuestro país también *se presenten* problemas de este tipo.

我们国家也有同样的问题，真遗憾。

⑱ Es una pena que él haya reaccionado así.

他作出这种反应，真遗憾。

⑲ El me dice: "Es una pena que ahora México sólo *exporte* tequila y tenores."

他跟我说："墨西哥现在只出口龙舌兰酒和男高音歌唱家，真遗憾。"

⑳ ¡Qué pena que la decisión ya *esté* tomada!

已经这样决定了，真遗憾！

㉑ ¡Qué pena que ese día no *estuvieras* con nosotros para ver el mar!

你那天没能跟我们一起去看大海，真遗憾！

㉒ ¡Qué pena que *muriese* tan joven!

他这么年轻就去世了，真遗憾！

㉓ El dice que da lo mismo que su próximo nieto *sea* niño o niña.

他说下一个是孙子还是孙女都无所谓。

㉔ Nos da lo mismo que *sea* niño o niña, le vamos a querer igual.

生男孩或女孩无所谓，我们都会同样喜欢。

㉕ Es un fastidio que *tengamos* que resolverte todos los problemas.

我们得帮你解决所有的问题，真讨厌。

㉖ Es rico que te *seduzcan* y es rico seducir, pero es un fastidio que te busquen todo el tiempo.

被人诱惑和诱惑别人都是很痛快的，但讨厌的是一天到晚都有人缠着你。

㉗ Es un fastidio que en un bloque de pisos de diez plantas *se vaya* de repente la luz, porque puede quedarse alguien en el ascensor.

在一座10层高的大楼里突然停电是很讨厌的事，因为电梯里可能还有人。

㉘ Qué fastidio que tus amigos te *fallen* en momentos claves.

朋友在关键时刻把你甩了，那是很讨厌的。

㉙ Qué fastidio que una cosa tan simple *haya originado* ese desenlace.

这么简单的事情结果弄成这样，真讨厌。

㉚ Da lo mismo que *coma* verduras o no.

他吃不吃蔬菜无所谓。

㉛ Fue una locura que *te metieras* en el metro por la noche.

你居然在夜间坐地铁，简直是疯了。

㉜ Es una sorpresa que *hayas venido* tan pronto.

真没想到你这么快就来了。

㉝ En China es costumbre que los familiares *se reúnan* para comer el día del medio otoño.

中秋节吃团圆饭是中国人的习俗。

㉞ Hay que considerar que es costumbre que las personas *se nieguen* a la primera invitación, para determinar la sinceridad de la misma.

面对别人的第一次邀请，由于对邀请者的诚意不了解，人们往往会谢绝。这一点必须考虑。

㉟ No era costumbre que en la Habana una muchacha *fuera* sola al cine.

在哈瓦那，一个女孩子独自去电影院是很少见的。

㊱ En aquellas comidas a que asista su Excelencia, el Presidente de la República y señora, es costumbre que los dueños de casas *cedan* sus lugares a éstos.

有总统阁下及其夫人参加的私人宴会，主人通常会把自己的位置让给他们。

㊲ ¡Es una lástima que *pierdas* el tiempo en una cosa tan inútil!

你把时间浪费在这种毫无意义的事情上，真令人遗憾！

㊳ Era una lástima que los niños *quedaran* abandonados.

孩子们被遗弃，真令人遗憾。

㊴ Es una lástima que sobre la Tierra una persona *sea* estimada por la cantidad de dinero que posee o por lo que son sus padres.

遗憾的是，世间上一个人的价值是以其钱财或父母的地位来衡量。

㊵ No es de extrañar que *se* nos *hayan adelantado*.

他们超过了我们，这不奇怪。

㊶ Fue un error que no le *invitaras* a la fiesta.

你没邀请他来参加聚会是错的。

㊷ Da igual que *seas* religioso o no.

你有没有宗教信仰都无所谓。

㊸ Da igual que *se casen* un hombre y una mujer, o que se casen dos hombres, o dos mujeres... Todo es matrimonio, y todos tienen los mismos derechos.

一个男人和一个女人结婚，或两个男人结婚，又或者两个女人结婚，这都无所谓。反正都是结婚，大家权利平等。

㊹ A los papás no les da igual que su hijo lo *logre* a que no lo *logre*.

对父亲来说，孩子成功与否是不一样的。

㊺ Es una idea loca que *prefieras* a ese tipo.

你居然喜欢那个家伙，真是神经病。

㊻ Es un mal principio que el ejército *se vea* mezclado en tal discusión.

军队卷入这场争论当中，可谓开局不利。

（3）当主句用的是 contribuir a、ayudar a、conducir a、hacer、lograr、conseguir 等表示促使、有助于、导致或最终得以……等动词时，从句谓语用虚拟式。此类动词还有：causar（造成）、favorecer（有利于）、impulsar a（促进）、dar lugar a（引起）等。**例如**：

① Este acceso a la red ha ayudado a que muchos jóvenes estudiantes *entren* en contacto con otros jóvenes y *consulten* información de otros países.
因为可以上网，所以许多年轻学生都可以方便地与别的年轻人联系，还可以查阅其他国家的信息。

② Ello ha ayudado a que la gente *se conozca* y *se interese* por los demás creando al mismo tiempo lazos de solidaridad.
这有助于人们相互了解、关心他人，同时还能建立起友好关系。

③ Formar parte de este grupo les ha ayudado a que *sean* reconocidos, tanto en el ámbito nacional como en el internacional.
加入这个团体之后，无论是在国内还是在国际上他们都出了名。

④ El comercio internacional ha conducido a que algunas aves silvestres "*se hayan comercializado*" hasta prácticamente su extinción, y gran parte de ese comercio es ilegal.
国际贸易使有些野生禽鸟实际上已经被"交易"到绝种，而这种交易大部分是非法的。

⑤ China ha logrado que el 60% de sus tecnologías *se acerquen* al nivel internacional más avanzado.
中国已经有60%的技术接近世界领先水平。

⑥ Por fin conseguí que *cambiaran* de plan.
我终于使他们改变了计划。

⑦ Hemos conseguido que todos los hospitales de la región *trabajen* con la misma herramienta informática.
我们终于使本地区的所有医院信息资源共享。

⑧ Habían conseguido que el hijo de Pedro saliera de la cárcel y que *empezara* una nueva vida.
他们终于使佩德罗的儿子走出监狱，开始新的生活。

⑨ Dice que los medios de comunicación han contribuido a que la neumonía asiática *esté* controlada.
他说非典之所以得到控制，媒体报道起了很大作用。

⑩ Ellos y otros diseñadores de ropa han contribuido a que *se pueda* hablar con éxito de la moda española.
有了他们以及其他服装设计师，我们现在才可以真正谈得上有西班牙时装。

⑪ Este invento ha contribuido a que los autos *duren* mucho más.

这个发明使汽车寿命更长了。

⑫ La Organización de la Aviación Civil Internacional ha contribuido a que los viajes por avión *sean* la modalidad de transporte más segura.

在国际民航组织的努力下，乘坐飞机成了最保险的出行方式。

⑬ El agua ha hecho que la pista *sacara* a flote bastante porquería.

水浸之后，马路上到处都漂浮着垃圾。

⑭ La ONU asegura que la desertización ha hecho que América Latina *deje* de ser una región verde.

联合国组织指出，沙漠化使拉丁美洲不再是一片绿洲。

⑮ Esto ha hecho que más agricultores *se hayan animado* a adherirse a las cooperativas al ver las ventajas económicas del trabajo conjunto.

这使更多农民因看到联手致富的好处而决定加盟合作社。

⑯ Esta dependencia, según algunos expertos, ha hecho que la economía nacional *se mantenga* a expensas de los vaivenes del mercado mundial.

据一些专家说，这种依赖导致国民经济长期受国际市场变动的影响。

⑰ El educar a su niño en los buenos hábitos de alimentación contribuye a que *goce* de buena salud durante toda su vida.

教育孩子养成良好的饮食习惯，可以使孩子终身健康。

⑱ El ejercicio es beneficioso para la salud porque contribuye a que *perdamos* peso.

运动有益健康，因为它可以帮助我们瘦身。

⑲ Fue su hermana la que le impulsó a que *tomara* clases de interpretación.

是他姐姐鼓励他选修翻译课程。

⑳ Esto dio lugar a que los más desamparados o sin influencia alguna *fuesen* al servicio militar.

这使很多无依无靠的人纷纷去部队服役。

㉑ La soledad o el aburrimiento también puede causar que tu perro *ladre* mucho.

寂寞或无聊也会使你的狗叫个不停。

㉒ Peor aún, la manía hacia la comida sin grasa y de pocas calorías ha causado que los americanos *se hagan* cada vez más gordos.

更糟糕的是，吃无脂肪、低热量食品的怪癖使美国人变得越来越胖。

㉓ Esto ha causado que mi esposo *descargue* continuamente su furia hacia mí.

这使我丈夫不断地拿我来出气。

㉔ La convivencia en la escuela ha favorecido que los niños y niñas *se respeten* mutuamente.

在学校的相处使孩子们学会相互尊重。

㉕ Su dureza y estabilidad han favorecido que el vidrio *se emplee* ampliamente para la conservación de líquidos o sólidos.

因为玻璃的硬度与稳定性好，所以被广泛用于储存液体或固体物质。

（4）当从句是由 el hecho de que（或它的变体 el que）引导时，从句谓语应该使用虚拟式，以表示从句所讲之事是一个信息或仅仅是一个信息而已，未经过说话者核实。但考虑到该词组还可指众所周知的事实，因此，当说话者已经认定它是一个事实时，从句谓语可用陈述式。前者多出现于书面语，属文雅用法。后者常见于口头语，属通俗用法。详细用法见第三章第四节。例如：

a. 从句用虚拟式的情况

① ¿Qué te parece eso de que *aprenda* al mismo tiempo tres idiomas?

对于他同时学3门语言一事，你有何看法？

② De alguna manera me molesta el hecho de que *sepa* que voy a la cafetería con la esperanza de verlo.

他知道我去咖啡厅是想看他，这在某种程度上使我感到不舒服。

③ "El hecho de que *estemos* hablando sobre este programa ayuda al enemigo", advirtió.

"我们现在谈论这项计划就会对敌人有利"，他提醒说。

④ El hecho de que millones de personas *compartan* los mismos vicios no convierte esos vicios en virtudes; el hecho de que *compartan* muchos errores no convierte éstos en verdades; y el hecho de que millones de personas *padezcan* las mismas formas de patología mental no hace de estas personas gente equilibrada

恶习不会因为有千百万人染上而变成模范行为；错误不会因为有很多人犯而变成真理；精神病患者也不会因为人数众多而变成正常人。

⑤ ¿Qué reflexión le merece el hecho de que los funcionarios públicos *se rebajen* el salario?

对于公务员减薪一事，您有何看法？

⑥ Me atrevería a decir que se puede tomar como falso el hecho de que *consideremos* que todo lo que vemos lo interpretamos de la misma manera todos los seres humanos.

所谓"我们认为世界上每个人对身边一切事物的看法都一样"，我敢说这话是失实的。

⑦ Quizás sienta intensas emociones sobre el hecho de que su vecino no *haya cortado* el césped desde hace dos meses.

说起您的邻居已经有两个月没剪过草坪一事，也许会令您的情绪十分激动。

⑧ ¿Cómo maneja usted el hecho de que su hijo o hija *vea* programas con contenido sexual en la televisión?

当您的儿子或女儿看带有色情内容的电视剧时，您会怎么处置呢？

⑨ El hecho de que el 86% de los nuevos 14.231 parados *sean* mujeres demuestra una vez más la ineficacia del Gobierno para reducir el paro.

在新增的14,231名失业者当中，有86%是妇女。这再次表明政府减少失业的措施不管用。

⑩ El hecho de que ella le *haya pedido* ayuda significa que confía en usted.

她求助于您，表明她信任您。

⑪ Apoya esta teoría el hecho de que se *hayan encontrado* cráneos del tipo vasco en yacimientos neolíticos.

新石器时代巴斯克人头盖骨的发现可支持这一理论。

⑫ Es muy importante que los niños sepan que el hecho de que sus padres se *hayan divorciado* no significa que quieran abandonar a sus hijos.

孩子们必须知道，父母离婚并非意味着父母想抛弃自己的孩子。

⑬ El hecho de que alguna vez *hayas escuchado* a tus padres discutir no es motivo para que decidan divorciarse.

你父母不会因为你偶尔听见他们吵架而闹离婚。

⑭ Y el hecho de que tus padres *decidan* ponerle fin a su matrimonio no es tu culpa.

你父母决定一拍两散，那不是你的过错。

⑮ El hecho de que *obtenga* la libertad provisional no significa que sea inocente. Así lo afirman los abogados.

他暂时获得自由，但这并不意味着他清白。律师们都这样说。

⑯ El hecho de que así lo *hicieran* determinaría en gran manera el éxito o el fracaso del mismo.

他们如此行事，这在很大程度上已经决定了此事的成败。

⑰ El hecho de que un cigarrillo *sea* denominado como bajo en brea o nicotina no significa que el cigarrillo contenga menos nicotina.

虽然香烟上注明焦油或尼古丁含量低，但这并不意味着香烟的尼古丁少了。

b. 从句用陈述式的情况

① Pero ella no cree en eso de que la alimentación *es* buena para la salud.

可是她不相信饮食有益健康的说法。

② Resaltó el hecho de que la feria más concurrida *es* la Feria de Artículos Chinos para la Exportación de Guangzhou.

他强调，到会人数最多的交易会就是广交会。

③ Creo que no hace falta que mencione el hecho de que *trabajo* en el Ministerio.

我在部里工作一事，我看没必要提。

④ La duración del estudio fue de 10 años y los investigadores subrayaron el hecho de que 45 pacientes no *llegaron* a vivir cinco años.

研究工作持续了10年。研究人员指出，有45名患者不到5年就病逝了。

⑤ Pero no hay que pasar por alto el hecho de que China *sigue* siendo un país en vías de desarrollo.

但是中国依然是发展中国家，这一点不能忽视。

⑥ En el informe se expresaba una gran preocupación por el hecho de que dicho país *exportaba* grandes cantidades de municiones.

这个报告提到，该国出口大量军火，这种情况实在令人担忧。

⑦ Dentro de la casa tenga en cuenta el hecho de que una bala *puede* penetrar techos, pisos, paredes, ventanas y puertas.

在屋里您要注意，一颗子弹可以击穿屋顶、地板、墙壁、窗以及门板。

⑧ Muchas mujeres se encuentran con el hecho de que *tienen* que disminuir el nivel de ejercicio durante el embarazo.

很多女士都会遇到这种情况，她们在怀孕期间都得减少运动量。

⑨ Pero desconocía el hecho de que su esposa *era* en realidad su madre.

但是他并不知道他妻子其实是自己母亲。

⑩ Las buenas condiciones meteorológicas y el hecho de que la fecha escogida no ha coincidido con otras actividades deportivas *ha facilitado* la gran participación.

这段时间天气情况良好，加上所选的日期没有其他赛事，球队可以大战一场。

⑪ Señaló el hecho de que, por regla general, allí donde hay muchos hermanos *suele* ser el más pequeño el que llegue más lejos en la vida.

他指出，在一个兄弟姐妹多的家庭里，最小的那个一般都是最长寿的。

⑫ ¿Tenía derecho a revelar el hecho de que sus anfitriones *permitían* que se matara a la gente hirviéndola en agua?

您的主子们允许部下把人扔到开水里烫死，您当时有权让它曝光吗？

⑬ En la página 10 ya se ha mencionado el hecho de que los datos introducidos *son* conservados aun cuando se apague el ordenador.

在第10页已经提过，即使关闭电脑，输入的信息依然会被保存下来。

⑭ Pero la buena noticia es el hecho de que *hay* un gran número de estadounidenses que han aprendido a manejar las tensiones de la vida sin tener que fumar.

但是不少美国人已经学会不用吸烟来应对生活压力，这是个好消息。

⑮ Es alarmante la situación en el tercer mundo y lo prueba el hecho de que de las 16 mil personas que se contaminan del SIDA diariamente en el mundo, el 95% *pertenece* a países pobres.

第三世界的情况令人忧虑。全球每天有1.6万人感染艾滋病。其中95%来自贫穷国家就是一个例子。

⑯ Pero hay que tener en cuenta el hecho de que, al conducir un vehículo con las manos desnudas, *quedan* restos de ADN（ácido desoxirribonucleico脱氧核糖核酸）que pueden ser analizados con la precisión suficiente como para identificar al conductor.

但是必须注意到，不戴手套开车，车上就会留有驾驶员的DNA。通过DNA化验，就可以准确鉴定驾驶员身份。

（5）当从句是由de ahí que结果状语引导时，从句谓语用虚拟式属文雅、规范的用法，改用陈述式则显得较为随意。此外，可根据情况把de ahí que改为de aquí que，含义基本相同。例如：

① Me cae bastante mal, de ahí que no *quiera* invitarlo.

我很讨厌他，所以不想邀请他。

② He empezado muy tarde, de ahí que no lo *tenga* todo terminado.

我开始得很晚，所以还没全部做完。

③ Ha estado lloviendo a cántaros, de ahí que no te *haya llamado* para pasear.

刚下过一场暴雨，所以我没叫你去散步。

④ Mis padres se separaron cuando yo tenía cinco años, de ahí que no *tuviera* mucho contacto con mi padre.

我5岁那年我父母就分手了，所以我跟父亲接触不多。

⑤ Yo no sé si es bueno o no que una pareja de homosexuales adopten y críen niños, de ahí que *haya permanecido* callado.

我不知道一对同性恋者收养孩子是好还是不好，所以我一直没吭声。

⑥ Es abogado, de ahí que no *necesite* contratar a ninguno.

他是律师，所以他无需聘请律师。

⑦ Llevaba alzas para parecer más alto, de ahí que no *cupiera* por las puertas y tuviera que agacharse.

为显得更加高大，他穿了鞋跟高的鞋，所以得弯腰才能进门。

⑧ Ha resaltado que se trata de una escuela «moderna» y «abierta al mundo», de ahí que los anuncios *estén* escritos en diversos idiomas.

他特别指出，那是一所"现代的、面向世界的"学校，所以招生广告采用了多国语言。

⑨ Me enamoré de ella y de ahí que *quisiera* conocerla.

我爱上她了，所以想认识她。

⑩ Los ciudadanos explotan, exigen y no obtienen respuesta, de ahí que *llegue* el insulto.

市民们忍无可忍，向政府提意见但是没有得到答复，于是骂街。

⑪ Me gusta mucho la música, de ahí que *haya* un montón de discos en mi casa.

我很喜欢音乐，所以家里有一大堆碟片。

⑫ Su esposa ha fallecido, de ahí que *tenga* que mantener a sus hijos y a su anciana madre con un pequeño jornal.

他妻子去世了，所以要打小工养活孩子和他年迈的母亲。

⑬ Hasta ahora he jugado bastante bien, quizás mejor de lo esperado, de ahí que *tenga* ganas de continuar.

我到现在踢得还很不错，也许比预料的还好，所以我想继续。

⑭ He estado liado últimamente y de ahí que *haga* tanto que no publico nada.

最近我忙得不可开交，所以很长时间没有发表任何作品。

⑮ Eres un tipo muy majo, de ahí que te *considere* mi amigo.

你是个很讨人喜欢的人，所以我把你看作是我朋友。

⑯ El narrador de este vídeo sí que es profesional, de ahí que te *impresione* tanto.

这部片子的作者的确是专业编导，所以你会如此喜欢看。

⑰ El problema que tienes para acceder a esos archivos es porque los tendrías en una carpeta marcada como privada y de ahí que no *puedas* acceder a ellos.

你打开文件时遇到问题，是因为你可能把文件存放在受权限限制的文件夹里，所以你无法打开文件。

⑱ La cultura hoy es un privilegio que da el poder a la clase que la posee. De ahí que *debas* estudiar.

如今，有文化就有地位。所以你要好好学习。

⑲ Estamos ante un problema muy grave de seguridad, de aquí que *recomendemos* el cambio de la contraseña a la mayor brevedad.

我们面临严重的安全问题，所以才建议大家尽快更改密码。

⑳ Hay cada día mayor necesidad de personas que sepan informática, de aquí que la capacitación personal *resulte* imprescindible.

现在对懂信息技术的人需求量越来越大，所以必须培训这方面的人才。

三、一词多义的情况

个别动词有一词多义的情况，其补语从句用虚拟式或陈述式时，意思有所不同。

1. 用虚拟式的情况：

① Lo importante es que tú *creas* en lo que escribes.
关键是你要相信你所写的东西。

② Lo importante es que todos *estemos* sanos.
关键是我们大家都要身体健康。

③ Lo importante es que *lleguéis* a un acuerdo al respecto.
关键是在这方面你们要达成一致。

④ Lo malo es que no *haya* nada preparado para sustituirlo.
糟糕的是没有任何备用的东西可作替换。

⑤ Lo malo es que *haya bajado* muchísimo la temperatura.
糟糕的是温度下降了很多。

⑥ Lo malo es que *tenga* fuerza o poder para prohibírmelo.
糟糕的是他有能力和权力禁止我这样做。

⑦ Lo malo es que no *hayamos aprovechado* el momento.
糟糕的是我们没有抓住那个时机。

⑧ Lo bueno es que *estés* aquí cuando te necesite.
最好在我需要你的时候你能够在这里。

⑨ Lo mejor es que *consultéis* a vuestro especialista.
你们最好还是请教一下你们的专家。

⑩ Debutar marcando siempre es importante, pero lo mejor es que el equipo *gane*.
一开场就进球固然重要，但最重要的还是要胜出。

⑪ Lo mejor es que *acudas* cuanto antes a un médico.
你最好尽快去看医生。

⑫ Eres culpable de todo lo que ha pasado. Lo mejor es que nunca más *vuelvas* a estar conmigo.
这一切全都怪你。最好是从此以后你别再回到我身边。

⑬ Lo mejor es que *suban* sus canciones, de modo que los oyentes puedan descargarlas al ver la letra.
最好是大家上传各自的歌曲，让听众看到歌词就可以下载歌曲。

⑭ Lo mejor es que lo *veáis* con vuestros propios ojos.
你们最好来亲眼看一下。

⑮ Yo creo que lo mejor es que *trabajse* con los especialistas.

我看你最好还是跟专家一起工作。

⑯ Lo peor es que *salga* gente diciendo que los demás no tienen ni puta idea de música.

最糟糕的是，有人出来说别人根本就不懂音乐。

⑰ Lo peor es que *haya* poco y que te veas obligado a comprar lo que hay.

最糟糕的是东西不多，你只好有什么就买什么。

⑱ Lo peor es que no nos *dejen* saber lo que pasa.

最糟糕的是他们不让我们知道发生了什么事。

⑲ Lo peor es que *haya* ingenuos que todavía les creen.

最糟糕的是居然还有人轻信他们。

⑳ Lo peor es que *tenga* que pasarme el resto de la vida encarcelado en este país.

最糟糕的是，我要在这个国家的监狱里度过下半生。

㉑ Lo peor no es que no haya vida después de la muerte, lo peor es que *haya* otra vida y que sea igual de mala que ésta.

最糟糕的不是死了之后没有来生，最糟糕的是会有来生，而来生又与今生一样悲惨。

㉒ Siento que *haga* demasiado frío.

天气太冷了，真难受。

㉓ Mis padres me recordaron que no *trabajara*.

我父母提醒我不要上班。

㉔ Ella me ha aconsejado que *me busque* un novio de nacionalidad española.

她劝我找一个西班牙籍的男朋友。

㉕ El médico les había aconsejado que *hicieran* más ejercicios.

医生劝他们多运动。

㉖ Mi amigo me ha aconsejado que *cambie* la clave de acceso.

我朋友劝我更改登录密码。

㉗ Nos han aconsejado que la *operemos* en los hospitales públicos de Madrid ya que tienen más medios y más experiencia.

有人劝我们送她到马德里的公立医院做手术，因为这些医院条件好，而且经验丰富。

㉘ Durante muchos años los expertos en belleza nos han aconsejado que *tomemos* ocho vasos de agua al día. Nos decían que era buena para todo el organismo.

多年来美容专家都建议我们每天喝8杯水。他们说这对身体有好处。

㉙ Me ha aconsejado que no *lea* en coches ni autobuses.

他叫我乘坐小轿车或公交车时不要看书。

㉚ Me ha aconsejado que *envíe* un fax en inglés al hotel para que me devuelvan mi dinero.

他劝我给酒店发一份英文传真，叫他们把钱退给我。

㉛ Él escribe que yo le *haga* el favor de limpiar las ventanas antes de que él venga.

他留了纸条，叫我在他来之前把窗户擦干净。

㉜ Me repitió que *volviera* y *fuera* a ayudarlo, que de seguro necesitaría a alguien que le ayudara en sus negocios.

他还是叫我回去帮他，因为他肯定需要有人帮他打理生意。

㉝ Me repitió que lo *pensara*, pero le dije que mi decisión era irme.

他还是叫我考虑一下，但是我告诉他我决定离开。

㉞ Yo le dije que por favor *se sentara*, que quería charlar con ella. Pero me repitió que estaba muy cansada y que mañana podíamos hablar.

我叫她坐下来，我想跟她聊一会。可她还是说她很累，明天还可以聊。

㉟ Me grita que no la *trate* de convencer y que la deje en paz.

她大声叫我别试图说服她，让她安静一会。

㊱ Sus padres le advierten que *tenga* cuidado con los coches al cruzar la calle.

他父母提醒他过马路时要当心汽车。

㊲ El hombre responde a la muchacha con otra bofetada y le advierte que no *vuelva* a amenazarlo.

那家伙又给了姑娘一巴掌，并且警告她别再威胁他。

㊳ ¿Por qué no le adviertes que no *se meta* en los asuntos de tu familia?

你为什么不警告他不要插手你家的事？

㊴ Le advertí que *dejara* de molestar a mi hija.

我警告他不要骚扰我的女儿。

㊵ Estoy de acuerdo en que *quiten* locales comerciales en estaciones del Metro.

我赞成把地铁站的商铺清走。

㊶ Estamos de acuerdo en que se *legalicen* las uniones de homosexuales y que les permitan la adopción de menores.

我们赞成让同性恋者结婚合法化，并且允许他们领养小孩。

㊷ Dicha organización insiste en que *se tomen* medidas contra el mal de las vacas locas.

该组织坚持认为要采取措施应对疯牛病。

㊸ Se empeña en que, con el calor que hace, *vayan* a traerle no sé qué cosa de la tienda.

他说天气热，要他们从商店给他捎点什么东西回来。

㊹ Se empeña en que lo *obedezcan* rápidamente.

他要他们立刻服从命令。

㊺ Se empeña en que *trasladen* el cadáver de donde estuvo en el momento de morir hasta su casa caminando, siguiendo una vieja tradición.

他一定要他们按照传统，把死者从去世时所在的地方抬回家中。

㊻ No sentimos que *haya* un avance sustancial.

我们没感觉到有本质上的进步。

㊼ En realidad no sentimos que *haya* competencia.

其实我们并没觉得有竞争。

㊽ Sentimos que *hayan surgido* tantos problemas.

出现了这么多问题，我们感到遗憾。

㊾ Por el momento no sentimos que *haya* riesgos en el sistema.

我们暂时没感觉到该系统有什么危险。

㊿ Sentimos que *haya sido* así, pero seguramente lo haremos mejor la próxima vez.

弄成这样，我们感到遗憾，不过下次我们一定会做得更好。

51 Sentimos que *haya habido* otra vez problemas mecánicos.

再次出现了机械故障，我们感到遗憾。

52 Sentimos que *haya experimentado* un problema con nuestro producto y que sea necesario devolverlo para su reparación.

产品在您使用时出现了问题，而且还要将其送回来维修，我们感到抱歉。

53 El jefe le persuadió de que *se quedara* allí.

班长说服了他，要他呆在那里。

54 Lo persuadimos de que nos *contara* sus anécdotas e incluso nos *revelara* sus secretos.

我们说服了他，要他给我们谈谈他的奇闻，甚至讲讲他的秘密。

55 Trata de convencerlo de que *acepte* tu propuesta.

你要设法说服他接受你的提议。

56 No he podido convencerlo de que *compre* lo que usted vende.

我没能说服他买您卖的东西。

57 Decidieron ir a ver al alcalde y convencerlo de que *cancelara* el plan.

他们决定去面见市长，说服他取消这个计划。

⑤⑧ Oye, supón que me *vaya* lejos, ¿qué harás?

喂，假设我要出远门，你会怎么办呢？

⑤⑨ Suponga que se *quede* sin batería al arrancar por la mañana, ¿no se enfadará?

假设您早上出门想开车时，车子电池没有电，您不会发火吗？

⑥⓪ Me ha dicho que *avise* a Ana para la fiesta.

他叫我通知安娜参加聚会。

⑥① Yo quiero que él regrese, yo le he dicho que *regrese*.

我希望他回来，我跟他说过要他回来。

⑥② Antonio no está en casa y su mujer me ha dicho que *llame* más tarde.

安东尼奥不在家，他妻子叫我晚些时候给他打电话。

⑥③ Quería bajar a Madrid a recogerte, pero le he dicho que *espere* a que tú nos llames.

他想去马德里接你，可是我叫他等你给我们打电话再说。

⑥④ Me ha dicho que *busque* otra pareja, pero prefiero no hacerlo.

他叫我另找对象，可是我不想这样做。

⑥⑤ Pero no he dicho que no *vaya* a jugar.

可是我没说过我不去玩。

⑥⑥ Jamás he dicho que *estudie* en una universidad.

我从未说过我在大学学习。

⑥⑦ No le han dicho que *busque* la solución de cualquier modo y a cualquier precio.

他们没叫他无论如何都要不惜代价寻找解决办法。

⑥⑧ No ha dicho que no *tenga* documentos de la Cámara Nacional de Industrias.

他没说过他没有全国工业协会的文件。

⑥⑨ Me ha dicho que quiere que sepa que ellos están más que satisfechos con mi trabajo y me ha dicho que no me vaya sin más, que *me* arreglan el paro.

他跟我说，希望我明白他们对我的工作非常满意。还叫我不要就这样离开，他们会帮我解决失业问题。

⑦⓪ Este año he decidido que el premio *se* lo *repartan* entre los cinco mejores del grupo.

我决定今年的奖项颁发给全队最优秀的5人。

⑦① Además, ha decidido que las fotos que se publiquen *sean* sólo de EFE.

此外，他决定刊登的相片只采用EFE格式。

⑦② Hemos decidido que desde la página principal *se abriera* una ventana del navegador para ver las diferentes secciones y evitar las sucesivas recargas de dicha página.

我们决定在主页开设一个可浏览的窗口，以方便查看各部分的内容，避免老是要下载该网页。

2. 用陈述式的情况：

① Lo importante es que *volvió* después de esa batalla.

重要的是打完那场战役之后他回来了。

② Lo importante es que no *hemos tenido* problemas mecánicos.

重要的是我们没有出现机械故障。

③ Lo importante es que *pude* ganar a pesar de todo.

重要的是，虽然如此，但是我赢了。

④ Lo bueno es que siempre *tienes* un amigo para jugar.

好就好在你总有一个朋友跟你一起玩。

⑤ Lo bueno es que la gente *es* hospitalaria.

幸亏那里的人热情好客。

⑥ Lo bueno es que uno *entiende* perfectamente al otro.

幸亏双方之间完全明白对方的意思。

⑦ Lo bueno es que en un sólo clic *tenemos* nuestros mensajes.

好就好在一点击信息就到手了。

⑧ Lo malo es que me *duele* la mano.

糟糕的是我的手痛。

⑨ Lo malo es que el perrito *ladra* por tonterías, me *coge* los zapatos, se sube a la cama y *hace* pipí y popó por todas partes.

糟糕的是这小狗动不动就乱叫，叼我的鞋子，跑到床上，而且还到处拉屎拉尿。

⑩ Lo malo es que ella *se lo cree*.

糟糕的是她相信有这回事。

⑪ Con él puedes descargar mp3, imágenes, animaciones, juegos, etc., en fin, todo lo necesario para que tu celular sea la envidia de todos y lo mejor es que todo *está* súper fácil. No esperes más y conoce el contenido en nuestra página Web.

此款手机可以下载mp3、图像、动画、游戏等。总之，一机在手，你会让周围的人羡慕不已。最可贵的是，一切操作都十分简单。别再犹豫了，请上我们的网页了解详情。

⑫ Lo mejor es que no *tienes* que hacer régimen.

它最大的优点是你不用忌口。

⑬ Lo mejor es que ya *tengo* un hijo y lo peor es que no sé si me parezca.

我最高兴的是已经有了一个儿子，但最担心的是不知道他像不像我。

⑭ Lo peor es que *resulta* desesperantemente larga esa telenovela.

最糟糕的是那部电视连续剧长得不得了。

⑮ Lo peor es que se *sigue* matando a los tiburones por conseguir sus aletas.

最糟糕的是还有人继续宰杀鲨鱼做鱼翅。

⑯ Siento que *hace* demasiado frío.

我感觉天气太冷了。

⑰ Sintió que la frustración y la ira lo *invadían*.

他感到失望和气愤。

⑱ Mis padres me recordaron que no *trabajaban*.

我父母提醒我，他们不上班。

⑲ Nos ha aconsejado que *es* una infracción estatal tomar represalias contra un individuo.

他提醒我们，对别人进行报复是违法的。

⑳ El médico me ha aconsejado que *es* mejor que no viaje.

医生叫我最好不要外出旅行。

㉑ Me han aconsejado que *es* mejor comprar los carretes en España.

他们叫我最好在西班牙买胶卷。

㉒ Él ha escrito que no le *importa* que vengan ellos, basta que venga yo.

他信中说，他们来不来无所谓，只要我来就行。

㉓ Él escribió que *se había enamorado* y que se quedaría ahí para toda la vida.

他写信说他谈恋爱了，打算一辈子都呆在那里。

㉔ Escribió en la carta que no *estaba* de acuerdo con las decisiones de la Corte Suprema.

他在信中说他不同意最高法院的决定。

㉕ Me repitió que si estaba embarazada no *podía* seguir trabajando en su casa.

她再次跟我说，如果我怀孕就不可以继续在她家干活了。

㉖ Nos gritó en voz alta que no lo *creía*.

他声嘶力竭地对我们说他不相信。

㉗ La maestra les advierte que *es* peligroso nadar en el río.

老师提醒他们在河里游泳危险。

㉘ Le advirtieron que *fue* secuestrado su hijo.

有人告诉他，他儿子被绑架了。

㉙ Me advierte que esto me *va* a quitar mucho tiempo.

他提醒我，这会占用我很多时间。

㉚ ¿Estás de acuerdo en que *debemos* alcanzar la paz verdadera por la vía del diálogo?

你认为我们应该通过对话实现真正的和平吗？

㉛ Ambas partes están de acuerdo en que *es* conveniente reforzar la cooperación económica y comercial entre los dos países.

双方一致认为，必须加强两国的经贸合作。

㉜ Algunos insisten en que *es* necesario continuar respaldando a la oposición.

有人坚持认为必须继续支持反对派。

㉝ Insiste en que *falta* calefacción y agua caliente en esa cárcel.

他坚持说那所监狱缺乏暖气和热水。

㉞ La familia insiste en que *murió* por los fuertes golpes que recibió.

他家人坚持认为他是被毒打致死的。

㉟ Insisto en que lo más importante *es* que uno se sienta a gusto.

我还是认为最重要的是自己感觉心情舒畅。

㊱ Se empeña en que no *es* ésa su misión.

他坚持说那不是他的使命。

㊲ Se empeña en que *se trata* de una provocación de la extrema derecha.

他坚持认为这是极右分子的挑衅。

㊳ Se empeña en que las cosas *deben* hacerse como él diga.

他还是说应该按他的命令行事。

㊴ Estoy escribiendo otra película en la que siento que *debo* superarme y traspasar ciertos límites propios.

我在写另外一部电影脚本。我认为在这部电影里，我必须超越自我，必须有所突破。

㊵ Siento que te *quiero* aunque no se puede ver.

我感觉到我喜欢你，虽然这种感觉无法看得见。

㊶ Sintió que el aire *se negaba* a entrar en sus pulmones.

他感到呼吸困难。

㊷ Oyendo tales cosas, me he persuadido de que tú *eres* mi padre.

听了这番话，我相信你是我的父亲。

㊸ Me he persuadido de que, para reunir honradamente algún dinero, *hay* que saberlo ganar con el trabajo de las manos y con el ingenio de la cabeza.

我相信，想体面地积攒一点钱，就必须懂得用双手的劳动和个人的智慧去挣钱。

㊹ De este modo el rey se persuadió de que estaba vestido, sin atreverse a decir que no veía la tela.

这样，国王便相信自己是穿着衣服，没敢说看不见衣料。

㊺ El entrenador les persuadió de que el partido aún no *había terminado*.

教练说服了他们，比赛还没有结束。

㊻ Tratamos el asunto durante media hora, pero al final les persuadimos de que *tenían* que hacerlo así.

我们谈了半个小时，最后还是说服了他们必须这样办。

㊼ Por fin he logrado convencerlo de que su resistencia *es* fútil.

我终于使他相信，他抵抗是没用的。

㊽ No puedo convencerla de que *tienes* talento.

我没法让她相信你很有才智。

㊾ ¿Qué sería necesario para convencerla de que *está* equivocada?

怎样才能使她相信她自己弄错了呢？

㊿ Hay que convencerle de que la lectura de los libros obligatorios *puede* ser beneficiosa para él.

必须使他相信，看指定的书对他有好处。

(51) Están convencidos de que la ETA *se acerca* a su final.

他们深信，"埃塔"的末日就要来临。

(52) Me he convencido de que la verdad absoluta no *existe*.

我深信不存在绝对的真理。

(53) Supongo que ya *conocéis* este proyecto.

我想你们已经知道这个方案。

(54) Supongo que todos *han* oído el dicho: hecha la ley, hecha la trampa.

我想大家都听过这个谚语：法律刚定好，空子便钻到。

(55) Ha dicho que no la *conoce* ni de vista.

他说他连见都没见过她。

(56) Antes de colgar me ha dicho que soy muy agradable y que lo *llame* cuando quiera.

在挂电话之前，他说我很和蔼，还叫我随时打电话找他。

(57) He decidido que así *podré* escribir más y mejor.

我认定这样可以写更多更好的作品。

(58) Dice que la Corte Suprema ha decidido que su matrimonio no *es* válido.

他说最高法院认定他俩的夫妻关系无效。

(59) He decidido que a partir del día de hoy me *voy* a poner a trabajar otra vez.

我决定从今天起我要再次投入工作。

(60) Previamente ya se ha decidido que *has ganado*, pero en realidad falta un mes para que se decida.

事前已经内定你胜出了，不过现在离公布日期还有一个月。

第五章 综合练习

一、把括号里的原形动词变为虚拟式适当的时态与人称

（A）

① Desea que le (enviar, ellos) _____ fotos de muertos en los peores accidentes.

② Te deseo que siendo joven no (madurar) _____ demasiado de prisa.

③ Desea que sus familiares colombianos lo (visitar) _____.

④ Deseo que (desear, tú) _____ estar conmigo deseando cosas deseosas.

⑤ Espero que no (ser) _____ nada grave y que (curarte) _____ pronto.

⑥ Espero que mis palabras no (ofender) _____ a nadie.

⑦ No quiero que hoy (ir, tú) _____ al trabajo.

⑧ Me has hecho reír mucho y quiero que (seguir, tú) _____.

⑨ Quiero que mi boda con ella (ser) _____ feliz.

⑩ Quiero que me (decir) _____ que me amas. Que no quieres otro amor... solo el mío.

⑪ Mí mamá desea que nosotros (hacernos) _____ un examen médico.

⑫ El médico quiere que mi hermano (guardar) _____ cama tres días.

⑬ El médico insiste en que yo (respirar) _____ fuerte.

⑭ Mi hermano no permite que el médico le (poner) _____ una inyección.

⑮ El médico recomienda que yo (tomar) _____ un jarabe para la tos.

⑯ Él sugiere que nosotros (correr) _____ todos los días.

⑰ Necesitamos que ustedes (confiar) _____ en nosotros.

⑱ Necesito que cualquier persona de este foro me (contestar) _____ algo o me (hablar) _____ sobre cualquier cosa.

⑲ Necesito que alguien me (poder) _____ facilitar trabajo en España.

⑳ No te pido que (traer) _____ flores, tampoco que me (dar) _____ bombones. Yo sólo quiero una caricia.

㉑ Sólo te pido que (saber) _____ que me gustas.

㉒ El dueño de tu piso te pide que (pagar) _____ el alquiler cada tres meses.

㉓ No nos pide que (realizar) _______________ cosas extraordinarias.

㉔ La gente nos pide que (ser) _______________ prácticos.

㉕ Me ordena que no lo (hacer) _______________ nunca más.

㉖ Se aclara la garganta y me ordena que (tomar) _______________ papel y lápiz y (escribir) _______________ lo que él dicte.

㉗ Le mandó que (recoger) _______________ su habitación y que no (salir) _______________ esa noche.

㉘ Le mandó que (traer) _______________ lo que le había dicho.

㉙ Le mandó que (volver) _______________ al día siguiente al mismo lugar.

㉚ Te ruego que me (ayudar) _______________ a reconquistar la confianza en mí misma.

㉛ Te ruego que no me (maldecir) _______________.

㉜ Ella le implora que la (llevar) _______________ al teatro, pero él no cede.

㉝ El chico le implora que le (comprar) _______________ ese juguete.

㉞ ¿Qué te gusta que te (regalar, ellos) _______________?

㉟ Me gusta que cada uno (tener) _______________ un papel bien definido.

㊱ Nos gusta que ustedes (estar) _______________ pendientes de nosotros.

㊲ Me gusta que la gente (tener) _______________ una buena opinión de mí.

㊳ ¿Por qué no te gusta que te (consultar, ellos) _______________?

㊴ No me gusta que por cualquier motivo se (perder) _______________ la amistad.

㊵ Ahora a ella le gusta que su hijo (ser) _______________ escritor.

㊶ Me gusta que los alumnos (ser) _______________ creativos y (proponer) _______________ actividades.

㊷ A los niños les gusta que les (contar, nosotros) _______________ un cuento antes de dormirse.

㊸ Me molesta que la gente (fumar) _______________ en los restaurantes porque odio el humo.

㊹ ¿Te apetece que (intercambiar, nosotros) _______________ los auriculares?

㊺ No me apetece que en mi haya (haber) _______________ otra mujer que no seas tú.

㊻ ¿Te apetece que (ir, nosotros) _______________ ahora a dar un paseo?

㊼ A mí, la verdad, me apetece que (seguir) _______________ el verano.

㊽ ¿Dónde prefiere que se (hacer) _______________ la Feria del Libro?

㊾ Indíquenos en qué dirección prefiere que le (hacer, nosotros) ___________________ llegar las publicaciones.

㊿ ¿Crees que el PP prefiere que no (haber) _______________ paz mientras gobierne Zapatero?

(51) Preferimos que nos lo (dar, ellos) _______________ todo hecho.

(52) ¿Quién prefieres que (ganar) _______________ las próximas elecciones?

53 ¿Qué forma prefieres que (tener) _____ tu móvil?

54 ¿Cómo prefieres que te (llamar, nosotros) _____?

55 ¿Quién no anhela que los equipos de su país (poder) _____ ganar?

56 Anhela que su equipo favorito (llegar) _____ a la gran final.

57 El padre que ama a su hijo le corrige porque desea lo mejor para él, porque anhela que (progresar) _____ y que (tener) _____ éxito.

58 Casi todos nosotros ansiamos que (llegar) _____ pronto las vacaciones.

59 Aspiro a que la gente (amar) _____ la música.

60 Yo de momento sólo aspiro a que (conocernos) _____ mejor.

61 Cuando se va siempre nos encarga que (cuidar) _____ sus tortugas y que les (cambiar) _____ el agua.

62 Mi hermano me encarga que (manifestar) _____ a usted lo mucho que ha sentido por su desgracia.

63 La señorita me encarga que le (llevar) _____ su maleta porque la necesita.

64 Me encarga que (apagar) _____ la máquina en quince minutos.

65 Me invita a que esa misma noche (ir) _____ a ver el magnífico espectáculo que habrá en la Sagrada Familia: fuego, música y color. Es el año GAUDI.

66 Me invita a que (volver) _____ a visitarlo en mi próxima visita a la Capital.

67 Para poder proveer de comida a nuestros huéspedes, contamos con que (estar) _____ abierto el bar de enfrente.

68 Cuentan con que (sofocarse) _____ el fuego en dos horas.

69 No contaba con que el pasto (crecer) _____ y (haber) _____ que cortarlo cada fin de semana.

70 Muchos trabajadores cuentan con que el patrón les (ofrecer) _____ un bueno seguro médico para su jubilación.

71 Te repito que no lo sé y que no tengo ganas de que me (molestar, los demás) _____.

72 Hoy tengo ganas de que alguien me (proponer) _____ saltar en paracaídas.

73 Le disgusta que las cosas (estar) _____ desordenadas a su alrededor.

74 Me disgusta que me (decir, los demás) _____ qué y cómo hacer algo.

75 ¿Por qué te niegas a que (ver, los demás) _____ los dibujos que has hecho?

76 ¿Por qué Dios no permite que todo el mundo se (salvar) _____?

77 Tu configuración de seguridad no permite que (ser) _____ instalado el nuevo descompresor.

78 Tu mujer intenta que (ganar, tú) _____ más dinero.

⑦⑨ El gobierno intenta que los sueldos no (subir) _____ más del 20%.

⑧⓪ El policía intenta que los indocumentados le (tener) _____ confianza.

⑧① Los habitantes se niegan a que el gobierno (instalar) _____ una base militar en esa isla.

⑧② El se niega a que le (entrevistar, los demás) _____.

⑧③ Ella se niega a que la (examinar) _____ ningún profesional de la salud mental.

⑧④ Se negaron a que sus tres hijas (ir) _____ a la escuela.

⑧⑤ Nos llama a que (poner) _____ en práctica todo lo que creemos en beneficio de los demás.

⑧⑥ Le instaban a que no (torturar) _____ a los prisioneros.

⑧⑦ Les exhorta a que (entrar) _____ al colegio para continuar sus estudios.

⑧⑧ Nos exhorta a que (trabajar) _____ duro.

⑧⑨ Nos invita a que (visitar) _____ esa región.

⑨⓪ Te invito a que (participar) _____ en este cuestionario.

⑨① ¿Cómo puedo evitar que se (cargar) _____ un programa al iniciar Windows?

⑨② El trata de evitar que se le (confiscar) _____ sus bienes.

⑨③ No puedes obligarle a que (jugar) _____ al fútbol si a él no le gusta.

⑨④ Se opone a que su sucesor (ser) _____ su hermano.

⑨⑤ Rusia también se opone a que EE. UU. (atacar) _____ Irán.

⑨⑥ Nos oponemos a que el poder (seguir) _____ en manos de unos pocos.

⑨⑦ No vamos a tolerar que el plan se (volver) _____ a incumplir.

⑨⑧ No toleramos que se (pisotear) _____ los derechos de los trabajadores.

⑨⑨ No se puede tolerar que, por conseguir una vivienda medianamente digna, uno (tener) _____ que pagar el 60% de su sueldo durante los próximos 30 años.

⑩⓪ ¿Cómo aguantas que nunca (responder, nosotros) _____ a tus preguntas?

（B）

⑩① Que los niños se (ir) _____ a la cama.

⑩② Que no (destruir, vosotros) _____ los árboles.

⑩③ Que (celebrar, nosotros) _____ el cumpleaños de papá.

⑩④ Que nos (contar, ustedes) _____ toda la verdad.

⑩⑤ Que (tener, vosotros) _____ paciencia.

⑩⑥ Que no (beber, tú) _____ tanto licor.

⑩⑦ Que (respetar, tú) _____ la velocidad obligatoria.

⑩⑧ ¡Que (volver) _____ ustedes temprano!

⑩⑨ ¡Que Dios le (bendecir) _____!

⑩ ¡Quién (poder) _____ pasar las próximas vacaciones en España!

⑪ ¡Si me (atrever) _____ a decírtelo anoche!

⑫ ¡Ojalá no nos (llover) _____ mañana para la excursión!

⑬ ¡Ojalá (nevar) _____ esta noche en el monte!

⑭ Hasta el lunes. ¡Que (tener, vosotros) _____ un buen fin de semana!

⑮ Que (saber, él) _____ que no me importa.

⑯ ¡Que no (dejar, tú) _____ de mandarme una postal!

⑰ ¡No me (decir, tú) _____! Otra vez te han multado.

⑱ No (hacer) _____ usted el viaje en avión. Es muy peligroso.

⑲ Cuando Colón partió rumbo a América tal vez (saber) _____ ya con certeza que hallaría tierra tras dos meses de navegación.

⑳ Tal vez tu prima (estar) _____ enfadada con nosotras.

(C)

㉑ El funcionario terminó su declaración con una frase contundente: "Después de esta declaración temo que (poder) _____ sucederme algo."

㉒ Beijing no teme que tormentas de arena como las que está sufriendo estos días (poder) _____ deslucir los Juegos Olímpicos.

㉓ FAO (Organización de las Naciones Unidas para la Agricultura y la Alimentación) teme que la gripe aviar se (extender) _____ por el Medio Oriente y África.

㉔ ¿Teme usted que (haber) _____ violencia el día de las elecciones?

㉕ Temían que no (poder, ellos) _____ salvar al niño.

㉖ Ella temía que el abrigo no (caber) _____ en la maleta.

㉗ Temía que sus padres (descubrir) _____ que le habían suspendido en el curso de matemáticas.

㉘ Temía que ella me (colgar) _____ el teléfono sin más.

㉙ Me preocupaba que la infección (tener) _____ consecuencias mucho más graves.

㉚ Nos preocupa que nuestros soldados se (comportar) _____ incorrectamente.

㉛ ¿Te preocupa que tu hijo adolescente (beber) _____ demasiado y se (convertir) _____ en alcohólico?

㉜ Te preocupa que tus compañeros se (reír) _____ de ti.

㉝ ¿A ti te preocupa que ellos (saber) _____ que eres mi amigo?

㉞ Los críticos están preocupados de que las patentes y los derechos de autor se (dar) _____ principalmente a empresas de países industrializados.

㉟ Rusia se muestra cada vez más preocupada de que (aumentar) _____ la competencia en los mercados de producción de energía y armas nucleares.

（D）

⑬⑥ Está mal que no (obedecer, tú) _____ a tus padres.

⑬⑦ No está mal que lo (hacer, tú) _____ así.

⑬⑧ Está bien que (madrugar, tú) _____, si tienes que trabajar.

⑬⑨ Si deseas hacer una cita conmigo es suficiente que me (enviar) _____ un mensaje a mi correo.

⑭⓪ No puede ser que aún no lo (arreglar, ellos) _____.

⑭① No es evidente que lo (hacer) _____ él.

⑭② Es absolutamente falso que él (ser) _____ un ladrón.

⑭③ No es verdad que (ir) _____ a llover esta tarde.

⑭④ ¿Es bueno que tu hijo (trabajar) _____? ¿Cuáles son las ventajas y las desventajas de que tu hijo adolescente (comenzar) _____ a trabajar?

⑭⑤ El "síndrome de pantalla" suele presentarse entre los cuatro y doce años, época en la cual los niños están en busca de una identificación. Por lo tanto es frecuente que (tomar) _____ la televisión como punto central de las actividades.

⑭⑥ Es indignante que los grupos armados (atacar) _____ a los periodistas que intentan cumplir con su trabajo.

⑭⑦ Es interesante que muchas cosas en el libro (ser) _____ recuerdos de la guerra.

⑭⑧ Es interesante que (introducir, tú) _____ tus palabras claves dentro del título, pero no hay que abusar en este aspecto.

⑭⑨ Es justo que (recuperar, yo) _____ lo mío. Es justo que lo (recuperar, yo) _____.

⑮⓪ ¿Es justo que millones de niños (sufrir) _____ de malnutrición o (morir) _____ de hambre, habiendo abundancia de alimento en la tierra?

⑮① Es lamentable que en su discurso (llegar, él) _____ al insulto.

⑮② Si alguien no tiene dinero para comprar música, es lógico que la (descargar) _____.

⑮③ Si aún no os conocéis, es lógico que no te (tener, ella) _____ confianza.

⑮④ Es molesto que luego ya no (querer, ellos) _____ el producto.

⑮⑤ Es magnífico que (tener) _____ entrada jóvenes con nuestros estilos y nuevas ideas en un mercado cada vez más complicado y saturado.

⑮⑥ No es nada extraño ni raro. Es natural que esto (ocurrir) _____.

⑮⑦ Es natural que (hacer) _____ frío en invierno.

⑮⑧ Era impensable que un equipo de segunda división (derrotar) _____ al líder de la liga.

⑮⑨ Dice que no es conveniente que el encuentro (tener) _____ lugar en su casa.

⑯⓪ Es de admirar que (tener, él) _____ tanta fuerza de voluntad.

⑯① En proyectos grandes es razonable que los archivos (estar) _____ distribuidos en varios directorios.

⑯② Es triste que (tener, nosotros) _____ que gastar recursos en comprar armas, cuando estos recursos se podrían emplear en procurar el desarrollo de la nación.

⑯③ Da lo mismo que una persona (ser) _____ alta o baja, vieja o joven, sana o enferma, hombre o mujer. Es igualmente digna.

⑯④ Es feo que la gente de la localidad (ser) _____ el principal peligro para la conservación de ese patrimonio.

⑯⑤ Es terrible que las cosas (suceder) _____ así.

⑯⑥ Es terrible que (haber) _____ padres con esta actitud.

⑯⑦ Es sospechoso que ella no lo (saber) _____.

⑯⑧ Es sospechoso que durante años no (hacer, ellos) _____ casi nada.

⑯⑨ Es sospechoso que todos los miembros (ser) _____ ascendidos.

⑰⓪ Es bastante frecuente que los niños (pintar) _____ personajes de la televisión e incluso algunos de ellos lo hacen muy bien.

⑰① Puede que el mensaje le (ser) _____ devuelto.

⑰② Puede que la puerta trasera (estar) _____ abierta.

⑰③ Puede que te (examinar, ellos) _____ en la escuela o en la consulta del médico.

⑰④ Teniendo en cuenta el aluvión de virus del verano pasado, es comprensible que para muchas empresas pequeñas (ser) _____ prioritaria la protección de su información de los ataques externos.

⑰⑤ Era divertido que el jefe (seguir) _____ usando esa frase incluso mucho tiempo después, cuando ya no era el caso.

⑰⑥ Es estúpido que tipos que no saben de lo que hablan (comentar) _____ y (criticar) _____.

⑰⑦ Es raro que se (perder) _____ envíos certificados, pero sí se pierden algunos.

⑰⑧ Es falso que el sol (girar) _____ alrededor de la tierra.

⑰⑨ Para que yo estudie, es suficiente que me (gustar) _____ la materia; por lo tanto, si no me gusta la materia, no estudio.

⑱⓪ Las tortugas jóvenes han de comer por lo menos una vez al día, mientras que las adultas es suficiente que lo (hacer) _____ 4 ó 5 por semana.

⑱① Puede ser que yo me (equivocar) _____.

⑱② No es cierto que él (conseguir) _____ el primer premio.

⑱ No es verdad que los servicios médicos (ser) _____ mejores ahora que hace diez años.

⑱ Está bien que tú (dejar) _____ el recado en la portería.

⑱ No estaría mal que nosotros (pensar) _____ en vender ese piso.

⑱ No está de más que el profesor nos (hacer) _____ esa observación.

⑱ Estaba de más que el banco nos (pasar) _____ esa factura.

⑱ No será de extrañar que los americanos (invadir) _____ Irán.

⑱ Era de alabar que los inquilinos no (hacer) _____ ruido.

⑲ Fue de admirar que los niños se (comportar) _____ tan bien.

⑲ Lo más probable es que vosotros (llegar) _____ hasta París.

⑲ Es significativo que no (venir) _____ él.

⑲ Es probable que la reina se (sentir) _____ incómoda.

⑲ Era necesario que se (analizar) _____ el expediente con urgencia.

⑲ Es raro que un político se (retirar) _____ a los sesenta años.

⑲ Es asombroso que usted se (llevar) _____ bien con esa persona.

⑲ Es lamentable que algunos científicos (seguir) _____ defendiendo esa teoría.

⑲ No es peligroso que te (asomar) _____ a la ventanilla ahora.

⑲ Era penoso que tu marido (tardar) _____ tanto en decidirse.

⑳ Por la nieve caída era preciso que se (conducir) _____ con precaución.

㉑ Sería increíble que te (atrever) _____ a cruzar el río a nado.

㉒ Como le tienen miedo, es lógico que sus alumnos le (huir) _____.

㉓ ¿Será posible que ustedes me (reservar) _____ una habitación?

㉔ Es agradable que todos los nietos (acudir) _____ a su cumpleaños.

㉕ Es agradable que grandes jugadores (hablar) _____ bien de ti.

㉖ Sería difícil que se (repetir) _____ la suerte.

㉗ Me fue muy útil que me (prestar) _____ tus apuntes.

㉘ Será lamentable que ustedes (dar) _____ ese espectáculo.

㉙ No será suficiente que los pecadores se (arrepentir) _____ de palabra.

㉑⓪ Para entrar en Estados Unidos es imprescindible que tú (obtener) _____ un visado.

㉑① Es probable que se (cerrar) _____ el puerto esta noche.

㉑② Sería maravilloso que ella me (querer) _____.

㉑③ Es costumbre que en enero (haber) _____ rebajas.

㉑④ Ha sido suerte que el golpe no (ser) _____ mayor.

㉑⑤ Es locura que vosotros (salir) _____ con un tiempo así.

㉑⑥ ¡Qué lástima que no (caber) _____ más cosas en la maleta!

㉑⑦ Es una lata que nosotros (tener) _____ que irnos tan pronto.

㉑⑧ Fue una vergüenza que el patrón te (pagar) _____ tan poco.

㉑⑨ Fue una sorpresa que el jefe (aparecer) _____ a esa hora.

㉒⓪ No vale la pena que (insistir, tú) _____.

㉒① ¡Qué pena que él se (volver) _____ loco!

㉒② Era su deseo que lo (enterrar, ellos) _____ sin ceremonias.

㉒③ Ha sido casualidad que nos (encontrar) _____ en plena calle.

㉒④ ¡Qué idea loca que te (casar) _____ con ese tipo!

㉒⑤ Es una tragedia que no (saber) _____ controlarse ella.

（E）

㉒⑥ No es verdad que lo (matar, ellos) _____.

㉒⑦ No estoy seguro de que (venir, ellos) _____.

㉒⑧ Dudo que él (venir) _____ a la fiesta.

㉒⑨ El gobierno niega que (haber) _____ una crisis en el partido gubernamental.

㉓⓪ No creo que los políticos siempre (decir) _____ la verdad.

㉓① No creemos que se (jugar) _____ hoy el partido con tanta lluvia.

㉓② Aún no podemos afirmar que los colorantes (producir) _____ cáncer.

㉓③ Negó que la policía lo (torturar) _____ cruelmente.

㉓④ Pero no veo que la culpa (ser) _____ de nuestra compañía.

㉓⑤ No pienso que la presente (ser) _____ una de las épocas doradas.

㉓⑥ No digo que este coche (ser) _____ barato.

㉓⑦ Dudo que (pagar, nosotros) _____ menos impuestos el año próximo.

㉓⑧ No es que (estar, él) _____ gordo, sino que es fuerte.

㉓⑨ No creen que (poder, él) _____ contestar estas respuestas.

㉔⓪ La donación de órganos es actualmente una obligación moral, y nosotros no sentimos que (haber) _____ razón suficiente para ello.

㉔① Sin embargo no hay ninguna prueba de que esto (ser) _____ cierto.

㉔② No es que me (caer) _____ mal él; es que es tonto.

㉔③ No es que el chico no lo (saber) _____; es que tiene mala memoria.

㉔④ No es que (haber) _____ muchos espectadores; pero hay bastantes.

㉔⑤ Esta es la última vez que viajo en avión; pero no será la última que (viajar) _____ en tren.

（F）

246 Me alegra que en su familia todos (estar) _____ bien.

247 Nos alegramos de que pronto (llegar) _____ las vacaciones.

248 Lamentas que tus amigos no (ir) _____ de viaje contigo.

249 Yo siento mucho que tú no (querer) _____ perdonarme.

250 Me alegra que (hacer, tú) _____ un gran viaje por Latinoamérica.

251 No vale la pena que (volver) _____ si nadie te va a hacer caso.

252 Ella lamenta la desgracia del siniestro y se felicita por la suerte de que no (pasar) _____ nada.

253 ¡Me agrada que me (hacer, usted) _____ esa pregunta!

254 Odio que me (tratar, los demás) _____ como un payaso.

255 Me alegra que (volver, tú) _____ en junio.

256 Me da pena que (romper) _____ con su novio.

257 Me entusiasma que (ir, nosotros) _____ de excursión este fin de semana.

258 No me divierte que te (saltar) _____ el semáforo.

259 No me sorprende que (llegar, tú) _____ a casa los sábados a las seis de la mañana.

260 Me duele que te (tratar, ellos) _____ mal en la entrevista.

261 Me fastidia que (gastar, tú) _____ todo el dinero de la paga extra en un traje.

262 Me molesta que (dejar, tú) _____ el frigorífico vacío y no (preparar, tú) _____ nada.

263 Me apetece que (venir) _____ tus amigos a cenar a casa.

264 Odiamos que la gente nos (preguntar) _____ por ese asunto.

265 Les fastidia que (existir) _____ gente que no les cree.

（G）

266 Desde que nos hemos organizado, hemos logrado que todos los agricultores nos (escuchar) _____.

267 Su mujer intenta obligarle a que (abandonar) _____ esa idea.

268 Obviamente esto no contribuye a que el equipo (jugar) _____ mejor en los partidos que vienen.

269 Fumar no te relaja, no te ayuda a concentrarte y no contribuye a que te (divertir) _____ más en las fiestas.

270 Por supuesto que Internet ayuda a que tus empleados (ser) _____ más productivos.

271 Debes ayudar a que tu hijo (cuidar) _____ sus dientes.

㉒ Esa escena hizo que me (llenar, yo) _____ de un miedo indescriptible.

㉓ El temor a la inflación hace que el oro (subir) _____ tanto como el crudo.

㉔ La nieve caída la semana pasada hará que esta temporada (ser) _____ excepcional.

㉕ ¿Cómo puedo hacer que el ordenador (emitir) _____ un pitido por el altavoz?

㉖ En su discurso ha señalado la importancia de hacer que la tecnología (estar) _____ al alcance de todos.

㉗ Las reformas económicas hicieron que en Iberoamérica (aumentar) _____ la desigualdad social.

㉘ Sus evidentes discapacidades físicas hicieron que su familia le (excluir) _____ de los asuntos públicos.

㉙ Sus acciones han conducido a que las fuerzas políticas (estar) _____ cada vez más polarizadas.

㉚ La popularización de Internet ha conseguido que la mayoría de los hogares (contar) _____ con ordenadores conectados a la Red.

㉛ ¿Alguna vez has dejado que alguien (asumir) _____ la culpa de algo que tú hiciste?

㉜ Has vuelto a hacer que me (equivocar) _____ y me he equivocado.

㉝ Ella rompió a llorar, dejando que por las mejillas se (deslizar) _____ un río de dolor y de tristeza.

㉞ Su sonrisa no contribuyó a que la chica (recuperar) _____ la calma.

㉟ La lluvia y el fuerte viento hicieron que la gente (abandonar) _____ la plaza.

㊱ La policía de tráfico hará que se (respetar) _____ las señales.

㊲ El portero no pudo evitar que el balón (entrar) _____ en la portería.

㊳ Nadie podía hacer que aquellos inútiles (jugar) _____ bien.

㊴ Deja que por un momento (ser) _____ yo quien ocupe tu mente.

㊵ ¿Por qué los gobiernos dejan que los especuladores del mercado del petróleo (arruinar) _____ a los ciudadanos?

（H）

㊶ Me dio su teléfono para que le (poder, yo) _____ llamar en caso necesario.

㊷ Fui a verla para que me (prestar) _____ unos vídeos.

㊸ ¿Cómo puedo proteger mi navegador para que no (poder) _____ ser modificado maliciosamente?

㊹ Decidlo de tal manera que todos os (entender) _____ .

㊺ Hace tanto frío que se (helar) _____ las orejas.

㊻ No es tan tonto que no (ser) _____ responsable de sus actos.

㊼ Para que esa opinión (ser) _____ viable, debemos colaborar todos.

㉙⑧ Vengo a que usted me (vender) _____ pan.

㉙⑨ Viene a que le (dar, yo) _____ mi nuevo número telefónico.

㉚⓪ Vengo a que te (regresar) _____ conmigo.

㉚① Le expulsaron temporalmente con la intención de que se (corregir) _____.

㉚② A fin de que (poder, tú) _____ chequear si tu PC se encuentra libre de virus, hemos incluido en esta sección dos de las mejores herramientas que existen en el mercado.

㉚③ Nuestros datos son elementos de suma importancia que deben ser protegidos a fin de que no se (perder) _____ o (caer) _____ en manos de personas no autorizadas.

㉚④ Lo dijo alto a fin de que todos lo (oír) _____ bien.

㉚⑤ Hay que trabajar por que la patria (prosperar) _____.

㉚⑥ Nos esforzaremos por que se (adoptar) _____ constantes medidas a nivel nacional e internacional para mejorar las condiciones de salud de los niños

㉚⑦ Nos esforzaremos por que se (iniciar) _____ una lucha a nivel mundial contra la pobreza.

㉚⑧ Estaba impaciente por que la (llamar) _____ su novio.

㉚⑨ Aprobó el examen sin que lo (ayudar) _____ nadie.

㉛⓪ Debemos hacerlo sin que lo (saber) _____ tu marido.

㉛① Quiere perder peso sin que su pecho (disminuir) _____.

㉛② El enfermo seguía hablando sin que ninguno le (escuchar) _____.

㉛③ Sin que el jinete le (obligar) _____, el caballo paró frente a la tienda.

㉛④ Son unos locos porque pretenden que el Metro vaya sin que nadie lo (conducir) _____ o (controlar) _____.

㉛⑤ ¿Morirá alguien sin que nadie lo (evitar) _____? ¿Cuánto vale la vida humana?

㉛⑥ Te puedes poner la ropa que tú quieras, sin que nadie te (criticar) _____ o te (sugerir) _____ que cambies algunas prendas.

㉛⑦ Puedes hacer con tu tiempo libre lo que quieras como leer, hacer pereza, o estudiar sin que te (estar, los demás) _____ controlando.

㉛⑧ Lo hicimos antes de que nos lo (decir, ellos) _____.

㉛⑨ Preparemos adecuadamente nuestra estrategia de supervivencia frente a las mortíferas enfermedades que nos acechan, antes de que nos (matar) _____.

㉛② Tenéis que hacerlo mucho antes de que (llegar) _____ la tormenta.

㉛② ¿Puedo darme de baja antes de que (finalizar) _____ el contrato?

㉚② Les exigía el pago antes de que se (cumplir) _____ el primer trimestre de 2006.

㉛② Hay que transplantar estas plantas antes de que (comenzar) _____ el invierno

㉛② Actuemos antes de que (ser) _____ demasiado tarde.

㉛ Antes de que se (acabar) _____ el mundo es bueno que sepamos qué se puede

hacer para que eso no (ocurrir) _____.

(I)

㉛ (Salir) _____ con quien salgas, no regreses tarde a casa.

㉛ (Venir) _____ cuando vengas, te esperaré levantado.

㉛ (Decidir) _____ lo que decidas, no te pondremos impedimentos.

㉛ Eres nuestro amigo, (vivir) _____ donde vivas.

㉛ Esa discusión no tiene ningún sentido, lo (mirar) _____ como lo mires.

㉛ No voy a escucharlo, (decir) _____ lo que digas.

㉛ Aquí, (ir) _____ por donde vayas, puedes encontrar un bar.

㉛ Te juré que, (decir) _____ lo que dijeras, volvería a tu lado.

㉛ Iremos a esquiar, (nevar) _____ lo que nieve.

㉛ (Nevar) _____ o (llover) _____, siempre da su paseíto.

㉛ Me (alabar, los demás) _____ o (criticar) _____, hago mi trabajo

igual.

㉛ (Querer) _____ o no quieras, tienes que tomarte el jarabe.

㉛ (Costar) _____ lo que cueste, voy a comprar un ordenador portátil.

㉛ (Decir) _____ lo que digan, nos casaremos este verano.

㉛ (Llegar, él) _____ cuando llegue, no dejes de avisarme.

㉛ (Ir) _____ donde vayas, te seguiré como tu sombra.

㉛ (Comer) _____ cuanto coma, siempre tengo hambre.

㉛ Lo (tomar) _____ como lo tomes, te digo la verdad.

㉛ Te (gustar) _____ o no, tienes que ir a la escuela.

㉛ (Pasar) _____ lo que pase, tengo que terminar mi carrera universitaria.

(J)

㉛ Tengo mucho miedo de que (venir, ellos) _____ a pegarme.

㉛ No está convencido de que su jefe (tener) _____ razón.

㉛ Es de mi responsabilidad que (acabar, tú) _____ la carrera.

㉛ Es de su responsabilidad que los aviones (salir) _____ a tiempo.

㉛ Ya es hora de que vosotros (terminar) _____ ese trabajo.

㉛ Es hora de que el Real Madrid (hacer) _____ una revolución.

㉛ Es hora de que los restauranteros y los hoteleros (empezar) _____ a servir un café

de excelente calidad. ¡Es una obligación!

㉛ No hay posibilidad de que el enfermo se (recuperar) _____.

㉛ Aumenta la posibilidad de que (haber) _____ formas de vida fuera de la Tierra.

(355) ¿Hay posibilidad de que la enfermedad (ser) ________________ transmitida a sus hijos?

(356) Estaban hartos de que les (imponer, ellos) ________________ tales condiciones.

(357) Ellos rechazan la hipótesis de que el hombre (provenir) ________________ del mono.

(358) Había fundado temor de que el equipo (descender) ________________ a segunda.

(359) Nunca dio lugar a que ellos lo (criticar) ________________.

(360) Tengo ganas de que vosotros me (escribir) ________________ desde París.

(361) ¡Qué suerte tienes de que no te (agarrar) ________________ la gripe!

(362) Está haciendo el milagro de que (desaparecer) ________________ los caciques.

(363) Tenían miedo de que (llover) ________________ el día de la fiesta.

(364) Estoy cansado de que mi hermano (traer) ________________ a sus amigos a casa los fines de semana.

(365) El crudo sube ante el temor de que Venezuela no (poder) ________________ reiniciar su producción.

二、把括号里的原形动词变为陈述式或虚拟式适当的时态与人称

(A)

(366) Ordenó a los jóvenes que (instalar) ______________________ las tiendas y que (preparar) ________________ la comida.

(367) Dice que no consentirá que nadie (poner) ________________ en duda su palabra.

(368) Prefiero que el que se luzca (ser) ________________ mi hermano y no yo.

(369) Sospechaba que aquella dirección (ser) ________________ falsa.

(370) Dijo que estaba encantado de que lo (llamar, yo) ________________.

(371) Sabemos que ella (aceptar) ________________ todo sin rechistar.

(372) Me gustaría que (reunirnos) ________________ este fin de semana.

(373) Imagino que (volver, nosotros) ________________ a vernos, ¿no?

(374) Lamento que mis problemas personales (poder) ________________ repercutir en mi trabajo.

(375) Quieren que su hija se (educar) ________________ en Francia.

(376) Nos dijo que la radio (anunciar) ________________ que llovería.

(377) Esperó a que (dar) ________________ las dos de la madrugada para pedirle que se casara con él.

(378) Espero que no le (importar) ________________ esperar unos minutos.

(379) No necesita que le (resolver, nosotros) ________________ nada.

(380) Esperamos que se (levantar) __________________________ un poco de brisa y (refrescar) ________________ el ambiente.

(381) Quisiera que aquella música se (acabar) ________________ de una vez.

(382) Dice que anoche soñó que le (visitar) ________________ su hermana.

383 Debes saber que el amor que estás perdiendo no (ser) _____ el único, y que tal vez

ni siquiera (ser) _____ amor.

384 ¿Me permite que (sacar) _____ a su hija a bailar esta pieza?

385 Esperamos que, tras las elecciones, el ganador (recordar) _____ sus promesas

electorales.

386 Nunca había sospechado que (poder) _____ ocurrírsele tantas y tan extravagantes

ideas.

387 No quiero decir que los deportistas (ser) _____ tontos.

388 No le gusta que le (ver, los demás) _____ llorar.

389 Nos explicó que (ser, él) _____ periodista y que su periódico lo (enviar)

_____ allí para recoger información.

390 Sé que no te (gustar) _____ que te (pagar) _____ a plazos.

391 Cree que la vida (ser) _____ injusta y que (ser) _____ imposible que

el hombre (gozar) _____ de completa libertad.

392 Era muy machista y nunca permitía que su mujer (llevar) _____ la voz cantante.

393 Celebro que usted se (dar) _____ cuenta de lo que ha hecho.

394 Pienso que ella (salir) _____ pronto del hospital. No creo que se (quedar)

_____ aquí el fin de semana.

395 Pidieron que se (silenciar) _____ la noticia.

396 Ella me ha encargado que le (entregar) _____ esta carta.

397 Propongo que (dividirnos) _____ en dos grupos.

398 Gracias a los frenos ABS evitó que el coche (caer) _____ por el precipicio.

399 Pidió que le (dejar, ellos) _____ viajar a su pueblo para ver a su familia.

400 De él dependía que su compañero (ascender) _____ y (ser) _____

trasladado a otro puesto más acorde con su categoría.

401 Me sorprendió que no (acudir, tú) _____ a consultármelo si tenías tantas sospechas.

402 Dudo que, con lo jóvenes que son, los (dejar, ellos) _____ estar a solas tanto

tiempo.

403 No esperes que (conceder, yo) _____ permiso para salir.

404 No creo que te (gustar) _____ cuando lo leas.

405 Todos creemos que se (acabar) _____ pronto la guerra.

406 Le he pedido que me (acompañar) _____, pero me ha dicho que no puede.

407 ¡Espero que (tener, tú) _____ buen viaje!

408 A lo mejor el profesor se (olvidar) _____ de que hoy es fiesta.

④⑨ Sin duda (cansarse, ellos) _____ de esperarnos ayer.

④⑩ Sabemos que la chica (llegar) _____ tarde ayer.

④⑪ Sugiere que (ir, nosotros) _____ al cine.

④⑫ El pobre me pidió que le (dar) _____ diez euros.

④⑬ El capitán ordenó a sus soldados que (atacar) _____ al enemigo.

④⑭ Le disgusta que le (llamar, los demás) _____ por teléfono cuando duerme la siesta.

④⑮ El empleado me mandó que (abrir) _____ el paquete.

④⑯ Les recomiendo que (probar) _____ la carne a la brasa.

④⑰ Les he pedido a los Reyes que me (traer) _____ un juguete como éste.

④⑱ Nos aconsejan que (esquiar) _____ en los Pirineos.

④⑲ El Gobierno les autorizó que (exportar) _____ más coches a África.

④⑳ Esperamos que todos (cumplir) _____ con vuestro deber.

④㉑ Nos prohíben que (comer) _____ en el parque.

④㉒ Le supliqué que me (aguardar) _____ en el coche hasta mi vuelta.

④㉓ Le pedí que me (explicar) _____ el tema.

④㉔ Podrían ordenarme que (hacer) _____ las maletas.

④㉕ ¿Puedes convencerles de que (aceptar, ellos) _____ esta solución?

④㉖ Los huelguistas insisten en que la empresa (mejorar) _____ las condiciones de trabajo.

④㉗ ¿Aún dudas que te (amar) _____ yo?

④㉘ Temo que el jefe ya (llegar) _____ a la reunión.

④㉙ Permítame que se lo (explicar) _____.

④㉚ Te agradezco que me (enviar) _____ flores el día de mi santo.

④㉛ Al Tribunal le criticaron que no (aprobar) _____ la ley.

④㉜ Entrenador y jugadores temen que el equipo (descender) _____ a segunda.

④㉝ Muchos esperaban que ese equipo (ganar) _____.

④㉞ Hemos propuesto que el homenaje (ser) _____ de todos.

④㉟ Anhela que su equipo (llegar) _____ a la gran final.

④㊱ Ha intentado que ella (abandonar) _____ sus vacaciones.

④㊲ Pretende que los espectadores (ver) _____ a Mozart en la pantalla.

④㊳ Quiero que más personas (visitar) _____ mis páginas.

④㊴ Su padre hubiera querido que él (estudiar) _____ medicina.

④㊵ Nuestras ventas siempre han aumentado, pero preferimos que la gente (comprar) _____ una entrada que un disco.

441 ¿Cómo prefieres que (ser) _____ la tecnología en tu hogar?

442 Ansiamos que (llegar) _____ ese momento.

443 Aspiro a que lo (resolver, nosotros) _____ cuanto antes.

444 Nos llama a que (amarnos) _____ los unos a los otros.

445 No tolero que me (maltratar) _____ tú de palabra.

446 Se ruega al que lo haya encontrado que lo (devolver) _____ en nuestro domicilio.

447 Odiaba que (pasarte) _____ todo el día sentado en ese sillón.

448 Ansío que (brotar) _____ las flores pronto.

449 Oían que los pájaros (cantar) _____.

450 Sentían que se (acercar) _____ alguien.

451 Pienso que (tener, yo) _____ razón en eso.

452 Opinaba que (conocer) _____ el problema mejor que nosotros.

453 Le habían aconsejado que (cambiar) _____ de trabajo.

454 Le mandaron que se (poner) _____ el abrigo.

455 Decide pronto cómo se (hacer) _____.

456 No explica cómo se (demostrar) _____ el problema.

457 Ordenó a los soldados que (disparar) _____.

458 Le invitaremos a que (comer) _____ con nosotros.

459 Les ruego que no (hacer) _____ ruido.

460 El cartel prohíbe que las mujeres (entrar) _____ en la iglesia sin medias.

461 ¿Me dejas que te (acariciar, yo) _____?

462 La policía le ayudó a que (recuperar) _____ su coche.

463 Temo que ellos no (estar) _____ de acuerdo.

464 Admito que no lo (hacer, yo) _____ bien.

465 Te aconsejo que (tomar) _____ aspirina si tienes fiebre.

466 Se espera que (dar) _____ una explicación la guardia civil.

467 Se veía que todo lo (entender) _____ perfectamente ella.

468 Se prefiere que la secretaria (hablar) _____ tres idiomas.

469 Se cuenta que alguien (informar) _____ al Caudillo.

470 Se teme que (aumentar) _____ la violencia.

471 Le mandó que le (dar) _____ de comer.

472 He oído que (viajar, tú) _____ a Europa en las próximas vacaciones.

473 Cuide de que el bebé (dormir) _____ acostado de espaldas y cuide de que la cabeza del bebé (estar) _____ descubierta durante el sueño.

④⑦④ Se convenció de que no (haber) _____ nada que hacer.

④⑦⑤ Se ha olvidado de que (dejar) _____ las llaves puestas.

④⑦⑥ Ella se empeñó en que todos (llevar) _____ una insignia roja.

④⑦⑦ Le duele que su hijo (tener) _____ tan mala conducta.

④⑦⑧ Eso depende de que tú lo (creer) _____ o no.

④⑦⑨ Su familia se opuso a que él se (casar) _____ con esa chica.

④⑧⓪ Desconfía de que la universidad le (renovar) _____ el contrato.

④⑧① Veamos cómo esto les (afectar) _____.

④⑧② ¿Sospechan quién les (ayudar) _____ a salir del problema?

④⑧③ Dinos de quién se (sospechar) _____.

④⑧④ Nunca nos reveló cómo lo (conseguir, él) _____.

④⑧⑤ Le mandó el médico que se (desnudar) _____ para el examen.

（B）

④⑧⑥ Es imprescindible que se (llevar) _____ corbata.

④⑧⑦ Es peligroso que la gente se (asomar) _____ por la ventanilla.

④⑧⑧ Es maravilloso que (poder, nosotros) _____ estar juntos.

④⑧⑨ Puede que (nevar) _____ mañana.

④⑨⓪ Nos fastidia que (tener, nosotros) _____ que trabajar el domingo.

④⑨① Convendría que no (hacer, tú) _____ eso.

④⑨② Vale más que no os (precipitar) _____ en ese negocio.

④⑨③ Me sorprende que ella (estar) _____ ausente.

④⑨④ Parece que no (estar, él) _____ en la oficina.

④⑨⑤ Me extraña que (estar, ellos) _____ refugiados en casa de algún pariente.

④⑨⑥ No conviene que te (marchar) _____ ahora.

④⑨⑦ Es lástima que no (poder, tú) _____ ir de excursión con nosotros.

④⑨⑧ Vale más que no (hacer, nosotros) _____ nada.

④⑨⑨ Importa mucho que no (cometer, tú) _____ esa imprudencia.

⑤⓪⓪ Basta que el criminal (admitir) _____ su delito.

⑤⓪① Veo que Carlos (nadar) _____ en la piscina.

⑤⓪② Conviene que lo (hacer, nosotros) _____ pronto.

⑤⓪③ No está bien que se (hablar) _____ tanto de él.

⑤⓪④ A ella le daba rabia que la (insultar) _____ sus compañeros de trabajo.

⑤⓪⑤ A la niña le gustaría que sus papás la (sacar) _____ a pasear.

⑤⓪⑥ A España le basta que Marruecos le (dejar) _____ pescar en sus aguas.

⑤⓪⑦ Me complace que ustedes se (mostrar) _____ tan atentos conmigo.

508 Le encantaba que lo (buscar, ella) _____ para ir juntos a clase.

509 Sucedió que la torre se (caer) _____ anoche.

510 Puede que (haber) _____ tormenta esta tarde.

511 Ocurre que el mejor ciclista (pinchar) _____ en la montaña.

512 Le fastidió mucho que se (decir) _____ esas cosas de ella.

513 Le dolió que ellos no la (invitar) _____ a la fiesta.

514 Me molesta enormemente que (vender, tú) _____ tu coche a otro.

515 No vale la pena que (emigrar) _____ tanta gente a la ciudad.

516 Me parecía difícil que ella se (curar) _____ de su enfermedad.

517 Era posible que el Gobierno lo (nombrar) _____ embajador.

518 No parece que aquí lo (saber) _____ nadie.

519 Nos llama la atención el hecho de que (quitar, ellos) _____ el anuncio tan pronto.

520 Resultó que no lo (saber) _____ nadie.

521 ¿Es cierto que no te (molestar) _____ que te (tomar, los demás) _____ el pelo?

522 No le importaba que lo (saber) _____ sus vecinos.

523 Le vuelve loco que le (aplaudir) _____ el público.

524 Me hace feliz que tú me (querer) _____.

525 Le ponía malo que la gente lo (reconocer) _____ en la calle.

526 Era evidente que esos estudiantes no se (saber) _____ la lección.

527 Está claro que ellos no (venir) _____ mañana.

528 Es indudable que ella (tocar) _____ el piano muy bien.

529 No estaba claro que la chica (llevar) _____ pantalones verdes.

530 Es falso que los españoles (odiar) _____ el trabajo manual.

531 Está visto que no se (poder) _____ ser bueno.

532 No es cierto que ella se (suicidar) _____ por deudas.

533 No es seguro que el Barcelona (ganar) _____ la próxima liga.

534 Es importante que el chico (aprobar) _____ los exámenes en junio.

535 La verdad es que me (gustar) _____ mucho ser cantante si pudiera.

536 No es una evidencia que siempre (ganar) _____ el mejor.

537 No es verdad que Barajas (ser) _____ un aeropuerto peligroso.

538 Es cierto que mi infancia (ser) _____ muy difícil.

539 ¡Qué lástima que nunca te (tocar) _____ la lotería!

540 No es cierto que lo (condenar, ellos) _____ a diez años de cárcel.

（C）

541 Estaba convencido de que, tarde o temprano, se (casar) _____ con ella.

542 Estoy de acuerdo en que España (cambiar) _____ mucho.

543 Estoy en contra de que nos (cambiar, ellos) _____ el horario.

544 En el aborto estamos a favor de que (decidir) _____ la mujer.

545 No cabía duda de que el preso se (escapar) _____ de la cárcel.

546 En vista de que él (colaborar) _____ con la policía, lo soltaron.

547 Nunca entendí tu idea de que (haber) _____ que comprar este terreno.

548 Había expuesto la idea de que la crisis se (superar) _____ pronto.

549 Sostuvo la tesis de que los militares no se (equivocar) _____ nunca.

550 Está muy bien eso de que (venir, ellos) _____ a echarnos una mano.

551 Da la impresión de que ella (estar) _____ enferma.

552 Tenía la certeza de que su ejército (ser) _____ invencible.

553 Lo mejor de la historia era que no (tener) _____ un final claro.

554 Lo divertido fue que nadie (conocer) _____ la solución.

555 Lo importante sería que rusos y americanos se (entender) _____.

556 Lo que no entiendo es que ella se (empeñar) _____ en destruirse.

557 Estoy seguro de que ella se (volver) _____ a dejar seducir.

558 El caso es que su padre se (morir) _____ hace cinco años.

559 Es un síntoma de tu enfermedad el que te (doler) _____ tanto el hígado.

560 Es un hecho que él no (acudir) _____ a la fiesta anoche.

（D）

561 Si no tiene ninguno de los síntomas que (aparecer) _____ en la lista, no debe emplear esta fórmula.

562 En España, salvo excepciones, apenas hay industrias que (invertir) _____ en investigación.

563 Muy poca gente hay que (tener) _____ una cocina profesional y menos todavía una de las antiguas de gas.

564 Me gusta mucho la guía turística que me (prestar, tú) _____.

565 Nunca he visto un animal que (pesar) _____ tanto.

566 Allí hay tres hombres que no (estar) _____ bebiendo.

567 El que (tener) _____ hambre que se aguante.

568 Vivo en una casa que no sólo (tener) _____ un jardín, sino también una piscina.

569 Busco un piso que (estar) _____ situado a la orilla del río y que (tener) _____ balcón.

570 Conozco un mecánico que (poder) _____ arreglar esa avería.

571 Busco un mecánico que (poder) _____ arreglar esa avería.

572 Quedamos en vernos en una cafetería donde (poner) _____ un café exquisito.

573 ¿Conoces alguna cafetería donde (poner) _____ un café exquisito?

574 Tengo un libro sobre el subjuntivo que (tener) _____ pocos ejercicios.

575 ¿Conoces algún libro sobre el subjuntivo que (tener) _____ muchos ejercicios?

576 Conozco a alguien que te (quitar) _____ ese ojo de gallo.

577 ¿Conoces a alguien que (quitar) _____ ojos de gallo?

578 Tengo un atlas donde (aparecer) _____ todas las repúblicas de la ex Unión Soviética.

579 ¿Hay algún atlas donde (aparecer) _____ todas las repúblicas de la ex Unión Soviética?

580 En este país hay mucha gente que (saber) _____ de leyes.

581 Parece que aquí no hay mucha gente que (saber) _____ de leyes.

582 Hay niños a los que les (salir) _____ el primer diente a los cuatro meses.

583 No conozco a ningún niño a quien le (salir) _____ el primer diente antes de los tres meses.

584 En Europa apenas queda gente que no (saber) _____ leer ni escribir.

585 En África hay mucha gente que no (saber) _____ leer ni escribir.

586 Dame las tijeras que (cortar) _____ bien.

587 Necesito unas tijeras que (cortar) _____ bien.

588 Que vengan los que (querer) _____ ver el dibujo.

589 Los que (estar) _____ en contra de la elección del nuevo director, que levanten la mano.

590 El que (tener) _____ noticias del secuestro, deberá comunicarlo a la policía.

591 Vete donde (querer, tú) _____.

592 ¿Has visitado muchos lugares? Bien, entonces háblame de los lugares que (visitar, tú) _____.

593 Antes vivíamos en un piso que (tener) _____ doce habitaciones. Ahora ya no construyen pisos que (tener) _____ tantas habitaciones.

594 Se nos murió el pajarito que (cantar) _____ tan bien. Ya no tenemos pájaros que nos (cantar) _____ en la mañana.

595 Se necesita mecánico que se (especializar) _____ en electricidad.

596 Conozco un restaurante que (servir) _____ cocido; pero no conozco ninguno que (servir) _____ paella.

⑤⑨⑦ Habéis comprado un tocadiscos que (tocar) _____ discos normales; pero, ¿no queréis uno que (tocar) _____ compactos?

⑤⑨⑧ En Estados Unidos no hay nadie que no (saber) _____ manejar; aquí hay muchos que no lo (saber) _____.

⑤⑨⑨ Tenía un libro que (hablar) _____ de México; pero no tenía ninguno que (hablar) _____ de Bolivia.

⑥⓪⓪ Es difícil encontrar a alguno que la (conocer) _____, pero no es difícil encontrar a alguno que (oír) _____ hablar de ella.

⑥⓪① Al existir un montón de colaboradores es muy fácil encontrar a alguno que (tener) _____ tus mismos gustos.

⑥⓪② No siempre es fácil encontrar a alguno que (poder) _____ hacer este tipo de trabajo.

⑥⓪③ ¿Hay aquí alguno que se (aburrir) _____?

⑥⓪④ Nunca habían fabricado un automóvil que (acelerar) _____ tan rápido.

⑥⓪⑤ Apenas quedan aquí niños que no (ir) _____ a la escuela.

⑥⓪⑥ Hoy puedes comer lo que te (apetecer) _____ por ser tu santo.

⑥⓪⑦ Aceptarán todo lo que tú (decir) _____ con tal de que sepas presentarlo.

⑥⓪⑧ Los que ya (acabar) _____, se pueden ir.

⑥⓪⑨ Dice que se irá con el primero que (venir) _____ a buscarla.

⑥①⓪ Tendrás que arreglártelas con lo que (encontrar) _____ por ahí.

⑥①① Dondequiera que tú (estar) _____, estaré yo.

⑥①② Los que se (oponer) _____, que levanten la mano.

⑥①③ Quería comprar un coche que (alcanzar) _____ doscientos kilómetros por hora.

⑥①④ Si me amas, te daré todo lo que (desear) _____.

⑥①⑤ En ese país raro es el tren que no se (retrasar) _____.

⑥①⑥ Buscaban una residencia que (acoger) _____ ancianos sin dinero.

⑥①⑦ Quienquiera que te lo (contar) _____, ha mentido.

⑥①⑧ La próxima vez que (nevar) _____, iremos a esquiar.

⑥①⑨ Cualquier ciudadano que (votar) _____, cumple un deber cívico.

⑥②⓪ La bomba cayó a diez metros de donde yo (estar) _____.

⑥②① Dice que no existe un avión que (despegar) _____ más rápido que ése.

⑥②② Antonio, de quien se (sospechar) _____ que es ladrón, ha huido esta mañana.

⑥②③ Mi padre, que en paz (descansar) _____, murió hace años.

⑥②④ Jamás habíamos visto un chico que (llorar) _____ tan triste.

⑥②⑤ Nunca encontraron una persona que (tener) _____ más talento.

㉖ ¿Has visto un tipo que (saber) _____ más latín?

㉗ El presidente, o quien (ser) _____, debe actuar pronto.

㉘ Todo lo que se le (dar) _____, lo gastará en vino.

㉙ Es la mujer más hermosa que jamás se (ver) _____.

㉚ Compraron una casa que (estar) _____ en las afueras del pueblo.

㉛ No hay ningún editor que no (querer) _____ vender libros.

㉜ Ninguno de los libros que (leer) _____ en su vida le ha servido para tomar decisiones.

㉝ Ninguno de los dos trabajos que tiene (tener, él) _____ es fijo.

㉞ En este parque no hay ninguna farola que (lucir) _____ bien.

㉟ No tienes a nadie que te (vigilar) _____ porque llamas o sales con tu ex novio.

(E)

⑯ No (romper, tú) _____ ese florero, que cuesta muy caro.

⑰ No he de callar porque (imponer) _____ tú silencio con el dedo.

⑱ He oído que te (casar) _____ en mayo próximo.

⑲ Nadie ha oído que (ocurrir) _____ tal accidente.

⑳ ¿No viste que la policía se lo (llevar) _____ maniatado?

㉑ No veo que sus negocios (prosperar) _____ tanto como dicen.

㉒ Veo que te (comprar, tú) _____ un coche nuevo.

㉓ Siento que me (entrar) _____ ganas de llorar al ver esa escena.

㉔ ¿No sientes que ya (llega) _____ el avión?

㉕ El predice que (hacer) _____ buen tiempo mañana.

㉖ Bien sabes que tu novio se (portar) _____ ayer mal contigo.

㉗ Entendió muy bien que la policía le (mandar) _____ parar.

㉘ El acomodador indicó al espectador que se (sentar) _____ en la tercera fila.

㉙ La guía indica que (ser) _____ una ciudad interesante.

㉚ Sabía que (visitar) _____ tú Madrid; pero no sabía que hubieras (visitado) _____ Lisboa.

㉛ El marido sospechó que su mujer lo (engañar) _____ con otro.

㉜ Admite que se (equivocar) _____ por completo.

㉝ No admite que (ser) _____ él el asesino.

㉞ No pienso que te (aceptar) _____ en esa empresa.

㉟ Sabemos que (bastar) _____ apretar un botón.

㊱ No niego que me (gustar) _____ muchísimo el chocolate.

㊲ No creo que le (gustar) _____ esa película.

⑥⑤⑧ Diles que no (gritar) _____ tanto.

⑥⑤⑨ No me dijeron que te (ver) _____ con una chica; me dijeron que te (ver) _____ con un chico.

⑥⑥⓪ Observó que la tierra se (mover) _____ en torno al sol.

⑥⑥① Ya te había sugerido que (cambiar) _____ tú esa rueda antes del viaje.

⑥⑥② Afirma un experto que el petróleo se (agotar) _____ dentro de un siglo.

⑥⑥③ El profesor aclaró que en su clase no se (enseñar) _____ a multiplicar.

⑥⑥④ El notario certificará que el documento (cumplir) _____ las normas.

⑥⑥⑤ El criminal ha confesado que (matar) _____ a la víctima de un tiro.

⑥⑥⑥ Los marinos dicen que tal vez se (encontrar) _____ tiburones allí.

⑥⑥⑦ ¿Te has fijado en que él no (usar) _____ desodorante?

⑥⑥⑧ No creo que el marido le (decir) _____ eso a su mujer.

⑥⑥⑨ Descubrí enseguida que aquel móvil quizá no (ser) _____ mío.

⑥⑦⓪ Imagine que un cliente lo (llamar) _____ por teléfono a estas horas.

⑥⑦① ¿No crees que nadie lo (conocer) _____ aquí?

⑥⑦② ¿Cómo se puede creer que un análisis médico (esté) _____ tan equivocado?

⑥⑦③ Cuide usted que no (copiar) _____ en el examen los estudiantes.

⑥⑦④ Respondió que nunca lo (dudar, él) _____.

⑥⑦⑤ Los nazis creían que (ganar, ellos) _____ la guerra.

⑥⑦⑥ Es difícil adivinar qué (pensar) _____ un condenado a muerte.

⑥⑦⑦ Nunca se sabrá cómo esos individuos (lograr) _____ abrir la caja.

⑥⑦⑧ Al fin descubrieron qué misterio se (encerrar) _____ en aquellas palabras.

⑥⑦⑨ Se ignora quién (dar) _____ la orden.

⑥⑧⓪ El ministro negó que se (registrar) _____ un enfriamiento en las relaciones entre ambos países.

⑥⑧① Dudaban los padres que su hija (romper) _____ con su novio por eso.

⑥⑧② Lo que más me fastidia es que dudan que yo (ser) _____ el que manda aquí.

⑥⑧③ No ocultaron que (estar, ellos) _____ en dificultades.

⑥⑧④ No se me pasó por la cabeza que te (ofender) _____ mi conducta.

⑥⑧⑤ No dudan que el avión (llegar) _____ a la hora.

⑥⑧⑥ No dudamos que tú te (divertir) _____.

⑥⑧⑦ No dudo que a veces los políticos (mentir) _____.

⑥⑧⑧ Es indudable que se (merecer, él) _____ la medalla de oro.

⑥⑧⑨ No dudo que ésta (ser) _____ la mejor manera de llegar.

⑥⑨⓪ ¿Se ha averiguado ya quién le (obligar) _____ a cambiar de rumbo?

(F)

⑥⑨① Nada más que el avión (despegar) _____ de la pista se estrelló.

⑥⑨② Antes de que se lo (decir, nosotros) _____, ya lo había adivinado.

⑥⑨③ A pesar de que (saber, él) _____ el peligro, se aventuró.

⑥⑨④ A riesgo de que los (coger, ellos) _____, cruzaron la frontera.

⑥⑨⑤ Pese a que (haber) _____ niebla, condujo toda la noche.

⑥⑨⑥ A sabiendas de que (hacer) _____ mal, insiste en su conducta.

⑥⑨⑦ No respondieron bien porque no (tener) _____ tiempo para repasar las lecciones.

⑥⑨⑧ Se quedó en la cama porque (tener) _____ gripe.

⑥⑨⑨ Lo acabará sin que se lo (decir, los demás) _____ dos veces.

⑦⑩⑩ Hace como que no (saber) _____ nada.

⑦⓪① Reaccionó como si no le (pasar) _____ nada.

⑦⓪② Cuanto antes se (cerrar) _____ el trato, mejor para todos.

⑦⓪③ Mientras más se (esforzar) _____, menos rendía.

⑦⓪④ Mientras más se lo (decir, tú) _____, menos caso te hará.

⑦⓪⑤ Mientras menos te (ver, nosotros) _____ por aquí, más tranquilos estaremos.

⑦⓪⑥ Lo importante es que no se (romper) _____ las relaciones.

⑦⓪⑦ Lo interesante será que se (poder) _____ demostrarlo sin duda alguna.

⑦⓪⑧ No lo sé, por eso no (responder, yo) _____.

⑦⓪⑨ ¿Te sorprendería si te (pedir, yo) _____ que me acompañases?

⑦①⓪ USA propone que la próxima cumbre se (celebrar) _____ en junio.

⑦①① Quisiera que mi nombre (ser) _____ retirado de las listas.

⑦①② Necesito que alguien me (orientar) _____.

⑦①③ No cabe duda de que esa situación (provocar) _____ la inflación.

⑦①④ La producción ha decrecido desde que se (iniciar) _____ el conflicto.

⑦①⑤ Tal vez eso (significar) _____ que estamos dispuestos a avanzar.

⑦①⑥ Temían que él (vender) _____ información sobre la economía.

⑦①⑦ Tal vez eso haga que le (quedar) _____ a uno una sensación confusa.

⑦①⑧ El Gobierno ya ha conseguido que (descender) _____ la gasolina.

⑦①⑨ Es una pena que el pueblo español no (reaccionar) _____.

⑦②⓪ No se puede afirmar que (haber) _____ una crisis dentro de poco.

⑦②① Que yo (saber) _____, no va a nevar mañana.

⑦②② Que (saber, nosotros) _____, nuestra amiga aún no ha regresado del supermercado.

⑦②③ Por inteligente que Ana (ser) _____, no recibirá su licencia de manejar.

⑦②④ Por rico que tú (ser) _____, no podrás comprar un barco.

(725) No se olvidaron de que (ser) ______________ Navidad.

(726) No ignorabais que me (gustar) ______________ el vino.

(727) Pedro nos exhorta a que no (dejarnos) ______________ engañar por ellos.

(728) ¿Acaso no viste que te (estar, yo) ______________ haciendo señas?

(729) ¿No es triste que no te (gustar) ______________ el vino?

(730) No es tan poderoso que no (poder) ______________ caer.

(731) Tenía unos deseos enormes de que me (besar) ______________ tú.

(732) Le dijo que, cuando (dar) ______________ las seis, lo despertara.

(733) Es mentira, no importa quién lo (decir) ______________.

(734) Estamos esperando a que (amanecer) ______________.

(735) Con lo listo que (ser) ______________, llegará lejos.

(736) Siento que ese tipo te (hacer) ______________ tanto daño.

(737) Cuanto más (invertir) ______________ tú, más dinero ganarás.

(738) No es que no (querer) ______________ yo dártelo, es que lo tengo prohibido.

(739) No se le pasó por la cabeza que (poder, él) ______________ ser descubierto.

(740) Vete donde el abuelo a que te (dar) ______________ un beso.

(741) Me dijeron que no (volver, yo) ______________ sola a casa.

(742) Te advertí que (ir, yo) ______________ a llegar tarde a comer.

(743) Un compañero me susurró al oído que Pepe (estar) ______________ loco por mí.

(744) Un compañero me susurró al oído que quedara (quedar, yo) ______________ con Pepe esta noche y que le (decir, yo) ______________ que lo quería.

(745) Cuando pasa el límite de velocidad le digo que (ir) ______________ más despacio.

(746) Cuando pasa el límite de velocidad le digo que (poder, ellos) ______________ ponerle una multa.

(747) El jefe le ha comunicado que desde hoy no (trabajar, él) ______________ más en esta empresa.

(748) El jefe le ha comunicado que (irse, él) ______________ y no (volver) ______________ más.

(749) Lo que no soporto es que se me (imponer) ______________ la compra de un sistema operativo.

(750) Lo que no acepto es que me (mentir, ellos) ______________.

(751) Lo que quiero es que no me (regalar, tú) ______________ nada por mi cumpleaños.

(752) Lo que vas a decirle es que no se (volver) ______________ a meter en tu vida.

(753) Lo que no aguanto es que me (tomar, los demás) ______________ el pelo.

(754) Lo que tienes (ser) ______________ unos ojos preciosos.

(755) Lo que ella quiere comer no (ser) ______________ pescado, sino pollo.

(756) Como no (contratar, tú) ______________ un abogado, perderás todos tus derechos.

(757) Como no (ser, tú) ______________ más amable con tu novio, no te llevará el desayuno a la cama.

⑦⑤⑧ Cuando (llevar, yo) _____ zapatos de tacón bajo, me duele la espalda.

⑦⑤⑨ No estará contento mientras no le (dar, ellos) _____ el premio Cervantes.

⑦⑥⓪ Te llevaré al congreso con tal de que no (hablar, tú) _____ más de la cuenta.

⑦⑥① Tus padres te comprarán la moto con tal de que (aprobar, tú) _____ todo en junio.

⑦⑥② Si lo (seguir, tú) _____ buscando, lo encontrarás.

⑦⑥③ Si no te (dirigir, él) _____ la palabra, nos vamos.

⑦⑥④ Si me (subir, ellos) _____ el sueldo, me compraría una casita en el campo.

⑦⑥⑤ Si (vivir, yo) _____ en el campo, andaría todos los días una hora en bici.

⑦⑥⑥ Si (ver, tú) _____ películas de terror, tendrás miedo a quedarte sola por la noche.

⑦⑥⑦ No tengo teléfono, de modo que no (poder, tú) _____ llamarme.

⑦⑥⑧ Dame tu teléfono de modo que yo te (poder) _____ llamar.

⑦⑥⑨ Ya saqué los billetes, así que no (tener) _____ que preocuparte.

⑦⑦⓪ Explícamelo de manera que yo (poder) _____ comprenderlo.

⑦⑦① Ponme la cerveza en la nevera de modo que al volver (estar) _____ fría.

⑦⑦② Vete a la clínica de modo que te (hacer) _____ una radiografía del brazo.

⑦⑦③ Gasta sólo lo necesario de modo que ya (ahorrar) _____ algo este mes.

⑦⑦④ Voy a trabajar toda la noche de modo que mañana no me (despertar, tú) _____.

⑦⑦⑤ Cuanto más cara (ser) _____ una mercancía, tanto mejor suele ser.

⑦⑦⑥ Cuanto más (pensar, yo) _____ en ello menos me elegra la cosa.

⑦⑦⑦ Cuando (terminar, yo) _____ la carrera, me iré al extranjero.

⑦⑦⑧ Aunque no (tener, tú) _____ ganas tienes que hacer los deberes.

⑦⑦⑨ Cuando tú (nacer) _____, tus padres compraron el coche.

⑦⑧⓪ Cuando tú (llegar) _____, iremos al cine.

⑦⑧① Te portarás bien apenas (entrar, tú) _____ en el hospital, ¿verdad?

⑦⑧② Tan pronto como la (conocer, él) _____, se casó con ella.

⑦⑧③ En cuanto tú (ganar) _____ aquel concurso, te fuiste de viaje con el premio.

⑦⑧④ Desde que (mudarse, él) _____ de casa no sé mucho de él.

⑦⑧⑤ Nada más que él (empezar) _____ a trabajar se pone enfermo.

⑦⑧⑥ Sólo pude dormir después de que (llegar) _____ tú.

⑦⑧⑦ Cuando yo (tener) _____ 18 años podré conducir el coche de papá.

⑦⑧⑧ Cuando (necesitar, tú) _____ algo, ven y pídemelo, porque te he prometido que te daré todo lo que me (pedir, tú) _____.

⑦⑧⑨ La mató antes de que (llegar) _____ la policía.

⑦⑨⓪ Siempre que ella (venir) _____, trae algo para los niños.

⑦⑨① Cuando (venir, él) _____ por aquí siempre traía algo para los niños.

⑦⑨② Si (ser) _____ el jueves, no estaríamos aquí.

⑦⑨③ Pero te (gustar) _____ o no, uno de ellos será nuestro presidente.

⑦⑨④ No puedo evitar el presentimiento de que me (ir) _____ a pasar algo.

⑦⑨⑤ ¿No estás harto de que te (obligar, ellos) _____ a trabajar tantas horas extra?

⑦⑨⑥ El crudo sube ante el temor de que se (producir) _____ novedades respecto a Irán.

⑦⑨⑦ Sería feliz con que le (tocar) _____ la lotería.

⑦⑨⑧ No cabe la menor duda de que tu hermano (ser) _____ más fuerte.

⑦⑨⑨ Soy partidario de que se (rebajar) _____ los impuestos.

⑧⑩⑩ ¿Cómo se puede imprimir un PDF como si (ser) _____ un libro?

（ G ）

a.

Mira hija mía, yo quiero que tú (ser) _____ muy feliz. Primero, es importante que tú y tu esposo Pedro (comer) _____ bien cada noche. Espero que Pedro (tener) _____ suficiente dinero. ¡Además, tu padre y yo esperamos que tú (dormir) _____ bien! Yo sé que nunca (dormir) _____ cuando estás de viaje. Si (haber) _____ tiempo, os recomendamos que (visitar) _____ las ruinas mayas. ¡Son impresionantes! Allí hace mucho calor. Así, es necesario que Pedro te (cuidar) _____ mucho, no quiero que tú te (quemar) _____. ¡Ya sé que a ti te (gustar) _____ el sol! Después, quiero que tú (llamar) _____ a tu hermana. Ella me ha dicho que (querer) _____ hablar contigo. ¿Quieres que yo le (decir) _____ que tú estás muy bien? Finalmente, cuando vosotros (volver) _____, no os preocupéis del vuelo. ¡No pasará nada! ¡Feliz viaje!

b.

Querida hermana:

Cuando tú (venir) _____ a la universidad este otoño, no quiero que (tener) _____ problemas. Durante tu primer año probablemente vas a vivir en la residencia estudiantil. A veces hay problemas entre compañeras de cuarto. Si (haber) _____ problemas, yo os aconsejo que (hablar) _____ y (discutir) _____. Es mejor que tú les (decir) _____ a tus compañeras lo que no te gusta. También, es importante que tú (estudiar) _____ cada día. Si no (entender) _____ algo, espero que (hablar) _____ con tus profesores. Es mejor que ellos (saber) _____ tus problemas. Finalmente, es importante también que tú te (divertir) _____. Aquí hay discotecas muy buenas y quiero que (bailar, tú) _____ mucho. Pero prefiero que no (beber, tú) _____. ¡No tienes 21 años! Deseo que tú (pasar) _____ unos años maravillosos aquí, como yo.

Con cariño, Marta

c.

Nuestro médico es el doctor García. Es hispano-americano. Habla inglés perfectamente pero siempre quiere que nosotros le (hablar) _____ en español. Le aconseja a mi papá que (comer) _____ y (beber) _____ poco. Prohíbe que mamá (fumar) _____ y siempre le sugiere que (ir) _____ a hacerse un examen físico todos los años. A mi hermana Rosa le recomienda que (hacer) _____ una dieta equilibrada y que (dormir) _____ ocho horas al día. A mí me pide que (estar) _____ menos nervioso y (seguir) _____ sus consejos.

d.

Señor López, como mañana me voy de viaje a Texas quiero darle algunas indicaciones sobre lo que (tener, usted) _____ que hacer durante mi ausencia. Primero, no quiero que usted se (olvidar) _____ de la correspondencia. Además, es importante que (hacer) _____ el trabajo atrasado de la semana pasada. Es imprescindible que (llamar) _____ a mi abogado y que le (decir) _____ que yo estoy de vacaciones hasta la semana que (venir) _____. También, es mejor que usted (hablar) _____ con la compañía de teléfonos y que (exigir, usted) _____ que (arreglar) _____ la línea de inmediato. Todas las mañanas es necesario que (poner) _____ agua en las plantas y que (dar) _____ de comer a mi gatita. Es preferible que (entender) _____ que todo tiene que estar en orden para cuando yo (regresar) _____. ¡Ah, y por favor, es aceptable que no (trabajar, usted) _____ mucho! No quiero que usted se (enfermar) _____. Adiós.

e.

Luisa y Juana son dos amigas que van al consultorio del doctor Alberto Cifuentes. Las dos tienen los mismos síntomas.

Doctor: A ver, ¿qué síntomas tenéis?

Luisa: A las dos nos duele el estómago y la cabeza y no podemos respirar bien.

Doctor: Quiero que vosotros (abrir) _____ la boca, (respirar) _____ y (toser) _____. Primero tú, Luisa. Deseo que me (decir, tú) _____ lo que comes, si fumas y si haces deporte.

Luisa: Doctor, como muchas grasas y es cierto que (fumar, yo) _____ dos paquetes de cigarrillos al día y no me (gustar) _____ hacer deporte.

Doctor: Para que te (sentir) _____ mejor, te recomiendo que (cambiar) _____ tu vida. Me sorprende que tú (ser) _____ feliz. Sugiero que (pensar, tú) _____ en cambiar de dieta y te prohíbo que (fumar) _____ tanto. Cuando (estar, tú) _____ mejor, ven otra vez para otra visita.

Luisa:　　Tiene razón. Volveré sin que usted me tenga (tener) _____ que decir. Me

　　　　　alegro de que nosotras (estar) _____ aquí con usted.

Doctor:　 Y tú, Juana, antes de que tú te (ir) _____, tengo algunas preguntas.

　　　　　¿Fumas, comes grasas y no haces ejercicios?

Juana:　 Sí. Me enoja vivir así, pero es verdad. Tan pronto como (ser) _____

　　　　　posible, voy a empezar a hacer ejercicio, a pesar de que no me gusta.

参考答案

一、把括号里的原形动词变为虚拟式适当的时态与人称

（A）

① Desea que le *envíen* fotos de muertos en los peores accidentes.

② Te deseo que siendo joven no *madures* demasiado de prisa.

③ Desea que sus familiares colombianos lo *visiten.*

④ Deseo que *desees* estar conmigo deseando cosas deseosas.

⑤ Espero que no *sea* nada grave y que *te cures* pronto.

⑥ Espero que mis palabras no *ofendan* a nadie.

⑦ No quiero que hoy *vayas* al trabajo.

⑧ Me has hecho reír mucho y quiero que *sigas.*

⑨ Quiero que mi boda con ella *sea* feliz.

⑩ Quiero que me *digas* que me amas. Que no quieres otro amor... solo el mío.

⑪ Mí mamá desea que nosotros nos *hagamos* un examen médico.

⑫ El médico quiere que mi hermano *guarde* cama tres días.

⑬ El médico insiste en que yo *respire* fuerte.

⑭ Mi hermano no permite que el médico le *ponga* una inyección.

⑮ El médico recomienda que yo *tome* un jarabe para la tos.

⑯ Él sugiere que nosotros *corramos* todos los días.

⑰ Necesitamos que ustedes *confíen* en nosotros.

⑱ Necesito que cualquier persona de este foro me *conteste* algo o me *hable* sobre cualquier cosa.

⑲ Necesito que alguien me *pueda* facilitar trabajo en España.

⑳ No te pido que *traigas* flores, tampoco que me *des* bombones. Yo sólo quiero una caricia.

㉑ Sólo te pido que *sepas* que me gustas.

㉒ El dueño de tu piso te pide que *pagues* el alquiler cada tres meses.

㉓ No nos pide que *realicemos* cosas extraordinarias.

㉔ La gente nos pide que *seamos* prácticos.

㉕ Me ordena que no lo *haga* nunca más.

㉖ Se aclara la garganta y me ordena que *tome* papel y lápiz y *escriba* lo que él dicte.

㉗ Le mandó que *recogiera* su habitación y que no *saliera* esa noche.

㉘ Le mandó que *trajese* lo que le había dicho.

㉙ Le mandó que *volviese* al día siguiente al mismo lugar.

㉚ Te ruego que me *ayudes* a reconquistar la confianza en mí misma.

㉛ Te ruego que no me *maldigas*.

㉜ Ella le implora que la *lleve* al teatro, pero él no cede.

㉝ El chico le implora que le *compre* ese juguete.

㉞ ¿Qué te gusta que te *regalen*?

㉟ Me gusta que cada uno *tenga* un papel bien definido.

㊱ Nos gusta que ustedes *estén* pendientes de nosotros.

㊲ Me gusta que la gente *tenga* una buena opinión de mí.

㊳ ¿Por qué no te gusta que te *consulten*?

㊴ No me gusta que por cualquier motivo *se pierda* la amistad.

㊵ Ahora a ella le gusta que su hijo *sea* escritor.

㊶ Me gusta que los alumnos *sean* creativos y *propongan* actividades.

㊷ A los niños les gusta que les *contemos* un cuento antes de dormirse.

㊸ Me molesta que la gente *fume* en los restaurantes porque odio el humo.

㊹ ¿Te apetece que *intercambiemos* los auriculares?

㊺ No me apetece que en mi corazón *haya* otra mujer que no seas tú.

㊻ ¿Te apetece que *vayamos* ahora a dar un paseo?

㊼ A mí, la verdad, me apetece que *siga* el verano.

㊽ ¿Dónde prefiere que *se haga* la Feria del Libro?

㊾ Indíquenos en qué dirección prefiere que le *hagamos* llegar las publicaciones.

㊿ ¿Crees que el PP prefiere que no *haya* paz mientras gobierne Zapatero?

(51) Preferimos que nos lo *den* todo hecho.

(52) ¿Quién prefieres que *gane* las próximas elecciones?

(53) ¿Qué forma prefieres que *tenga* tu móvil?

(54) ¿Cómo prefieres que te *llamemos*?

(55) ¿Quién no anhela que los equipos de su país *puedan* ganar?

(56) Anhela que su equipo favorito *llegue* a la gran final.

(57) El padre que ama a su hijo le corrige porque desea lo mejor para él, porque anhela que *progrese* y que *tenga* éxito.

(58) Casi todos nosotros ansiamos que *lleguen* pronto las vacaciones.

(59) Aspiro a que la gente *ame* la música.

(60) Yo de momento sólo aspiro a que *nos conozcamos* mejor.

(61) Cuando se va siempre nos encarga que *cuidemos* sus tortugas y que les *cambiemos* el agua.

(62) Mi hermano me encarga que *manifieste* a usted lo mucho que ha sentido por su desgracia.

(63) La señorita me encarga que le *lleve* su maleta porque la necesita.

(64) Me encarga que *apague* la máquina en quince minutos.

(65) Me invita a que esa misma noche *vaya* a ver el magnífico espectáculo que habrá en la Sagrada Familia: fuego, música y color. Es el año GAUDI.

(66) Me invita a que *vuelva* a visitarlo en mi próxima visita a la Capital.

(67) Para poder proveer de comida a nuestros huéspedes, contamos con que *esté* abierto el bar de enfrente.

(68) Cuentan con que *se sofoque* el fuego en dos horas.

(69) No contaba con que el pasto *creciera* y *hubiera* que cortarlo cada fin de semana.

(70) Muchos trabajadores cuentan con que el patrón les *ofrezca* un bueno seguro médico para su jubilación.

(71) Te repito que no lo sé y que no tengo ganas de que me *molesten.*

(72) Hoy tengo ganas de que alguien me *proponga* saltar en paracaídas.

(73) Le disgusta que las cosas *estén* desordenadas a su alrededor.

(74) Me disgusta que me *digan* qué y cómo hacer algo.

(75) ¿Por qué te niegas a que *vean* los dibujos que has hecho?

(76) ¿Por qué Dios no permite que todo el mundo se *salve*?

(77) Tu configuración de seguridad no permite que *sea* instalado el nuevo descompresor.

(78) Tu mujer intenta que *ganes* más dinero.

(79) El gobierno intenta que los sueldos no *suban* más del 20%.

(80) El policía intenta que los indocumentados le *tengan* confianza.

(81) Los habitantes se niegan a que el gobierno *instale* una base militar en esa isla.

(82) El se niega a que le *entrevisten*.

(83) Ella se niega a que la *examine* ningún profesional de la salud mental.

(84) Se negaron a que sus tres hijas *fuesen* a la escuela.

(85) Nos llama a que *pongamos* en práctica todo lo que creemos en beneficio de los demás.

(86) Le instaban a que no *torturara* a los prisioneros.

(87) Les exhorta a que *entren* al colegio para continuar sus estudios.

(88) Nos exhorta a que *trabajemos* duro.

(89) Nos invita a que *visitemos* esa región.

(90) Te invito a que *participes* en este cuestionario.

(91) ¿Cómo puedo evitar que se *cargue* un programa al iniciar Windows?

(92) El trata de evitar que se le *confisque/confisquen* sus bienes.

⑬ No puedes obligarle a que *juegue* al fútbol si a él no le gusta.

⑭ Se opone a que su sucesor *sea* su hermano.

⑮ Rusia también se opone a que EE. UU. *ataque* Irán.

⑯ Nos oponemos a que el poder *siga* en manos de unos pocos.

⑰ No vamos a tolerar que el plan se *vuelva* a incumplir.

⑱ No toleramos que se *pisotee/pisoteen* los derechos de los trabajadores.

⑲ No se puede tolerar que, por conseguir una vivienda medianamente digna, uno *tenga* que pagar el 60% de su sueldo durante los próximos 30 años.

⑩⓪ ¿Cómo aguantas que nunca *respondamos* a tus preguntas?

（B）

⑩① Que los niños se *vayan* a la cama.

⑩② Que no *destruyáis* los árboles.

⑩③ Que *celebremos* el cumpleaños de papá.

⑩④ Que nos *cuenten* toda la verdad.

⑩⑤ Que *tengáis* paciencia.

⑩⑥ Que no *bebas* tanto licor.

⑩⑦ Que *respetes* la velocidad obligatoria.

⑩⑧ ¡Que *vuelvan* ustedes temprano!

⑩⑨ ¡Que Dios le *bendiga*!

⑪⓪ ¡Quién *pudiera* pasar las próximas vacaciones en España!

⑪① ¡Si me *hubiera* atrevido a decírtelo anoche!

⑪② ¡Ojalá no nos *llueva* mañana para la excursión!

⑪③ ¡Ojalá *nieve* esta noche en el monte!

⑪④ Hasta el lunes. ¡Que *tengáis* un buen fin de semana!

⑪⑤ Que *sepa* que no me importa.

⑪⑥ ¡Que no *dejes* de mandarme una postal!

⑪⑦ ¡No me *digas*! Otra vez te han multado.

⑪⑧ No *haga* usted el viaje en avión. Es muy peligroso.

⑪⑨ Cuando Colón partió rumbo a América tal vez *supiera* ya con certeza que hallaría tierra tras dos meses de navegación.

⑫⓪ Tal vez tu prima *esté* enfadada con nosotras.

（C）

⑫① El funcionario terminó su declaración con una frase contundente: "Después de esta declaración temo que *pueda* sucederme algo."

⑫② Beijing no teme que tormentas de arena como las que está sufriendo estos días *puedan* deslucir los Juegos Olímpicos.

(123) FAO（Organización de las Naciones Unidas para la Agricultura y la Alimentaciónteme que la gripe aviar se *extienda* por el Medio Oriente y África.

(124) ¿Teme usted que *haya* violencia el día de las elecciones?

(125) Temían que no *pudieran* salvar al niño.

(126) Ella temía que el abrigo no *cupiera* en la maleta.

(127) Temía que sus padres *descubrieran* que le habían suspendido en el curso de matemáticas.

(128) Temía que ella me *colgase* el teléfono sin más.

(129) Me preocupaba que la infección *tuviera* consecuencias mucho más graves.

(130) Nos preocupa que nuestros soldados se *comporten* incorrectamente.

(131) ¿Te preocupa que tu hijo adolescente *beba* demasiado y se *convierta* en alcohólico?

(132) Te preocupa que tus compañeros se *rían* de ti.

(133) ¿A ti te preocupa que ellos *sepan* que eres mi amigo?

(134) Los críticos están preocupados de que las patentes y los derechos de autor se *den* principalmente a empresas de países industrializados.

(135) Rusia se muestra cada vez más preocupada de que *aumente* la competencia en los mercados de producción de energía y armas nucleares.

(D)

(136) Está mal que no *obedezcas* a tus padres.

(137) No está mal que lo *hayas hecho* así.

(138) Está bien que *madrugues*, si tienes que trabajar.

(139) Si deseas hacer una cita conmigo es suficiente que me *envíes* un mensaje a mi correo.

(140) No puede ser que aún no lo hayan *arreglado*.

(141) No es evidente que lo *haya hecho* él.

(142) Es absolutamente falso que él *sea* un ladrón.

(143) No es verdad que *vaya* a llover esta tarde.

(144) ¿Es bueno que tu hijo *trabaje*? ¿Cuáles son las ventajas y las desventajas de que tu hijo adolescente *comience* a trabajar?

(145) El "síndrome de pantalla" suele presentarse entre los cuatro y doce años, época en la cual los niños están en busca de una identificación. Por lo tanto es frecuente que *tomen* la televisión como punto central de las actividades.

(146) Es indignante que los grupos armados *ataquen* a los periodistas que intentan cumplir con su trabajo.

(147) Es interesante que muchas cosas en el libro *sean* recuerdos de la guerra.

(148) Es interesante que *introduzcas* tus palabras claves dentro del título, pero no hay que abusar en este aspecto.

(149) Es justo que *recupere* lo mío. Es justo que lo *recupere*.

⑮⓪ ¿Es justo que millones de niños *sufran* de malnutrición o *mueran* de hambre, habiendo abundancia de alimento en la tierra?

⑮① Es lamentable que en su discurso *llegue* al insulto.

⑮② Si alguien no tiene dinero para comprar música, es lógico que la *descargue.*

⑮③ Si aún no os conocéis, es lógico que no te *tenga* confianza.

⑮④ Es molesto que luego ya no *quieran* el producto.

⑮⑤ Es magnífico que *tengan* entrada jóvenes con nuestros estilos y nuevas ideas en un mercado cada vez más complicado y saturado.

⑮⑥ No es nada extraño ni raro. Es natural que esto *ocurra.*

⑮⑦ Es natural que *haga* frío en invierno.

⑮⑧ Era impensable que un equipo de segunda división *derrotara* al líder de la liga.

⑮⑨ Dice que no es conveniente que el encuentro *tenga* lugar en su casa.

⑯⓪ Es de admirar que *tenga* tanta fuerza de voluntad.

⑯① En proyectos grandes es razonable que los archivos *estén* distribuidos en varios directorios.

⑯② Es triste que *tengamos* que gastar recursos en comprar armas, cuando estos recursos se podrían emplear en procurar el desarrollo de la nación.

⑯③ Da lo mismo que una persona *sea* alta o baja, vieja o joven, sana o enferma, hombre o mujer. Es igualmente digna.

⑯④ Es feo que la gente de la localidad *sea* el principal peligro para la conservación de ese patrimonio.

⑯⑤ Es terrible que las cosas *sucedan* así.

⑯⑥ Es terrible que *haya* padres con esta actitud.

⑯⑦ Es sospechoso que ella no lo *sepa.*

⑯⑧ Es sospechoso que durante años no *hayan hecho* casi nada.

⑯⑨ Es sospechoso que todos los miembros *hayan sido* ascendidos.

⑰⓪ Es bastante frecuente que los niños *pinten* personajes de la televisión e incluso algunos de ellos lo hacen muy bien.

⑰① Puede que el mensaje le *sea* devuelto.

⑰② Puede que la puerta trasera *esté* abierta.

⑰③ Puede que te *examinen* en la escuela o en la consulta del médico.

⑰④ Teniendo en cuenta el aluvión de virus del verano pasado, es comprensible que para muchas empresas pequeñas *sea* prioritaria la protección de su información de los ataques externos.

⑰⑤ Era divertido que el jefe *siguiera* usando esa frase incluso mucho tiempo después, cuando ya no era el caso.

⑰⑥ Es estúpido que tipos que no saben de lo que hablan *comenten* y *critiquen.*

⑰ Es raro que se *pierdan* envíos certificados, pero sí se pierden algunos.

⑱ Es falso que el sol *gire* alrededor de la tierra.

⑲ Para que yo estudie, es suficiente que me *guste* la materia; por lo tanto, si no me gusta la materia, no estudio.

⑱⓪ Las tortugas jóvenes han de comer por lo menos una vez al día, mientras que las adultas es suficiente que lo *hagan* 4 ó 5 por semana.

⑱① Puede ser que yo me *equivoque*.

⑱② No es cierto que él *haya conseguido* el primer premio.

⑱③ No es verdad que los servicios médicos *sean* mejores ahora que hace diez años.

⑱④ Está bien que tú *dejes* el recado en la portería.

⑱⑤ No estaría mal que nosotros *pensáramos* en vender ese piso.

⑱⑥ No está de más que el profesor nos *haga* esa observación.

⑱⑦ Estaba de más que el banco nos *pasara* esa factura.

⑱⑧ No será de extrañar que los americanos *invadan* Irán.

⑱⑨ Era de alabar que los inquilinos no *hicieran* ruido.

⑲⓪ Fue de admirar que los niños se *comportaran* tan bien.

⑲① Lo más probable es que vosotros *lleguéis* hasta París.

⑲② Es significativo que no *haya venido* él.

⑲③ Es probable que la reina se *sienta* incómoda.

⑲④ Era necesario que se *analizara* el expediente con urgencia.

⑲⑤ Es raro que un político se *retire* a los sesenta años.

⑲⑥ Es asombroso que usted se *lleve* bien con esa persona.

⑲⑦ Es lamentable que algunos científicos *sigan* defendiendo esa teoría.

⑲⑧ No es peligroso que te *asomes* a la ventanilla ahora.

⑲⑨ Era penoso que tu marido *tardara* tanto en decidirse.

⑳⓪ Por la nieve caída era preciso que se *condujera* con precaución.

⑳① Sería increíble que te *atrevieras* a cruzar el río a nado.

⑳② Como le tienen miedo, es lógico que sus alumnos le *huyan*.

⑳③ ¿Será posible que ustedes me *reserven* una habitación?

⑳④ Es agradable que todos los nietos *acudan* a su cumpleaños.

⑳⑤ Es agradable que grandes jugadores *hablen* bien de ti.

⑳⑥ Sería difícil que se *repitiera* la suerte.

⑳⑦ Me fue muy útil que me *prestaras* tus apuntes.

⑳⑧ Será lamentable que ustedes *den* ese espectáculo.

⑳⑨ No será suficiente que los pecadores se *arrepientan* de palabra.

㉑⓪ 210 Para entrar en Estados Unidos es imprescindible que tú *obtengas* un visado.

211 Es probable que se *cierre* el puerto esta noche.

212 Sería maravilloso que ella me *quisiera*.

213 Es costumbre que en enero *haya* rebajas.

214 Ha sido suerte que el golpe no *haya sido* mayor.

215 Es locura que vosotros *salgáis* con un tiempo así.

216 ¡Qué lástima que no *quepan* más cosas en la maleta!

217 Es una lata que nosotros *tengamos* que irnos tan pronto.

218 Fue una vergüenza que el patrón te *pagara* tan poco.

219 Fue una sorpresa que el jefe *apareciera* a esa hora.

220 No vale la pena que *insistas*.

221 ¡Qué pena que él se *haya vuelto* loco!

222 Era su deseo que lo *enterraran* sin ceremonias.

223 Ha sido casualidad que nos *hayamos encontrado* en plena calle.

224 ¡Qué idea loca que te *cases* con ese tipo!

225 Es una tragedia que no *sepa* controlarse ella.

(E)

226 No es verdad que lo *hayan matado*.

227 No estoy seguro de que *vengan*.

228 Dudo que él *venga* a la fiesta.

229 El gobierno niega que *haya* una crisis en el partido gubernamental.

230 No creo que los políticos siempre *digan* la verdad.

231 No creemos que se *juegue* hoy el partido con tanta lluvia.

232 Aún no podemos afirmar que los colorantes *produzcan* cáncer.

233 Negó que la policía lo *hubiera torturado* cruelmente.

234 Pero no veo que la culpa *sea* de nuestra compañía.

235 No pienso que la presente *sea* una de las épocas doradas.

236 No digo que este coche *sea* barato.

237 Dudo que *paguemos* menos impuestos el año próximo.

238 No es que *esté* gordo, sino que es fuerte.

239 No creen que *pueda* contestar estas respuestas.

240 La donación de órganos es actualmente una obligación moral, y nosotros no sentimos que *haya* razón suficiente para ello.

241 Sin embargo no hay ninguna prueba de que esto *sea* cierto.

242 No es que me *caiga* mal él; es que es tonto.

㉔ No es que el chico no lo *sepa*; es que tiene mala memoria.

㉔ No es que *haya* muchos espectadores; pero hay bastantes.

㉔ Esta es la última vez que viajo en avión; pero no será la última que *viaje* en tren.

(**F**)

㉔ Me alegra que en su familia todos *estén* bien.

㉔ Nos alegramos de que pronto *lleguen* las vacaciones.

㉔ Lamentas que tus amigos no *vayan* de viaje contigo.

㉔ Yo siento mucho que tú no *quieras* perdonarme.

㉕ Me alegra que *hagas* un gran viaje por Latinoamérica.

㉕ No vale la pena que *vuelvas* si nadie te va a hacer caso.

㉕ Ella lamenta la desgracia del siniestro y se felicita por la suerte de que no *haya pasado* nada.

㉕ ¡Me agrada que me *haga* esa pregunta!

㉕ Odio que me *traten* como un payaso.

㉕ Me alegra que *vuelvas* en junio.

㉕ Me da pena que *haya roto* con su novio.

㉕ Me entusiasma que *vayamos* de excursión este fin de semana.

㉕ No me divierte que te *hayas saltado* el semáforo.

㉕ No me sorprende que *llegues* a casa los sábados a las seis de la mañana.

㉖ Me duele que te *hayan tratado* mal en la entrevista.

㉖ Me fastidia que *hayas gastado* todo el dinero de la paga extra en un traje.

㉖ Me molesta que *hayas dejado* el frigorífico vacío y no *hayas preparado* nada.

㉖ Me apetece que *vengan* tus amigos a cenar a casa.

㉖ Odiamos que la gente nos *pregunte* por ese asunto.

㉖ Les fastidia que *exista* gente que no les cree.

(**G**)

㉖ Desde que nos hemos organizado, hemos logrado que todos los agricultores nos *escuchen*.

㉖ Su mujer intenta obligarle a que *abandone* esa idea.

㉖ Obviamente esto no contribuye a que el equipo *juegue* mejor en los partidos que vienen.

㉖ Fumar no te relaja, no te ayuda a concentrarte y no contribuye a que te *diviertas* más en las fiestas.

㉗ Por supuesto que Internet ayuda a que tus empleados *sean* más productivos.

㉗ Debes ayudar a que tu hijo *cuide* sus dientes.

㉗ Esa escena hizo que me *llenara* de un miedo indescriptible.

㉗ El temor a la inflación hace que el oro *suba* tanto como el crudo.

㉗ La nieve caída la semana pasada hará que esta temporada *sea* excepcional.

㉗ ¿Cómo puedo hacer que el ordenador *emita* un pitido por el altavoz?

㉗ En su discurso ha señalado la importancia de hacer que la tecnología *esté* al alcance de todos.

㉗ Las reformas económicas hicieron que en Iberoamérica *aumentase* la desigualdad social.

㉗ Sus evidentes discapacidades físicas hicieron que su familia le *excluyera* de los asuntos públicos.

㉗ Sus acciones han conducido a que las fuerzas políticas *estén* cada vez más polarizadas.

㉘ La popularización de Internet ha conseguido que la mayoría de los hogares *cuenten* con ordenadores conectados a la Red.

㉘ ¿Alguna vez has dejado que alguien *asuma* la culpa de algo que tú hiciste?

㉘ Has vuelto a hacer que me *equivoque* y me he equivocado.

㉘ Ella rompió a llorar, dejando que por las mejillas se *deslizara* un río de dolor y de tristeza.

㉘ Su sonrisa no contribuyó a que la chica *recuperara* la calma.

㉘ La lluvia y el fuerte viento hicieron que la gente *abandonara* la plaza.

㉘ La policía de tráfico hará que se *respeten/respete* las señales.

㉘ El portero no pudo evitar que el balón *entrara* en la portería.

㉘ Nadie podía hacer que aquellos inútiles *jugaran* bien.

㉘ Deja que por un momento *sea* yo quien ocupe tu mente.

㉙ ¿Por qué los gobiernos dejan que los especuladores del mercado del petróleo *arruinen* a los ciudadanos?

（H）

㉙ Me dio su teléfono para que le *pudiera* llamar en caso necesario.

㉙ Fui a verla para que me *prestara* unos vídeos.

㉙ ¿Cómo puedo proteger mi navegador para que no *pueda* ser modificado maliciosamente?

㉙ Decidlo de tal manera que todos os *entiendan.*

㉙ Hace tanto frío que se *hielan* las orejas.

㉙ No es tan tonto que no *sea* responsable de sus actos.

㉙ Para que esa opinión *sea* viable, debemos colaborar todos.

㉙ Vengo a que usted me *venda* pan.

㉙ Viene a que le *dé* mi nuevo número telefónico.

㉚ Vengo a que te *regreses* conmigo.

㉛ Le expulsaron temporalmente con la intención de que se *corrigiera.*

㉜ A fin de que *puedas* chequear si tu PC se encuentra libre de virus, hemos incluido en esta sección dos de las mejores herramientas que existen en el mercado.

㉝ Nuestros datos son elementos de suma importancia que deben ser protegidos a fin de que no se *pierdan* o *caigan* en manos de personas no autorizadas.

㉞ Lo dijo alto a fin de que todos lo *oyeran* bien.

㉟ Hay que trabajar por que la patria *prospere.*

⑥⑥ Nos esforzaremos por que se *adopten* constantes medidas a nivel nacional e internacional para mejorar las condiciones de salud de los niños

⑥⑦ Nos esforzaremos por que se *inicie* una lucha a nivel mundial contra la pobreza.

⑥⑧ Estaba impaciente por que la *llamara* su novio.

⑥⑨ Aprobó el examen sin que lo *ayudara* nadie.

⑥⑩ Debemos hacerlo sin que lo *sepa* tu marido.

⑥⑪ Quiere perder peso sin que su pecho *disminuya.*

⑥⑫ El enfermo seguía hablando sin que ninguno le *escuche.*

⑥⑬ Sin que el jinete le *obligara*, el caballo paró frente a la tienda.

⑥⑭ Son unos locos porque pretenden que el Metro vaya sin que nadie lo *conduzca* o *controle.*

⑥⑮ ¿Morirá alguien sin que nadie lo *evite*? ¿Cuánto vale la vida humana?

⑥⑯ Te puedes poner la ropa que tú quieras, sin que nadie te *critique* o te *sugiera* que cambies algunas prendas.

⑥⑰ Puedes hacer con tu tiempo libre lo que quieras como leer, hacer pereza, o estudiar sin que te *estén* controlando.

⑥⑱ Lo hicimos antes de que nos lo *dijeran.*

⑥⑲ Preparemos adecuadamente nuestra estrategia de supervivencia frente a las mortíferas enfermedades que nos acechan, antes de que nos *maten.*

⑥⑳ Tenéis que hacerlo mucho antes de que *llegue* la tormenta.

㉑ ¿Puedo darme de baja antes de que *finalice* el contrato?

㉒ Les exigía el pago antes de que se *cumpliera* el primer trimestre de 2006.

㉓ Hay que transplantar estas plantas antes de que *comience* el invierno

㉔ Actuemos antes de que *sea* demasiado tarde.

㉕ Antes de que se *acabe* el mundo es bueno que sepamos qué se puede hacer para que eso no ocurra.

(I)

㉖ *Salgas* con quien salgas, no regreses tarde a casa.

㉗ *Vengas* cuando vengas, te esperaré levantado.

㉘ *Decidas* lo que decidas, no te pondremos impedimentos.

㉙ Eres nuestro amigo, *vivas* donde vivas.

㉚ Esa discusión no tiene ningún sentido, lo *mires* como lo mires.

㉛ No voy a escucharlo, *digas* lo que digas.

㉜ Aquí, *vayas* por donde vayas, puedes encontrar un bar.

㉝ Te juré que, *dijeras* lo que dijeras, volvería a tu lado.

㉞ Iremos a esquiar, *nieve* lo que nieve.

㉟ *Nieve* o *llueva*, siempre da su paseíto.

㉟ Me *alaben* o *critiquen*, hago mi trabajo igual.

㉞ *Quieraso* no quieras, tienes que tomarte el jarabe.

㉟ *Cueste* lo que cueste, voy a comprar un ordenador portátil.

㉟ *Diganlo* que digan, nos casaremos este verano.

㉞ *Llegue* cuando llegue, no dejes de avisarme.

㉞ *Vayas* donde vayas, te seguiré como tu sombra.

㉞ *Coma* cuanto coma, siempre tengo hambre.

㉞ Lo *tomes* como lo tomes, te digo la verdad.

㉞ Te *guste* o no, tienes que ir a la escuela.

㉞ *Pase* lo que pase, tengo que terminar mi carrera universitaria.

（ J ）

㉞ Tengo mucho miedo de que *vengan* a pegarme.

㉞ No está convencido de que su jefe *tenga* razón.

㉞ Es de mi responsabilidad que *acabes* la carrera.

㉞ Es de su responsabilidad que los aviones *salgan* a tiempo.

㉟ Ya es hora de que vosotros *terminéis* ese trabajo.

㉟ Es hora de que el Real Madrid *haga* una revolución.

㉟ Es hora de que los restauranteros y los hoteleros *empiecen* a servir un café de excelente calidad. ¡Es una obligación!

㉟ No hay posibilidad de que el enfermo se *recupere.*

㉟ Aumenta la posibilidad de que *haya* formas de vida fuera de la Tierra.

㉟ ¿Hay posibilidad de que la enfermedad *sea* transmitida a sus hijos?

㉟ Estaban hartos de que les *impusieran* tales condiciones.

㉟ Ellos rechazan la hipótesis de que el hombre *provenga* del mono.

㉟ Había fundado temor de que el equipo *descendiera* a segunda.

㉟ Nunca dio lugar a que ellos lo *criticaran*.

㉟ Tengo ganas de que vosotros me *escribáis* desde París.

㉟ ¡Qué suerte tienes de que no te *haya agarrado* la gripe!

㉟ Está haciendo el milagro de que *desaparezcan* los caciques.

㉟ Tenían miedo de que *lloviera* el día de la fiesta.

㉟ Estoy cansado de que mi hermano *traiga* a sus amigos a casa los fines de semana.

㉟ El crudo sube ante el temor de que Venezuela no *pueda* reiniciar su producción.

二、把括号里的原形动词变为陈述式或虚拟式适当的时态与人称

（ A ）

㉟ Ordenó a los jóvenes que *instalaran* las tiendas y que *prepararan* la comida.

㊱ Dice que no consentirá que nadie *ponga* en duda su palabra.

㊲ Prefiero que el que se luzca *sea* mi hermano y no yo.

㊳ Sospechaba que aquella dirección *era* falsa.

㊴ Dijo que estaba encantado de que lo *hubiera llamado*.

㊱ Sabemos que ella *acepta* todo sin rechistar.

㊲ Me gustaría que *nos reuniéramos* este fin de semana.

㊳ Imagino que *volveremos* a vernos, ¿no?

㊴ Lamento que mis problemas personales *puedan* repercutir en mi trabajo.

㊵ Quieren que su hija se *eduque* en Francia.

㊶ Nos dijo que la radio *había anunciado* que llovería.

㊷ Esperó a que *dieran* las dos de la madrugada para pedirle que se casara con él.

㊸ Espero que no le *importe* esperar unos minutos.

㊹ No necesita que le *resolvamos* nada.

㊺ Esperamos que se *levante* un poco de brisa y *refresque* el ambiente.

㊻ Quisiera que aquella música se *acabara* de una vez.

㊼ Dice que anoche soñó que le *visitaba* su hermana.

㊽ Debes saber que el amor que estás perdiendo no *es* el único, y que tal vez ni siquiera *sea* amor.

㊾ ¿Me permite que *saque* a su hija a bailar esta pieza?

㊿ Esperamos que, tras las elecciones, el ganador *recuerde* sus promesas electorales.

386 Nunca había sospechado que *pudieran* ocurrírsele tantas y tan extravagantes ideas.

387 No quiero decir que los deportistas *sean* tontos.

388 No le gusta que le *vean* llorar.

389 Nos explicó que *era* periodista y que su periódico lo *había enviado* allí para recoger información.

390 Sé que no te *gusta* que te *paguen* a plazos.

391 Cree que la vida *es* injusta y que *es* imposible que el hombre *goce* de completa libertad.

392 Era muy machista y nunca permitía que su mujer *llevara* la voz cantante.

393 Celebro que usted se *dé* cuenta de lo que ha hecho.

394 Pienso que ella *saldrá* pronto del hospital. No creo que se *quede* aquí el fin de semana.

395 Pidieron que se *silenciara* la noticia.

396 Ella me ha encargado que le *entregue* esta carta.

397 Propongo que *nos dividamos* en dos grupos.

398 Gracias a los frenos ABS evitó que el coche *cayera* por el precipicio.

399 Pidió que le *dejaran* viajar a su pueblo para ver a su familia.

400 De él dependía que su compañero *ascendiera* y *fuera* trasladado a otro puesto más acorde con su categoría.

④①① Me sorprendió que no *hubieras acudido* a consultármelo si tenías tantas sospechas.

④①② Dudo que, con lo jóvenes que son, los *dejen* estar a solas tanto tiempo.

④①③ No esperes que te *conceda* permiso para salir.

④①④ No creo que te *guste* cuando lo leas.

④①⑤ Todos creemos que se *acabará* pronto la guerra.

④①⑥ Le he pedido que me *acompañe*, pero me ha dicho que no puede.

④①⑦ ¡Espero que *tengas* buen viaje!

④①⑧ A lo mejor el profesor se *ha olvidado* de que hoy es fiesta.

④①⑨ Sin duda *se cansaron* de esperarnos ayer.

④①⑩ Sabemos que la chica *llegó* tarde ayer.

④①① Sugiere que *vayamos* al cine.

④①② El pobre me pidió que le *diera* diez euros.

④①③ El capitán ordenó a sus soldados que *atacaran* al enemigo.

④①④ Le disgusta que le *llamen* por teléfono cuando duerme la siesta.

④①⑤ El empleado me mandó que *abriera* el paquete.

④①⑥ Les recomiendo que *prueben* la carne a la brasa.

④①⑦ Les he pedido a los Reyes que me *traigan* un juguete como éste.

④①⑧ Nos aconsejan que *esquiemos* en los Pirineos.

④①⑨ El Gobierno les autorizó que *exportaran* más coches a África.

④②⓪ Esperamos que todos *cumpláis* con vuestro deber.

④②① Nos prohíben que *comamos* en el parque.

④②② Le supliqué que me *aguardara* en el coche hasta mi vuelta.

④②③ Le pedí que me *explicara* el tema.

④②④ Podrían ordenarme que *hicieran* las maletas.

④②⑤ ¿Puedes convencerles de que *acepten* esta solución?

④②⑥ Los huelguistas insisten en que la empresa *mejore* las condiciones de trabajo.

④②⑦ ¿Aún dudas que te *amo* yo?

④②⑧ Temo que el jefe ya *haya llegado* a la reunión.

④②⑨ Permítame que se lo *explique.*

④③⓪ Te agradezco que me *envíes* flores el día de mi santo.

④③① Al Tribunal le criticaron que no *aprobara* la ley.

④③② Entrenador y jugadores temen que el equipo *descienda* a segunda.

④③③ Muchos esperaban que ese equipo *ganara.*

④③④ Hemos propuesto que el homenaje *sea* de todos.

④③⑤ Anhela que su equipo *llegue* a la gran final.

(436) Ha intentado que ella *abandone* sus vacaciones.

(437) Pretende que los espectadores *vean* a Mozart en la pantalla.

(438) Quiero que más personas *visiten* mis páginas.

(439) Su padre hubiera querido que él *estudiara* medicina.

(440) Nuestras ventas siempre han aumentado, pero preferimos que la gente *compre* una entrada que un disco.

(441) ¿Cómo prefieres que *sea* la tecnología en tu hogar?

(442) Ansiamos que *llegue* ese momento.

(443) Aspiro a que lo *resolvamos* cuanto antes.

(444) Nos llama a que *nos amemos* los unos a los otros.

(445) No tolero que me *maltrates* tú de palabra.

(446) Se ruega al que lo haya encontrado que lo *devuelva* en nuestro domicilio.

(447) Odiaba que te *pasaras* todo el día sentado en ese sillón.

(448) Ansío que *broten* las flores pronto.

(449) Oían que los pájaros *cantaban*.

(450) Sentían que se *acercaba* alguien.

(451) Pienso que *tengo* razón en eso.

(452) Opinaba que *conocía* el problema mejor que nosotros.

(453) Le habían aconsejado que *cambiase* de trabajo.

(454) Le mandaron que se *pusiera* el abrigo.

(455) Decide pronto cómo se *hace.*

(456) No explica cómo se *demuestra* el problema.

(457) Ordenó a los soldados que *dispararan.*

(458) Le invitaremos a que *coma* con nosotros.

(459) Les ruego que no *hagan* ruido.

(460) El cartel prohíbe que las mujeres *entren* en la iglesia sin medias.

(461) ¿Me dejas que te *acaricie*?

(462) La policía le ayudó a que *recuperara* su coche.

(463) Temo que ellos no *estén* de acuerdo.

(464) Admito que no lo *he hecho* bien.

(465) Te aconsejo que *tomes* aspirina si tienes fiebre.

(466) Se espera que *dé* una explicación la guardia civil.

(467) Se veía que todo lo *entendía* perfectamente ella.

(468) Se prefiere que la secretaria *hable* tres idiomas.

(469) Se cuenta que alguien ha *informado* al Caudillo.

⑰ Se teme que *aumente* la violencia.

⑰ Le mandó que le *diese* de comer.

⑰ He oído que *viajarás* a Europa en las próximas vacaciones.

⑰ Cuide de que el bebé *duerma* acostado de espaldas y cuide de que la cabeza del bebé *esté* descubierta durante el sueño.

⑰ Se convenció de que no *había* nada que hacer.

⑰ Se ha olvidado de que *dejó* las llaves puestas.

⑰ Ella se empeñó en que todos *llevaran/llevaban* una insignia roja.

⑰ Le duele que su hijo *tenga* tan mala conducta.

⑰ Eso depende de que tú lo *creas* o no.

⑰ Su familia se opuso a que él se *casara* con esa chica.

⑱ Desconfía de que la universidad le *renueve* el contrato.

⑱ Veamos cómo esto les *afecta.*

⑱ ¿Sospechan quién les *ayudó* a salir del problema?

⑱ Dinos de quién se *sospecha.*

⑱ Nunca nos reveló cómo lo *había conseguido.*

⑱ Le mandó el médico que se *desnudara* para el examen.

（B）

⑱ Es imprescindible que se *lleve* corbata.

⑱ Es peligroso que la gente se *asome* por la ventanilla.

⑱ Es maravilloso que *podamos* estar juntos.

⑱ Puede que *nieve* mañana.

⑱ Nos fastidia que *tengamos* que trabajar el domingo.

⑱ Convendría que no *hicieras* eso.

⑱ Vale más que no os *precipitéis* en ese negocio.

⑱ Me sorprende que ella *esté* ausente.

⑱ Parece que no *está* en la oficina.

⑱ Me extraña que *estén* refugiados en casa de algún pariente.

⑱ No conviene que te *marches* ahora.

⑱ Es lástima que no *puedas* ir de excursión con nosotros.

⑱ Vale más que no *hagamos* nada.

⑲ Importa mucho que no *cometas* esa imprudencia.

⑳ Basta que el criminal *admita* su delito.

㉑ Veo que Carlos *nada* en la piscina.

㉒ Conviene que lo *hagamos* pronto.

503 No está bien que se *hable* tanto de él.

504 A ella le daba rabia que la *insultaran* sus compañeros de trabajo.

505 A la niña le gustaría que sus papás la *sacaran* a pasear.

506 A España le basta que Marruecos le *deje* pescar en sus aguas.

507 Me complace que ustedes se *muestren* tan atentos conmigo.

508 Le encantaba que lo *buscara* para ir juntos a clase.

509 Sucedió que la torre se *cayó* anoche.

510 Puede que *haya* tormenta esta tarde.

511 Ocurre que el mejor ciclista *pinchó* en la montaña.

512 Le fastidió mucho que se *dijeran/dijera* esas cosas de ella.

513 Le dolió que ellos no la *invitaran* a la fiesta.

514 Me molesta enormemente que *vendas* tu coche a otro.

515 No vale la pena que *emigre* tanta gente a la ciudad.

516 Me parecía difícil que ella se *curara* de su enfermedad.

517 Era posible que el Gobierno lo *nombrara* embajador.

518 No parece que aquí lo *sepa* nadie.

519 Nos llama la atención el hecho de que *han quitado* el anuncio tan pronto.

520 Resultó que no lo *sabía* nadie.

521 ¿Es cierto que no te *molesta* que te *tomen* el pelo?

522 No le importaba que lo *supieran* sus vecinos.

523 Le vuelve loco que le *aplauda* el público.

524 Me hace feliz que tú me *quieras*.

525 Le ponía malo que la gente lo *reconociera* en la calle.

526 Era evidente que esos estudiantes no se *sabían* la lección.

527 Está claro que ellos no *vendrán* mañana.

528 Es indudable que ella *toca* el piano muy bien.

529 No estaba claro que la chica *llevara* pantalones verdes.

530 Es falso que los españoles *odien* el trabajo manual.

531 Está visto que no se *puede* ser bueno.

532 No es cierto que ella se *haya suicidado* por deudas.

533 No es seguro que el Barcelona *gane* la próxima liga.

534 Es importante que el chico *apruebe* los exámenes en junio.

535 La verdad es que me *gustaría* mucho ser cantante si pudiera.

536 No es una evidencia que siempre *gane* el mejor.

537 No es verdad que Barajas *sea* un aeropuerto peligroso.

(538) Es cierto que mi infancia *fue* muy difícil.

(539) ¡Qué lástima que nunca te *haya tocado* la lotería!

(540) No es cierto que lo *hayan condenado* a diez años de cárcel.

(C)

(541) Estaba convencido de que, tarde o temprano, se *casaría* con ella.

(542) Estoy de acuerdo en que España *ha cambiado* mucho.

(543) Estoy en contra de que nos *cambien* el horario.

(544) En el aborto estamos a favor de que *decida* la mujer.

(545) No cabía duda de que el preso se *había escapado* de la cárcel.

(546) En vista de que él *colaboró* con la policía, lo soltaron.

(547) Nunca entendí tu idea de que *había* que comprar este terreno.

(548) Había expuesto la idea de que la crisis se *superaría* pronto.

(549) Sostuvo la tesis de que los militares no se *equivocan* nunca.

(550) Está muy bien eso de que *vengan* a echarnos una mano.

(551) Da la impresión de que ella *está* enferma.

(552) Tenía la certeza de que su ejército *era* invencible.

(553) Lo mejor de la historia era que no *tenía/tuviera* un final claro.

(554) Lo divertido fue que nadie *conocía/conociera* la solución.

(555) Lo importante sería que rusos y americanos se *entendieran.*

(556) Lo que no entiendo es que ella se *empeñe* en destruirse.

(557) Estoy seguro de que ella se *vuelve* a dejar seducir.

(558) El caso es que su padre se *murió* hace cinco años.

(559) Es un síntoma de tu enfermedad el que te *duela* tanto el hígado.

(560) Es un hecho que él no *acudió* a la fiesta anoche.

(D)

(561) Si no tiene ninguno de los síntomas que *aparecen* en la lista, no debe emplear esta fórmula.

(562) En España, salvo excepciones, apenas hay industrias que *inviertan* en investigación.

(563) Muy poca gente hay que *tenga* una cocina profesional y menos todavía una de las antiguas de gas.

(564) Me gusta mucho la guía turística que me *has prestado.*

(565) Nunca he visto un animal que *pese* tanto.

(566) Allí hay tres hombres que no *están* bebiendo.

(567) El que *tenga* hambre que se aguante.

(568) Vivo en una casa que no sólo *tiene* un jardín, sino también una piscina.

(569) Busco un piso que *esté* situado a la orilla del río y que *tenga* balcón.

㉗⓪ Conozco un mecánico que *puede* arreglar esa avería.

㉗① Busco un mecánico que *pueda* arreglar esa avería.

㉗② Quedamos en vernos en una cafetería donde *ponen* un café exquisito.

㉗③ ¿Conoces alguna cafetería donde *pongan* un café exquisito?

㉗④ Tengo un libro sobre el subjuntivo que *tiene* pocos ejercicios.

㉗⑤ ¿Conoces algún libro sobre el subjuntivo que *tenga* muchos ejercicios?

㉗⑥ Conozco a alguien que te *quitará* ese ojo de gallo.

㉗⑦ ¿Conoces a alguien que *quite* ojos de gallo?

㉗⑧ Tengo un atlas donde *aparecen* todas las repúblicas de la ex Unión Soviética.

㉗⑨ ¿Hay algún atlas donde *aparezcan* todas las repúblicas de la ex Unión Soviética?

㉘⓪ En este país hay mucha gente que *sabe* de leyes.

㉘① Parece que aquí no hay mucha gente que *sepa* de leyes.

㉘② Hay niños a los que les *ha salido* el primer diente a los cuatro meses.

㉘③ No conozco a ningún niño a quien le *haya salido* el primer diente antes de los tres meses.

㉘④ En Europa apenas queda gente que no *sepa* leer ni escribir.

㉘⑤ En África hay mucha gente que no *sabe* leer ni escribir.

㉘⑥ Dame las tijeras que *cortan* bien.

㉘⑦ Necesito unas tijeras que *corten* bien.

㉘⑧ Que vengan los que *quieran* ver el dibujo.

㉘⑨ Los que *estén* en contra de la elección del nuevo director, que levanten la mano.

㉙⓪ El que *tenga* noticias del secuestro, deberá comunicarlo a la policía.

㉙① Vete donde *quieras.*

㉙② ¿Has visitado muchos lugares? Bien, entonces háblame de los lugares que *has visitado*.

㉙③ Antes vivíamos en un piso que *tenía* doce habitaciones. Ahora ya no construyen pisos que *tengan* tantas habitaciones.

㉙④ Se nos murió el pajarito que *cantaba* tan bien. Ya no tenemos pájaros que nos *canten* en la mañana.

㉙⑤ Se necesita mecánico que se *especialice* en electricidad.

㉙⑥ Conozco un restaurante que *sirve* cocido; pero no conozco ninguno que *sirva* paella.

㉙⑦ Habéis comprado un tocadiscos que *toca* discos normales; pero, ¿no queréis uno que *toque* compactos?

㉙⑧ En Estados Unidos no hay nadie que no *sepa* manejar; aquí hay muchos que no lo *sabe.*

㉙⑨ Tenía un libro que *hablaba* de México; pero no tenía ninguno que *hablara* de Bolivia.

㉚⓪ Es difícil encontrar a alguno que la *conozca*, pero no es difícil encontrar a alguno que *haya oído* hablar de ella.

⑥⓪① Al existir un montón de colaboradores es muy fácil encontrar a alguno que *tenga* tus mismos gustos.

⑥⓪② No siempre es fácil encontrar a alguno que *pueda* hacer este tipo de trabajo.

⑥⓪③ ¿Hay aquí alguno que se *aburra*?

⑥⓪④ Nunca habían fabricado un automóvil que *acelerara* tan rápido.

⑥⓪⑤ Apenas quedan aquí niños que no *vayan/van* a la escuela.

⑥⓪⑥ Hoy puedes comer lo que te *apetezca* por ser tu santo.

⑥⓪⑦ Aceptarán todo lo que tú *digas* con tal de que sepas presentarlo.

⑥⓪⑧ Los que ya *han/hayan acabado*, se pueden ir.

⑥⓪⑨ Dice que se irá con el primero que *venga* a buscarla.

⑥①⓪ Tendrás que arreglártelas con lo que *encuentres* por ahí.

⑥①① Dondequiera que tú *estés*, estaré yo.

⑥①② Los que se *opongan*, que levanten la mano.

⑥①③ Quería comprar un coche que *alcanzara* doscientos kilómetros por hora.

⑥①④ Si me amas, te daré todo lo que *desees/deseas.*

⑥①⑤ En ese país raro es el tren que no se *retrase.*

⑥①⑥ Buscaban una residencia que *acogiera* ancianos sin dinero.

⑥①⑦ Quienquiera que te lo *haya contado*, ha mentido.

⑥①⑧ La próxima vez que *nieve*, iremos a esquiar.

⑥①⑨ Cualquier ciudadano que *vote*, cumple un deber cívico.

⑥②⓪ La bomba cayó a diez metros de donde yo *estaba.*

⑥②① Dice que no existe un avión que *despegue* más rápido que ése.

⑥②② Antonio, de quien se *sospecha* que es ladrón, ha huido esta mañana.

⑥②③ Mi padre, que en paz *descanse*, murió hace años.

⑥②④ Jamás habíamos visto un chico que *llorara* tan triste.

⑥②⑤ Nunca encontraron una persona que *tuviera* más talento.

⑥②⑥ ¿Has visto un tipo que *sepa* más latín?

⑥②⑦ El presidente, o quien *sea*, debe actuar pronto.

⑥②⑧ Todo lo que se le *dé*, lo gastará en vino.

⑥②⑨ Es la mujer más hermosa que jamás se *haya visto.*

⑥③⓪ Compraron una casa que *estaba* en las afueras del pueblo.

⑥③① No hay ningún editor que no *quiera* vender libros.

⑥③② Ninguno de los libros que *ha leído* en su vida le ha servido para tomar decisiones.

⑥③③ Ninguno de los dos trabajos que *tiene* es fijo.

⑥③④ En este parque no hay ninguna farola que *luzca* bien.

㉟ No tienes a nadie que te *vigile* porque llamas o sales con tu ex novio.

(E)

⑯ No *rompas* ese florero, que cuesta muy caro.

⑰ No he de callar porque *impongas* tú silencio con el dedo.

⑱ He oído que te *casas* en mayo próximo.

⑲ Nadie ha oído que *haya ocurrido* tal accidente.

⑳ ¿No viste que la policía se lo *llevó* maniatado?

㉑ No veo que sus negocios *prosperen* tanto como dicen.

㉒ Veo que te *has comprado* un coche nuevo.

㉓ Siento que me *entran* ganas de llorar al ver esa escena.

㉔ ¿No sientes que ya *llega* el avión?

㉕ El predice que *hará* buen tiempo mañana.

㉖ Bien sabes que tu novio se *portó* ayer mal contigo.

㉗ Entendió muy bien que la policía le *mandaba* parar.

㉘ El acomodador indicó al espectador que se *sentara* en la tercera fila.

㉙ La guía indica que *es* una ciudad interesante.

㉚ Sabía que *habías visitado* tú Madrid; pero no sabía que *hubieras visitado* Lisboa.

㉛ El marido sospechó que su mujer lo *engañaba* con otro.

㉜ Admite que se *ha equivocado* por completo.

㉝ No admite que *sea* él el asesino.

㉞ No pienso que te *acepten* en esa empresa.

㉟ Sabemos que *basta* apretar un botón.

㊱ No niego que me *gusta* muchísimo el chocolate.

㊲ No creo que le *guste* esa película.

㊳ Diles que no *griten* tanto.

㊴ No me dijeron que te *hubieran* visto con una chica; me dijeron que te *habían visto* con un chico.

㊵ Observó que la tierra se *mueve* en torno al sol.

㊶ Ya te había sugerido que *cambiaras* tú esa rueda antes del viaje.

㊷ Afirma un experto que el petróleo se *agotará* dentro de un siglo.

㊸ El profesor aclaró que en su clase no se *enseña/enseñaba* a multiplicar.

㊹ El notario certificará que el documento *cumple* las normas.

㊺ El criminal ha confesado que *mató* a la víctima de un tiro.

㊻ Los marinos dicen que tal vez se *encuentren* tiburones allí.

㊼ ¿Te has fijado en que él no *usa* desodorante?

㊽ No creo que el marido le *diga* eso a su mujer.

㉖⑨ Descubrí enseguida que aquel móvil quizá no *fuera* mío.

㉗⓪ Imagine que un cliente lo *llame/llama* por teléfono a estas horas.

㉗① ¿No crees que nadie lo *conoce* aquí?

㉗② ¿Cómo se puede creer que un análisis médico *esté* tan equivocado?

㉗③ Cuide usted que no *copien* en el examen los estudiantes.

㉗④ Respondió que nunca lo *dudó.*

㉗⑤ Los nazis creían que *ganarían* la guerra.

㉗⑥ Es difícil adivinar qué *piense/piensa* un condenado a muerte.

㉗⑦ Nunca se sabrá cómo esos individuos *lograron* abrir la caja.

㉗⑧ Al fin descubrieron qué misterio se *encerraba* en aquellas palabras.

㉗⑨ Se ignora quién *dio* la orden.

㉘⓪ El ministro negó que se *hubiera registrado* un enfriamiento en las relaciones entre ambos países.

㉘① Dudaban los padres que su hija *rompiera* con su novio por eso.

㉘② Lo que más me fastidia es que dudan que yo *soy* el que manda aquí.

㉘③ No ocultaron que *estaban* en dificultades.

㉘④ No se me pasó por la cabeza que te *ofendiera* mi conducta.

㉘⑤ No dudan que el avión *llegará* a la hora.

㉘⑥ No dudamos que tú te *has divertido.*

㉘⑦ No dudo que a veces los políticos *mienten.*

㉘⑧ Es indudable que se *ha merecido* la medalla de oro.

㉘⑨ No dudo que ésta *es* la mejor manera de llegar.

㉙⓪ ¿Se ha averiguado ya quién le *obligó* a cambiar de rumbo?

（**F**）

㉙① Nada más que el avión *despegó* de la pista se estrelló.

㉙② Antes de que se lo *dijéramos*, ya lo había adivinado.

㉙③ A pesar de que *sabía* el peligro, se aventuró.

㉙④ A riesgo de que los *cogieran*, cruzaron la frontera.

㉙⑤ Pese a que *había* niebla, condujo toda la noche.

㉙⑥ A sabiendas de que *hace* mal, insiste en su conducta.

㉙⑦ No respondieron bien porque no *tuvieron* tiempo para repasar las lecciones.

㉙⑧ Se quedó en la cama porque *tenía* gripe.

㉙⑨ Lo acabará sin que se lo *digan* dos veces.

㉟⓪ Hace como que no *sabe* nada.

㉟① Reaccionó como si no le *hubiera pasado* nada.

㉟② Cuanto antes se *cierre* el trato, mejor para todos.

⑦⓪③ Mientras más se *esforzaba*, menos rendía.

⑦⓪④ Mientras más se lo *digas*, menos caso te hará.

⑦⓪⑤ Mientras menos te *veamos* por aquí, más tranquilos estaremos.

⑦⓪⑥ Lo importante es que no se *rompan* las relaciones.

⑦⓪⑦ Lo interesante será que se *pueda* demostrarlo sin duda alguna.

⑦⓪⑧ No lo sé, por eso no *respondo.*

⑦⓪⑨ ¿Te sorprendería si te *pidiera* que me acompañases?

⑦①⓪ USA propone que la próxima cumbre se *celebre* en junio.

⑦①① Quisiera que mi nombre *fuera* retirado de las listas.

⑦①② Necesito que alguien me *oriente.*

⑦①③ No cabe duda de que esa situación *ha provocado* la inflación.

⑦①④ La producción ha decrecido desde que se *inició* el conflicto.

⑦①⑤ Tal vez eso *signifique* que estamos dispuestos a avanzar.

⑦①⑥ Temían que él *vendiera* información sobre la economía.

⑦①⑦ Tal vez eso haga que le *quede* a uno una sensación confusa.

⑦①⑧ El Gobierno ya ha conseguido que *descienda* la gasolina.

⑦①⑨ Es una pena que el pueblo español no *reaccione.*

⑦②⓪ No se puede afirmar que *haya* una crisis dentro de poco.

⑦②① Que yo *sepa*, no va a nevar mañana.

⑦②② Que *sepamos*, nuestra amiga aún no ha regresado del supermercado.

⑦②③ Por inteligente que Ana *sea*, no recibirá su licencia de manejar.

⑦②④ Por rico que tú *seas*, no podrás comprar un barco.

⑦②⑤ No se olvidaron de que *era* Navidad.

⑦②⑥ No ignorabais que me *gustaba* el vino.

⑦②⑦ Pedro nos exhorta a que no *nos dejemos* engañar por ellos.

⑦②⑧ ¿Acaso no viste que te *estaba* haciendo señas?

⑦②⑨ ¿No es triste que no te *guste* el vino?

⑦③⓪ No es tan poderoso que no *pueda* caer.

⑦③① Tenía unos deseos enormes de que me *besaras* tú.

⑦③② Le dijo que, cuando *dieran* las seis, lo despertara.

⑦③③ Es mentira, no importa quién lo *diga.*

⑦③④ Estamos esperando a que *amanezca.*

⑦③⑤ Con lo listo que *es*, llegará lejos.

⑦③⑥ Siento que ese tipo te *haya hecho* tanto daño.

⑦③⑦ Cuanto más *inviertas* tú, más dinero ganarás.

738 No es que no *quiera* yo dártelo, es que lo tengo prohibido.

739 No se le pasó por la cabeza que *pudiera* ser descubierto.

740 Vete donde el abuelo a que te *dé* un beso.

741 Me dijeron que no *volviera* sola a casa.

742 Te advertí que *iba* a llegar tarde a comer.

743 Un compañero me susurró al oído que Pepe *estaba* loco por mí.

744 Un compañero me susurró al oído que *quedara* con Pepe esta noche y que le *dijera* que lo quería.

745 Cuando pasa el límite de velocidad le digo que *vaya* más despacio.

746 Cuando pasa el límite de velocidad le digo que *pueden* ponerle una multa.

747 El jefe le ha comunicado que desde hoy no *trabajará* más en esta empresa.

748 El jefe le ha comunicado que se *vaya* y no *vuelva* más.

749 Lo que no soporto es que se me *imponga* la compra de un sistema operativo.

750 Lo que no acepto es que me *mientan.*

751 Lo que quiero es que no me *regales* nada por mi cumpleaños.

752 Lo que vas a decirle es que no se *vuelva* a meter en tu vida.

753 Lo que no aguanto es que me *tomen* el pelo.

754 Lo que tienes *son* unos ojos preciosos.

755 Lo que ella quiere comer no *es* pescado, sino pollo.

756 Como no *contrates* un abogado, perderás todos tus derechos.

757 Como no *seas* más amable con tu novio, no te llevará el desayuno a la cama.

758 Cuando *llevo* zapatos de tacón bajo, me duele la espalda.

759 No estará contento mientras no le *den* el premio Cervantes.

760 Te llevaré al congreso con tal de que no *hables* más de la cuenta.

761 Tus padres te comprarán la moto con tal de que *apruebes* todo en junio.

762 Si lo *sigues* buscando, lo encontrarás.

463 Si no te *dirige* la palabra, nos vamos.

764 Si me *subieran* el sueldo, me compraría una casita en el campo.

765 Si *viviera* en el campo, andaría todos los días una hora en bici.

766 Si *ves* películas de terror, tendrás miedo a quedarte sola por la noche.

767 No tengo teléfono, de modo que no *puedes* llamarme.

768 Dame tu teléfono de modo que yo te *pueda* llamar.

769 Ya saqué los billetes, así que no *tienes* que preocuparte.

770 Explícamelo de manera que yo *pueda* comprenderlo.

771 Ponme la cerveza en la nevera de modo que al volver *esté* fría.

772 Vete a la clínica de modo que te *haga* una radiografía del brazo.

⑦⑦③ Gasta sólo lo necesario de modo que ya *ha ahorrado* algo este mes.

⑦⑦④ Voy a trabajar toda la noche de modo que mañana no me *despiertes*.

⑦⑦⑤ Cuanto más cara *es* una mercancía, tanto mejor suele ser.

⑦⑦⑥ Cuanto más *pienso* en ello menos me elegra la cosa.

⑦⑦⑦ Cuando *termine* la carrera, me iré al extranjero.

⑦⑦⑧ Aunque no *tengas* ganas tienes que hacer los deberes.

⑦⑦⑨ Cuando tú *naciste*, tus padres compraron el coche.

⑦⑧⓪ Cuando tú *llegues*, iremos al cine.

⑦⑧① Te portarás bien apenas *entres* en el hospital, ¿verdad?

⑦⑧② Tan pronto como la *conoció*, se casó con ella.

⑦⑧③ En cuanto tú *ganaste* aquel concurso, te fuiste de viaje con el premio.

⑦⑧④ Desde que se *ha mudado* de casa no sé mucho de él.

⑦⑧⑤ Nada más que él *empieza* a trabajar se pone enfermo.

⑦⑧⑥ Sólo pude dormir después de que *llegaste* tú.

⑦⑧⑦ Cuando yo *tenga* 18 años podré conducir el coche de papá.

⑦⑧⑧ Cuando *necesites* algo, ven y pídemelo, porque te he prometido que te daré todo lo que me *pidas*.

⑦⑧⑨ La mató antes de que *llegara* la policía.

⑦⑨⓪ Siempre que ella *viene*, trae algo para los niños.

⑦⑨① Cuando *venía* por aquí siempre traía algo para los niños.

⑦⑨② Si *fuera* el jueves, no estaríamos aquí.

⑦⑨③ Pero te *guste* o no, uno de ellos será nuestro presidente.

⑦⑨④ No puedo evitar el presentimiento de que me *va* a pasar algo.

⑦⑨⑤ ¿No estás harto de que te *obliguen* a trabajar tantas horas extra?

⑦⑨⑥ El crudo sube ante el temor de que se *produzcan* novedades respecto a Irak.

⑦⑨⑦ Sería feliz con que le *tocara* la lotería.

⑦⑨⑧ No cabe la menor duda de que tu hermano *es* más fuerte.

⑦⑨⑨ Soy partidario de que se *rebajen* los impuestos.

⑧⓪⓪ ¿Cómo se puede imprimir un PDF como si *fuese* un libro?

（ **G** ）

a.

    Mira hija mía, yo quiero que tú *seas* muy feliz. Primero, es importante que tú y tu esposo Pedro *comáis* bien cada noche. Espero que Pedro *tenga* suficiente dinero. ¡Además, tu padre y yo esperamos que tú *hayas dormido* bien! Yo sé que nunca *duermes* cuando estás de viaje. Si *hay* tiempo, os recomendamos que *visitéis* las ruinas mayas. ¡Son impresionantes! Allí hace mucho calor. Así, es necesario que Pedro te *cuide* mucho, no quiero que tú te *quemes*. ¡Ya sé que a ti te *gusta* el sol! Después, quiero que tú *llames* a tu hermana. Ella me ha dicho que *quiere* hablar contigo. ¿Quieres que yo le *diga* que tú estás muy bien? Finalmente, cuando vosotros *volváis*, no os preocupéis del vuelo. ¡No pasará nada! ¡Feliz viaje!

b.

Querida hermana:

Cuando tú *vengas* a la universidad este otoño, no quiero que *tengas* problemas. Durante tu primer año probablemente vas a vivir en la residencia estudiantil. A veces hay problemas entre compañeras de cuarto. Si *hay* problemas, yo os aconsejo que *habléis* y *discutáis*. Es mejor que tú les *digas* a tus compañeras lo que no te gusta. También, es importante que tú *estudies* cada día. Si no *entiendes* algo, espero que *hables* con tus profesores. Es mejor que ellos *sepan* tus problemas. Finalmente, es importante también que tú te *diviertas*. Aquí hay discotecas muy buenas y quiero que *bailes* mucho. Pero prefiero que no *bebas*. ¡No tienes 21 años! Deseo que tú *pases* unos años maravillosos aquí, como yo.

Con cariño, Marta

c.

Nuestro médico es el doctor García. Es hispano-americano. Habla inglés perfectamente pero siempre quiere que nosotros le *hablemos* en español. Le aconseja a mi papá que *coma* y *beba* poco. Prohíbe que mamá *fume* y siempre le sugiere que *vaya* a hacerse un examen físico todos los años. A mi hermana Rosa le recomienda que *haga* una dieta equilibrada y que *duerma* ocho horas al día. A mí me pide que *esté* menos nervioso y *siga* sus consejos.

d.

Señor López, como mañana me voy de viaje a Texas quiero darle algunas indicaciones sobre lo que *tiene* que hacer durante mi ausencia. Primero, no quiero que usted se *olvide* de la correspondencia. Además, es importante que *haga* el trabajo atrasado de la semana pasada. Es imprescindible que *llame* a mi abogado y que le *diga* que yo estoy de vacaciones hasta la semana que *viene*. También, es mejor que usted *hable* con la compañía de teléfonos y que *exija* que *arregle* la línea de inmediato. Todas las mañanas es necesario que *ponga* agua en las plantas y que *dé* de comer a mi gatita. Es preferible que *entienda* que todo tiene que estar en orden para cuando yo *regrese*. ¡Ah, y por favor, es aceptable que no *trabaje* mucho! No quiero que usted se *enferme*. Adiós.

e.

Luisa y Juana son dos amigas que van al consultorio del doctor Alberto Cifuentes. Las dos tienen los mismos síntomas.

Doctor: A ver, ¿qué síntomas tenéis?

Luisa: A las dos nos duele el estómago y la cabeza y no podemos respirar bien.

Doctor: Quiero que vosotros *abráis* la boca, *respiréis* y *toséis*. Primero tú, Luisa. Deseo que me *digas* lo que comes, si fumas y si haces deporte.

Luisa: Doctor, como muchas grasas y es cierto que *fumo* dos paquetes de cigarrillos al día y no me *gusta* hacer deporte.

Doctor: Para que te *sientas* mejor, te recomiendo que *cambies* tu vida. Me sorprende que tú *seas* feliz. Sugiero que *pienses* en cambiar de dieta y te prohíbo que *fumes* tanto. Cuando *estés* mejor, ven otra vez para otra visita.

Luisa: Tiene razón. Volveré sin que usted me *tenga* que decir. Me alegro de que nosotras *estemos* aquí con usted.

Doctor: Y tú, Juana, antes de que tú te *vayas*, tengo algunas preguntas. ¿Fumas, comes grasas y no haces ejercicios?

Juana: Sí. Me enoja vivir así, pero es verdad. Tan pronto como *sea* posible, voy a empezar a hacer ejercicio, a pesar de que no me gusta.

参考书目

[1] Samuel Pili Gaya. Curso Superior de Sintaxis Española[M]. 11ª edición. Barcelona：Departamento Editorial VOX，1976.

[2] Real Academia Española. ESBOZO DE UNA NUEVA GRAMÁTICA DE LA LENGUA ESPAÑOLA[M]. Madrid：ESPASA-CALPE, S.A.，1978.

[3] Manteca Alonso-Cortés. Gramática del Subjuntivo[M]. Madrid：Ediciones Cátedra, S.A.，1981.

[4] Emilio M.，Martínez Amador. Diccionario Gramatical y de Dudas del Idioma[M]. Barcelona：Editorial Ramón Sopena，S.A. 1985.

[5] Ricardo Navas Ruiz. El Subjuntivo Castellano[M]. Salamanca：Publicaciones del Colegio de España，1986.

[6] Manuel Seco y otros. Diccionario del Español Actual[M]. Madrid：Grupo Santillana de Ediciones, S.A，1999.

[7] J. Borrego y otros. El Subjuntivo, Valores y Usos[M]. 6ª edición. Madrid：Sociedad General Española de Librería, S.A.，2003.

[8] María Ángeles Sastre. El Subjuntivo en Español[M]. 2ª edición. Salamanca：Ediciones Colegio de España，2004.

[9] 张雄武.西班牙语语法[M].北京：商务印书馆，1978.

[10] 董燕生.西班牙语句法[M].北京：外语教学与研究出版社，1999.